Sebastian Heiduschke

East German Cinema

東ドイツ映画

デーファと映画史

ゼバスティアン・ハイドゥシュケ 著

山本佳樹 訳

鳥影社

目次

東ドイツ映画
デーファと映画史

謝辞

この本を書くことはけっして孤独な努力ではなかった。たしかに、自分の文章を紙に書く作業はほとんど机の上で行なったが、そんなときでさえ、仕事を続けていることを自覚させてくれる二匹の忠実なチワワがいっしょだった。目を上げると、前庭でオレゴン州の植物（チューリップなど）を食べている、オレゴン州の動物（つまり鹿）が見えた。

私はまた、この本に多種多様なかたちで寄与してくれたさまざまな種類の人々に、感謝の意を表さなければならない。

完成までのあらゆる段階における原稿のフィードバックに対して、私はオレゴン州立大学の執筆サークルのメンバーであるレベッカ・オルソン、カラ・リッツハイマー、ブラッドレー・ブーヴィーに、また、オンライン執筆グループとそのメンバーであるエイプリル・アイスマン、トーマス・モールッチに感謝する。東ドイツ映画についての議論への参加、および、さまざまな学会や映画機関での問題調査に対して、私はショーン・アラン、ベニータ・ブレッシング、スカイラー・アルント＝ブリッグス、バートン・ビグ、ヴィクトリア・レンシュン、ヒルトルート・シュルツ、イーヴァン・トルナーほか大勢に感謝する。オリジナル原稿にコメントをいただいたふたりの校閲者にも感謝しなければならない。いただいたご意見のおかげで、この本をよりよくすることができた。

私の文章を決定稿にする過去数年にわたる丹念ですばらしい編集作業に対して、私はメリッサ・ワイントローブに感謝したい。ほかの人に彼女を推薦しなかった理由があるとすれば、そんなことをしたら、彼女が私のドイツ語的な文法を直してくれたり、引用を確認してくれたり、私の原稿を磨きあげたりしてくれる時間がなくなってしまったからである。彼女は抜群の仕事をしてくれた。

パルグレイヴ出版のロビン・カーティスと彼女の編集助手と仕事をするのは、最初から楽しかった。素早い発想転換がいたるところに見られるプロ意識を満喫させてもらった。私の初めての本のために、これ以上の出版社を所望することはできなかっただろう。

資金関係について。本書のための調査と執筆は、オレゴン州立大学ヴァレー図書館、オレゴン州立大学人文科学センター、オレゴン州立大学学部調査室からの助成によって可能になった。ベルリンのデーファ財団は、この本（原著）の表紙の写真を無料で供給してくれた。お礼申しあげる。

映画についての本は、実際の映画がなくては成立しない。ドイツのテレビ局が放映した文字どおり何百本ものデーファ映画を録画して送ってくれた父ベルント・ハイドゥシュケに、そして、ドイツ滞在時に、子守をして、私に静かな仕事場を提供してくれ、私が四六時中ＤＶＤレコーダーを占領するのを許してくれた母マリアンネ・ハイドゥシュケに感謝したい。

ここ数年の私の学生たちは、おそらく彼らが予想もしなかったほどたくさん東ドイツ映画について私が話すのを聞かされることになった。彼らはいちどならず、デーファなんて存在しなければよかったのに、と思ったことだろう。だが、彼らの議論と質問は、執筆過程において貴重な指針となった。

若手研究員ほどよい相談役はいない。私は最高の若手研究員を得ることができたと思う。出版にいたるまでの航海に協力してくれ、映画（とサッカー）についておしゃべりをし、その研究スタイルからインスピレーションをもらったジョン・ルイスに感謝する。

私の人生で最も大切なふたりの人の支援がなければ、そもそも私は本を書こうとさえしなかっただろう。それは妻ヴィクトリアと息子マックスである。どうして私が共通の趣味のレゴに没頭しないでデーファにばかり時間を使っているのか、マックスにはいつも理解できなかったが、父親がリビングで映画を見てはそれについて書いているという事実を、彼は受けいれてくれた。ともかく、そんなことをしているらしいことを。ヴィクトリアは、デーファ（DEFA）の四文字が私たちの人生にとってもっと大切な四文字（LOVE（愛）のことか）を押しのけんばかりだった去年よりも、たびたび私の姿を見られるようになって、きっと喜んでくれることと思う。その忍耐力に対して、また、使い走りをしたり、車での送り迎えをしたり、学校のボランティアをしたり、私が注文した映画や本を図書館にとりに行ったりすることに費やしてくれた日々の時間に対しては、感謝の言葉を口にするだけではとうてい足りないだろう。それでも感謝の言葉を言うつもりだし——また食器洗い機に食器を入れる役をやるつもりです。

序論

私は脳内の化学成分と大々的に戯れる気はもはやない（難解なアジア映画や東ドイツ映画を見る以外には）。

――ポール・ターナー『ダークサイド・シネマ』

もしあなたが東ドイツ映画のことを知らないのなら、本書はあなたにうってつけの本だ。数年にわたって、私はドイツ映画（およびドイツ語映画）の授業で教鞭を執り、表現主義時代の無声映画からベルリン派の映画まで、事実上すべての時代とジャンルを扱ってきた。私は西部劇、コメディ、ドラマ、ドキュメンタリー、ニュース映画、アニメーション、短編映画、メインストリーム、インディペンデント作品――ともかく何でも――を紹介した。私は傑作や無名の作品を教え、最初の導入、理論的枠組み、あるいは、学生たちに見せたい映画についての掘りさげた研究を提供してくれる適当な文献を、いつでも難なく見つけることができた。しかしながら、いつでも完全に、というわけではなかった。一九四五年から一九九〇年のあいだの時代を教えようとするたびに私は、突然ひとつではなくふたつの国の映画を教えなければならない、という問題に行きあたった。第二次世界大戦での敗戦後、ドイツは東ドイツと西ドイツというふたつの国に分かれ、それぞれが独自の映画産業を発展させた。私の映画の授業用に、このふたつに引き裂かれたスクリーンの両方をカヴァーすることや、適当な文献を見つけることは、年の経過とともにしだいに容易になっていった。(一)だが、私が自分の専門分野――東ドイツ映画――の授業をしようとすると、私はしばしば本の選択に不満を感じた。とはいえそれは、数多くの魅力的なトピックや複雑な詳細についての研究水準の高い優れた文献が不足しているためではなかったのは、言っておかなければなるまい[二]。しかし、私自身の研究分野の知識を友人や同僚や学生や東ドイツ映画のことを知らないほかの映画研究者と共有しようとすると、この時代のドイツ映画に対する私の情熱を理解してもらう手助けとして推薦できる適切な長さの入門書がないことに、いらいらさせられた。

　すぐに気づいたのだが、このような企画に伴う問題は、誰かが東ドイツ映画を説明するための幅広いネットワークを張らなければならない、ということだった。ここで私が東ドイツ映画と呼ぶのは、ソヴィエト占領地区で一九四六年から一九四九年にかけて、東ドイツ（正確にはドイツ民主共和国）で一九四九年から一九九〇年にかけて、そして統一後のドイツで一九九〇年から一九九二年にかけて、デーファ（ドイツ映画株式会社の略称。もっとも共産主義国東ドイツには株式市場はなかったのだが）によって製作された映画である。東ドイツ映画を理解するためには、東ドイツの歴史、文化、社会、その国内政策や国際政策を意識する必要があることに、私は気づいたのだ。デーファの歴史を把握しなければならないし、映画製作者たちが日々の仕事で直面していた問題を思い描くためには、政治と映画とがどのように密接に結びあわさっていたかも理解しておかなければならない。デーファは七〇〇本以上の長編映画を製作したので、著者たるものはさらに、見るべき映画の規範集を提案できなければならない。東ドイツという国は一九九〇年から存在していないので、現代ドイツにおける東ドイツ映画の意義を理解しようとすれば、西ドイツとの統一以降、東ドイツ映画に何が起こったかについても知らなければならない。学生と映画研究者にとってのみならず、できることなら東ドイツ映画について学ぶことに関心のあるあらゆる人にとって便利であることを目指した入門書として、そのテクストは簡潔でとっつきやすく、それでいて、さらなる探求を促すに十分なくらい内容豊かで刺激的でなければならない。なかんずく、それは手軽な価格でなければならない——共産主義国の映画についての本がその想定した読者にとって手の届かないような価格だとしたら、それはなんという皮肉だろうか？　こうしたことをあれこれ思案するうちに、私はこの本を書くことを思いたった。

　だが、なぜ東ドイツ映画のことを気にかける必要があるのだろうか？　共産主義国における映画製作など、支配的イデオロギーの優位を国民に説得しようと目論むプロパガンダ映画ばかりではないのか？　二〇年からほとんど七〇年も前のあいだに作られた映画が、現代の観客を魅了するようなことがありうるだろうか？　さらにいえば、もはや存在しないよくわからない国の映画について知ることの目的は何なのだろうか？　要するに、そんな映画のことはあっさり忘れた方がよいのではないだろうか？

同様の論法は冷戦中やその後にも使われたが、それは無視していることの言い訳だったり、東ドイツ映画の題名を一本すら挙げられない決まり悪さを隠したりするためだった。長年にわたって、一九四五年以降のヨーロッパ映画についての講座は、西ドイツのニュー・ジャーマン・シネマは扱ったが、同じくらい革新的な映画群、すなわち、東ドイツのニュー・ウェイヴは除外してきた。東ドイツのニュー・ウェイヴは国内で大きな騒ぎを引き起こし、その結果、一九六五年に製作された長編映画のほとんどが一九九〇年まで公開を禁止された。一九四六年から一九五〇年にかけての東ドイツの瓦礫映画を飛ばしてしまうことは、ドイツ表現主義の伝統を継承し、イタリアのネオレアリスモに並行する、ドイツ映画の一ジャンルを除外することを意味する。西部劇についての講座の多くは西ドイツの『ヴィネトゥ』映画を含めているが、西ドイツの片割れと同じロケ地で撮られた、東ドイツの「赤い西部劇」についてはどうだろうか？　「赤い西部劇」は何百万もの人々をヨーロッパの映画館に引き寄せ、アメリカ先住民の視点から語られた荒野の西部の物語を見させた――そして、公式にはスターが存在しないはずの国にスター崇拝を巻き起こしたのだ。東ドイツのＳＦ映画についてはどうだろうか？　東ドイツのＳＦ映画は、『スタートレック』シリーズの何年も前に多国籍・多人種のキャストを配したばかりでなく、アメリカのＴＶコメディショー『ミステリー・サイエンス・シアター三〇〇〇』で取りあげられたが、テレビのプロデューサーたちは、自分たちが放映しているのが東ドイツの映画だとは知らなかった。また、世界中で古典となった童話映画のことも忘れてはならない。その成功の理由のひとつは、デーファが子ども向きの映画にもほかの長編映画と同じくらいの額の予算を割り当てたためである。さらには、フランク・バイヤーの『嘘つきヤコブ』（一九七四年）のような反ファシズム映画も忘れてはならない。この映画はオスカーにノミネートされ、ロビン・ウィリアムズ主演で一九九九年にリメイクされた。それから、デーファのスターだったアルミン・ミュラー＝シュタールがもう何十年もハリウッドで活躍していることも忘れてはならない。要するに、東ドイツ映画は多くの人が思っているよりもはるかに重要なのである――それ抜きでは、今日ではわれわれはそうした映画に簡単に触れられるにもかかわらず、一九四六年から一九九〇年までのドイツ映画の半分が欠けることになってしまう、という事実を別にしても。

言うまでもないことだが、本書のような東ドイツ映画への簡潔な案内書は、デーファについて知っておくべきすべてのことを網羅することはできない。実際のところ、概説が多く、埋められるべき隙間がかなりたくさんある――だが、それを埋めるのは本書においてではない。あきらかなことだが、入門書が完全な網羅性を達成しようとするのは、不可能であるばかりか、望まれてもいないのである。くりかえしになるが、本書の目的は東ドイツ映画の概観――感触――を提供することである。しかしながら、私はまた、読者が「デーファにとり憑かれる」ことになって、デーファについて、その映画、スタジオ、スターや監督、映画の受容などについて、もっと知ろうと思うようになってくれることを、切に希望している。その場合には、私が注釈のなかで言及した文献を手始めにして、そこからさらなる文献へと読み進めていかれることをお勧めする。東ドイツ映画を研究してきた人間がとても多いことを知って、読者は驚かれるにちがいない――そして、毎年ますます多くの著作が出版されていることに。こうしたテクストが、この本で私が残した隙間を埋めてくれることだろう。

以下の一五の章のそれぞれが、東ドイツ映画の別々の局面をとりあげている。同時に、共産主義を支援するための映画というかたちでの示威運動としてではなく、一国の映画史として東ドイツ映画に接近しようという考え方において、これらの局面は結びあわさっている。私の目からみれば、デーファ映画は、映画の慣習と戯れる人々によって作られた芸術作品である。デーファの映画製作者のなかには、ある映画ジャンルや映画運動や「流派」の規則を適用する者もいれば、映画の限界に挑み、標準を破壊し、そうしたものを再定義する者もいた。彼らは、映画を着想し、彼らに押しつけられた基準や外的要因にしたがいつつもそれを実現するために、自分たちの創造的な能力を投入した人々であった。彼らに押しつけられた基準や外的要因としては、経済的（どれぐらいの数の人々がその映画を見に来るのか？　製作費用はどれぐらいなのか？　映画資金は誰が出し、誰が配給するのか？）、文化的（その映画のテーマは平凡なものなのか特殊なものなのか？　タブーのテーマに取り組んでいるのか？　観客はテーマにどのようにかかわることになるのか？）、社会的（メインストリームの映画なのか、アートハウスの映画なのか？　その映画は現実とどう交わっているのか？　その映画はどのような影響をおよぼすのか？）なものがあった。同時に、歴史が映画に影響を与える。ゆえに、ある映画に対する政治的・経済的・文化的枠組みの影響を無視しても興味深い解釈は生まれるかもしれないが、映画がそのような特徴をもっている理由は説明できないだろう。そのため、第1章で私は、デーファ映画の歴史が、東ドイツの政治史・文化史のある重要な点において、東ドイツの特殊性とどうかかわっているかについて説明する。また、ファシズムと第二次世界大戦におけるドイツの敗戦への反応として成立したデーファがいかにして独占スタジオになったのか、スタジオの内部構造がいかにして一党独裁による社会主義国家の中央集権的構造を表象していたのかを探求する。さらには、政治的決定や重大な歴史的事件が創作活動にいかに影響をおよぼし、製作、配給、そしてまた受容のあり方までをも決定づけたかを調査する。国営機関であるデーファによる東ドイツの映画製作は、自由市場経済とは異なる変数にしたがうことになった。それでもなお、デーファは映画スタジオであり、それゆえ東ドイツの娯楽産業の一部として機能していた――これが第2章のテーマとなる。

第2章では、東ドイツ映画とテレビメディアとの関係、西ドイツ映画との絶え間ない対話、東欧のほかの社会主義国の映画との協力といった点に光を当てて、デーファが国境内外における視聴覚分野のほかの人々とどのように関わっていたかを分析する。とりわけスター崇拝という要素は、デーファとほかの中央集権化されていない国民映画とを区別し、また結びつけるものである。スター崇拝は、自国の優れた俳優を「観客のお気に入り」と呼ぶことによってスター・システムの存在に異議を唱えた公式見解にもかかわらず、新作の配役の際に観客になじみの顔がいることを東ドイツ映画がやはりあてにしていた事実を証明している。このスター崇拝について検討するとともに、デーファにおいて作家映画の痕跡がどの程度見いだせるかを吟味することで、私は東ドイツの娯楽産業の一部としてのデーファを扱うこの章の総括を行なう。第3章では、東ドイツの映画としてのデーファの分析を拡大し、現代ドイツにおいてデーファ映画が果たしている役割を説明する。いまはなきデーファ・スタジオに代わって、大量の映画資料を預かる公益財団が、子会社に配給権を与えることで、東ドイツ映画の遺産を管理している。映画の過去を現在に結合させるために、いくつかの機関、マーケッティング状況、映画の受容などに目を向けて、デーファ映画の現在の風景を描いてみたい。現代ドイツという環境における東ドイツ映画の機能を理解することによって、近年のドイツ映画において東ドイツの過去にかんする映画が復興していることの説明が提供される。現代の観客にとってデーファ映画に触れたことがあることは有益であり、それは、文化背景の知識についての基本的理解を得ることで、現代のドイツ映画をよりよく解釈できるようになるからだ、というのが私の結論である。

基礎的枠組みをなす第一部の最初の三つの章での情報を用いつつ、第二部では、一九四六年におけるはじまりから一九九〇年にすでに私営化されたスタジオで製作された末期の作品までにいたる、一二本の映画の解釈を企てる。この小さな規範集には、二重の目的がある。ひとつは、東ドイツの歴史的発展と結びついたデーファの映画史において各時代を代表する典型的な作品と考えて、それぞれの映画の詳細な背景情報を提供することであり、もうひとつは、その美的価値、および、ジャンル伝統あるいは国際的動向との類縁性を分析することで、それらの映画をより広い映画的文脈のなかに位置づけることである。

いま言及したこと以外にも、私が議論できたであろう論点はたくさんある。たとえば、デーファはドキュメンタリー映画専用のスタジオを持っていたほどだったにもかかわらず、本書ではドキュメンタリーというジャンルはまったく登場しない。(三)しかし、このジャンルは入門書で触れるには複雑すぎ、単独で扱う必要があるように思う。その理由のひとつとして、デーファは、国内のプロパガンダ用に、また、外国に東ドイツを提示するために、ニュース映画、短編・長編ドキュメンタリーを何千本も製作したことが挙げられる。ドキュメンタリーは非常に重要であったので、もうひとつの専用スタジオとして、東ドイツ共産党のプロパガンダ部局によって直接運営されていた独立系のH&Sスタジオがあった。(四)ユルゲン・ベトヒャー、ヴィンフリート・ユンゲ、フォルカー・ケップ、ヘルケ・ミセルヴィッツ、ディーター・シューマン、さらには、クルト・メーツィヒ、カール・ガス、リヒャルト・グローショプ、ゲルハルト・クライン、そしてH&Sの監督であるヴァルター・ハイノフスキーとゲルハルト・ショイマンらによる作品は、およそ六〇〇〇本という膨大な資料を間接的にせよ把握するための、デーファ・ドキュメンタリーの規範集の作成に不可欠であろう。[五] 研究するに値したであろうもうひとつのジャンルは、アニメーション映画である。その数は八二〇本にのぼり、デーファが公開したアニメーション映画は長編劇映画の数を上回る。デーファはコマ撮り技術で知られているが、漫画映画、粘土アニメーション映画、人形映画、切り絵アニメーション映画も多数製作し、それらはしばしば全ヨーロッパの新しい標準となった。[六] 童話映画やデーファ児童映画と同様に、アニメーション映画も子どもだけに向けられたものではなく、ほかのところでは不可能であったような政治的・社会批判的な意見を含んでいる。[七] 最後に、デーファのもうひとつの部門で行なわれた吹き替えに目を向ければ、ソ連、東欧、キューバ、西欧からの七〇〇〇本以上の映画を東ドイツに紹介するために、デーファがどのような仕事をしていたかがわかる。映画をドイツ語へと吹き替えることによって、観客はもはやオリジナルがどこの国のものなのかを判断することができなかった。ほかの社会主義国の映画は、しばしばデーファ映画とよく似た政治的・文化的前提——すなわち社会主義の発展——にしたがったものであり、それゆえ、東ドイツの観客が見ることのできる映画の数が増大した。だがここでも、映画やジャンルの数が多すぎて、どれかひとつを代表作として選ぶことは不可能である。ドキュメンタリー映画やアニメーション映画といったジャンルの場合と同じく、吹き替え映画についての議論を含めようとすれば、本書の範囲を超えてしまうだろう。結局のところ、私は本書を東ドイツ映画についての入門書にしたいのであり、百科事典にするつもりはないのだ。

このような入門書としての規定にもかかわらず、私はそれでも、デーファの専門家や映画に長くかかわってきた人や(東)ドイツ映画にすでに詳しい人にとっても、本書は有益であると信じている。すでに指摘したように、本書では当然ながら、一般化し、細部を省き、東ドイツ映画のある局面の理解やその「コード」の解読のために不可欠であると考える人もあるような見解を圧縮しなければならない。こうしたギャップにいらいらする読者がいることは承知しているが、同時に、この点を、欠けている部分を埋めるチャンスでもあると考えていただければ幸いである。講義をする際には、毎回の授業の主題のための基礎材料として本書を用い、そのクラスの関心に応じて議論の焦点を決定するようにすれば、（私がそうだったように）便利に思えるだろう。読者自身の研究にとっても、本書は東ドイツ映画のいくつかの局面についての参考書、あるいは、記憶を呼びだすための本として、役に立つはずだ。私は大部分の点で読者の同意が得られると思っているが、読者からの批判は大歓迎であるし、東ドイツやその映画についての私が気づかなかった事実をご教示いただけることを楽しみにしている。一般化や単純化や省略にもかかわらず、本書が有用な本であることを私は信じている。おそらく本書は、私と読者が共有していること――東ドイツ映画への関心と情熱――を学生が理解する助けとなるだろう。

デーファ映画は、冒頭に掲げたエピグラフの主張で、私の友人のひとり（ある映画館の所有者）がその難解な特質について冗談めかして言っているように、読者の脳内の化学成分を変化させ、読者を別の知覚の状態に連れて行ってくれるだろうか？　もちろんそうなるだろう。デーファ映画は、ドイツ映画史についての読者の視野を拡大させ、映画ジャンルについての読者の考えを変化させ、「プロパガンダ」映画についての読者の見解を揺るがし、読者にデーファ映画――その映像であれ、メッセージであれ、キャンプ美学的な要素であれ、あるいは、私がまだ知らない何かであれ――についてもっと知りたいと思わせるだろう。だが用心しなければならない。そのうち読者は、この映画のファン集団の一員になってしまって、東ドイツ映画についてブログを書いたり、肌にお気に入りのデーファ・スターの入れ墨をしたり、まったく無名の映画さえ探しだして仲間と鑑賞したり、新しく字幕が入ったＤＶＤの新発売を宣伝するＴシャツを誇らしげに着たり、映画館を借りて大きなスクリーンでデーファ映画を見るために貯金したりするようになるかもしれない。しかし、こうしたデーファ・ファンの物語を書くのは、ほかの本に任せることにしよう。

第一部
東ドイツ映画

1　国家機関としての東ドイツ映画

東ドイツ映画の歴史は、入り組んでいて複雑で、矛盾と齟齬に満ち、魅力的であると同時に興ざめさせられる。それはまだ東ドイツが存在する前の一九四六年に始まり、東ドイツ消滅の二年後の一九九二年に幕を閉じた。さらに正確に言えば、この日付は映画会社「ドイツ映画株式会社」(デーファ)の始まりと終わりを示している。しかし、このデーファは東ドイツの「国民映画《ナショナル・シネマ》」の顔となった――東ドイツの政治組織がこの会社としっかりと結びついていたのだから、それは正当なことであった。東ドイツの映画製作はそれが存在しているあいだじゅう政治の影響を受けたので、東ドイツ映画史の重要な日付は東ドイツの政治史の日付と密接に関係している。これは驚くにはあたらない。というのも、東ドイツ映画は、平和、民主主義、反ファシズムの理想といったメッセージを伝える映画を作ることを通して国民社会主義の負の遺産に取り組むための、ひとつの反応として誕生したからだ。その後、冷戦の開始とソ連の影響力とによって、デーファは社会主義の映画会社となり、東ドイツの独占映画会社となった。デーファはこの役割を一九九〇年七月一日まで演じることになるが、それは同年一〇月三日の統一に備えて東ドイツ経済の再編が必要になった時期であった。

厳密に言えば、一九四九年一〇月七日までは東ドイツは存在していなかった。この日、ソヴィエト占領地区は「独立」国家ドイツ民主共和国(英語話者にとっての「東ドイツ」、ここではその慣例にしたがう)となり、イギリス、フランス、アメリカ占領地区の一一州の合併によって一九四九年五月二三日に成立していたドイツ連邦共和国(西ドイツ)と区別されることになった。しかし、東ドイツ映画の歴史は、第二次世界大戦末期の一九四五年四月二八日にはすでに始まっており、この日には、ベルリンの解放された地区のいくつかの映画館で、ドイツ語に吹き替えられたソヴィエト映画の上映が開始されていた。[一] 一九四五年にナチス・ドイツが崩壊し、ドイツが四つの占領地区に分割された（そして首都ベルリンも四分割された）後、連合国軍が映画産業の主導権を握った。各地区はその占領軍政府の政治的指導にそれぞれしたがったが、各占領政権は少しずつ異なる政策をとったので、文化生活の再興は地区によって違うものになった。すべての地区に共通していたのは、ドイツ人に映画製作をただちに再開させることを占領者たちが拒否した点である。その理由のひとつは、占領政権はナチス・ドイツの痕跡を根絶しようとしたことである。ヒトラー政府における映画は中央集権化されており、時とともに反ユダヤ主義的なナチ哲学を宣伝する政治的道具となっていたので、ドイツ映画については製作のみならず、配給と上映も完全に停止させることが必要だと思われたのである。占領政権には、ドイツ映画を禁止するもうひとつの理由があった。スクリーンを満たすために、各地区（そしてベルリンの各区域）は自国の映画を用いて、悲惨な現実からの気晴らしや娯楽へのドイツ人の渇望を満たしたのだ。しばらくのあいだ、戦後ドイツは、連合国の映画産業にとって金になるもうひとつの市場となった。

　ソヴィエト地区では、ドイツの映画製作はニュース映画のかたちで比較的早く映画館に復帰したが、それはソヴィエトのセルゲイ・トゥルパノフ大佐とアレクサンドル・ディムシッツ少佐の指導に支援・承認されてのことであり、彼らにはそれが脱ナチと再教育とに有用な道具だと思われたのである。こうしたニュース映画はフィルムアクティーフの作品であった。フィルムアクティーフは、かつて亡命していた共産主義の映画製作者たちが、ドイツ映画の復興を目的として一九四五年一〇月に設立したグループである。映画製作に関心がある芸術家――ゲルハルト・ランプレヒト、ヴォルフガング・シュタウテ、ペーター・ペヴァスなど――が加わり、フィルムアクティーフは再教育の試みを援助するために、批判的映画の新しい形式を提案した。それは公式には「他者や他国に対する敬意の念を促進する」映画とみなされていたが、ドイツにおけるソヴィエト軍政府（ＳＭＡＤ）は、共産党の理念に対する友好的な傾向ゆえにこのグループを承認したようである。[二] ソヴィエト軍政府からの承認が得られると、フィルムアクティーフのメンバーは一九四六年一月一日にベルリンの瓦礫のなかで撮影を開始した。ヴォルフガング・シュタウテは、未完に終わった映画『シュトルプ班』のために鉄道トンネルで撮影し、クルト・メーツィヒは、一月半ばに、最初のニュース映画『目撃者』の製作にとりかかった。ニュース映画は、ソヴィエト占領地区にある映画館での毎月の恒例となり、たいていはソヴィエト映画の前座として使われた。映画撮影がこうして行われるようになると、フィルムアクティーフは公式にドイツ映画を製作できるよう認可を申請した。ソヴィエト軍政府はこれを承諾し、一九四六年五月一七日、トゥルパノフは、以下のような指令とともに、デーファを映画製作会社として公式に認可した。「ドイツに民主主義を復活させ、ドイツ人ひとりひとりの心のなかからファシズム的・軍国主義的イデオロギーの痕跡を取り除くこと。ドイツの人々――とりわけ若者――を本物の民主主義とヒューマニズムへの真の理解へと再教育するよう取り組むこと。そして、そうすることで、他者や他国に対する敬意の念を促進すること。(三)」数ヶ月後の一九四六年八月一三日、デーファはベルリンの株式会社として公式に登録された（株の一部はソヴィエト軍政府が所持していた）。株式市場のない国におけるこの奇妙に映る会社形態の選択は、デーファがいかに第二次世界大戦以前のドイツの自由市場経済構造に関連して創設された会社であるとみなされていたかを示している。この年の末までに、デーファは数多くのニュース映画を製作し、三本の長編映画を完成させた。三本の映画とは、一〇月一五日に公開されたシュタウテの『殺人者は我々の中にいる』、一〇月一八日に公開されたミロ・ハルビヒの『自由な土地』、一二月一八日に公開されたゲルハルト・ランプレヒトの『ベルリンのどこかで』である。(四)

この時期には、株式会社という会社の形態にもかかわらず、デーファが戦前の映画会社のような会社にはけっしてならないだろうことがあきらかになった。ソヴィエト軍政府はほかの映画会社に認可を与えなかっただけでなく、デーファを新しく作られた政党である社会主義統一党（ＳＥＤ）と結びつける策を講じたのである。社会主義統一党は、共産党一党による指導というソヴィエトの体制をまねて、ソヴィエト占領地区における社会民主党と共産党との連合によって一九四六年四月に組織された。そうした一党体制へと向かうための方策のひとつが、政治目標へのマスメディアの協力であった。(五)そのため、社会主義統一党はこの映画会社に二万一〇〇〇ライヒスマルクの開業資金を供給し、また、ツェントラークという名の持ち株会社を使ってデーファの株を購入した。(六)一九四七年一一月に、社会主義統一党は映画製作とスタジオ内の人事を管理するために、映画委員会――内部では「デーファ委員会」として知られていた――を設置した。しだいに、デーファの上層部は、会社の目標を社会主義統一党の目標にあわせることに関心がある忠実な党員によって占められるようになった。よく似た状況が、ソヴィエト占領地区でのインフラにおいても起こった。ソヴィエト軍政府はまず、自前の会社リンザを使って製作施設の所有権を保持し、その施設をデーファにのみ貸与した。ソヴィエト占領地区における映画の配給権は、当初はソユーズイントルクキーノ、後にはスフェクスポルトという別のソヴィエトの会社にとどまり、デーファが政治的目標に従順であることを確実にした。ソヴィエト占領地域が東ドイツになった後、ソヴィエト軍政府は権利を放棄し、その時点からデーファは完全に社会主義統一党の手中に収められた――ツェントラーク、および、社会主義統一党関連のほかの機関が保有する株によって[七]。一九五二年に、社会主義統一党は映画産業を再編し、一九九〇年まで存続することになる五つの独立したスタジオを作った。それは、デーファ劇映画スタジオ、デーファ・アニメーション・スタジオ、デーファ通俗科学映画スタジオ、デーファ・ニュース映画・ドキュメンタリー映画スタジオ、デーファ吹き替えスタジオである。社会主義統一党はまた、複製工場（デーファ複製工場）と国際的な映画配給会社（デーファ貿易）を作った。一九五二年に、スフェクスポルトは国内配給をプログレス映画配給に譲渡し、一九五三年一月一日にデーファは国営化されて、株式会社から「人民所有企業」になった[八]。

一九五三年のデーファ改変後ただちに、政治がスタジオの現実に本格的に影響をおよぼし始めた。まず、デーファでの映画製作はいまや専門知識に加えて政治的信条をも要求するのだという合図を送る手段として、このスタジオはもはや西ドイツ在住の従業員、監督、俳優との契約を更新しなかった[九]。社会主義の理想を提供する東ドイツ映画へのこの移行は、すでに製作に表れていた。数年前から、ますます多くの作品がすでに社会主義リアリズムの映画製作についての見解を統合し、デーファの関心の焦点を戦前のスタイルで撮られた娯楽映画からより政治的な主題へと移行させるようになっていた。一九五三年までには、東ドイツの映画産業は階層構造を持った独占企業に発展していたが、かなりの程度まで社会主義統一党の制御下にあり、当時の政局がスタジオ内の製作を決定していた[一〇]。そして実際、東ドイツにおいて政治路線の変更があればそのつど、デーファもその方向に合わせるよう要求された。社会主義統一党が出した最新の芸術ガイドラインにしたがっていないという理由で、多くの映画が禁止された。芸術家たちにとってこれに反対することは高くつき、東ドイツでの彼らのキャリアが永遠に終わることもあった。独占企業デーファでブラックリストに載せられることは、しばしば失業を意味した――あるいは、西ドイツへの片道ヴィザがもらえるという期待を（一一）。この時点で、デーファは、すでにイデオロギー上の理由での禁止を経験していた。デーファの顧問だったソヴィエトの将軍イーゴル・チェキンが、夜間にナチの死刑執行人として活動している肉屋を主人公としたファルク・ハルナックの『ヴァンツベークの斧』（一九五一年）に対して反対運動を起こしたのだ。チェキンは、「ファシズムに対する嫌悪ではなく、殺人者への同情を生みだすこの映画は、東ドイツ国民に有害な影響を与えるだろう（一二）」と書き留めている。上映一ヶ月で八〇万人の観客を動員するという最初の成功の後、チェキンが社会主義統一党に圧力をかけ、この映画を禁止するように命令を出させた。一九六二年に、デーファはこの映画の編集版（二〇分短縮された）を映画館で上映することができるようになった。禁止が解除され、完全版に回復できたのは、ようやく一九八一年のことであった（一三）。

ソヴィエト連邦によるこの検閲事例は，最初の例ではないし、またけっして最後の例でもない。デーファが政治指針を遵守することを確実にするために、社会主義統一党は複雑な制度を設け、それによって党は、映画の製作開始から、東ドイツ全土の五七〇〇の映画館、映画クラブ、さらにはトラックや列車の車両を使った巡回シネマへの配給にいたるまでを、制御することができた（一四）。したがって、その最初期から、デーファは占領勢力の要求に適応する道を探らねばならなかったのである。最初のデーファ映画『殺人者は我々の中にいる』の監督であるヴォルフガング・シュタウテがすでに、主人公がかつてのナチ大尉を殺害するという結末を書き直してはじめて認可を与えられる、という経験をしていた。この一件は、デーファ映画に最初から課されていた従順さを促す圧力をよく示している。長年にわたって、東ドイツの政治的事件がおよぼす影響は、個々の映画の範囲にとどまらなかった。『ヴァンツベークの斧』の禁止から二年後の一九五三年六月一一日、ソヴィエトの独裁者ヨシフ・スターリンの死をきっかけに、社会主義統一党中央委員会は「新路線」のための計画を承認したが、これは共産主義の進行の減速を意図したものであった。党の新路線は給料の上昇と労働条件の改善を望む労働者の欲求とは合わず、六月一七日の国民ストライキを引き起こした。このストライキはソヴィエトの戦車によって抑えられ、その際に何百人もの労働者が殺害された。

それに続いてデーファ映画に起こったことは、このストライキに対するなかなか興味深い反応であった。西ドイツの従業員との契約を徐々に終わらせる一方で、このスタジオは西ベルリン、西ドイツ、オーストリアなどのゲスト俳優やゲスト監督との関係を拡大し、さらに西ドイツやフランスのスタジオとの共同製作の増加を目指した。（一五）だが同時に、デーファは、西側との共同製作とは奇妙に矛盾するような、政治的な反ファシズム映画の製作を継続した。そういうわけで、一九五〇年代のデーファ映画は雑多な映画ジャンルから成り立っている。作品を並べてみれば、共産主義的な伝記映画であるクルト・メーツィヒの『エルンスト・テールマン 階級の息子』（一九五四年）や『エルンスト・テールマン 階級の指導者』（一九五五年）から、西側諸国への輸出を目論んだドラマであるエルネスト・レマーニの『最高の美女』（一九五八年）にいたるまで、じつに幅広いスタイルを示している。

その間に、社会主義統一党は一九五七年の文化会議で、東ドイツの芸術はこれまで以上に社会主義を育成・推進すべきだと決定した。一九五六年にポーランドとチェコスロヴァキアで起こった蜂起、および、西ベルリンと西ドイツでの若者の反乱への反応として、自由主義を受け入れ、多様性を推進してきた短期間の「雪解け」（映画検閲が比較的緩くなり、映画製作者たちに映画のなかで批判的な発言をする自由が比較的多く認められた時期）が、終わりを告げることになった。この会議と一九五八年七月の映画会議によって時計の針が元に戻され、文化的「氷結」（検閲が厳しくなり、変化を示すためによく映画が禁止された）という新しい時代が始まった。（一六）社会主義統一党の忠実なメンバーであるコンラート・シュヴァルベが、比較的リベラルだったデーファ文芸顧問長ルードルフ・ベームにとって代わり、社会主義社会の生活への接近とそのリアリスティックな描写を要求する映画製作スタイルである社会主義リアリズムが、映画製作における主導的理念になることになった——少なくともしばらくのあいだは。（一七）この会議の結果として、西側的でありすぎる映画は、『最高の美女』のように、完全に禁止されるか、あるいは、『カジノ事件』（アルトゥール・ポール、一九五七年）のように、カラフルな映像を歪めるために白黒版でのみ公開された。[一八]デーファはまた、このふたつの映画の監督であるレマーニとポールを解雇したが、彼らがスタジオに残っていた非東ドイツの監督の最後のふたりであったのは偶然ではない。もうひとつ別の映画であるコンラート・ヴォルフの『太陽を探す人々』（一九五八年）も禁止になった。最初のヴァージョンが社会主義統一党に批判すぎるとして要請された再編集の後、ソヴィエト大使館は、東ドイツにおけるウラン鉱業の扱い方を理由に、この映画を棚上げにするよう要求した。[一九]スタジオ幹部はすでにこの映画を公開していたにもかかわらず、デーファは結局この要求に応じた。政治的規制が厳しくなるにつれて、デーファ映画はしだいに退屈で図式的な構造物になり、映画一本当たりの平均観客動員数はこの年のうちにほとんど半分に減少した。すなわち、一九五九年には一五〇〇万人だったのが、一九六〇年には八〇〇万人あまりになったのである。[二〇]スペイン市民戦争を描いたフランク・バイヤーの『五つの薬莢』（一九六〇年）や、第二次世界大戦の開始を正当化する目的で行われたナチによるグライヴィッツ・ラジオ局襲撃を扱ったゲルハルト・クラインの『グライヴィッツ事件』（一九六一年）といった反ファシズム映画は例外であったが、ほかのデーファ映画はヒットしなかった。一九六一年八月のベルリンの壁建設によって東ドイツ映画の人気がふたたび上昇すると、この状況は変化することになる。

東ドイツ国境の封鎖によって、東ベルリン市民は西側市区に映画を見に行くことができなくなった。その結果、国境の映画館に代わって、東ドイツの映画館がティーンエイジャーや青年たちの人気の場所となった。[二一]それに伴って、西側からの輸入映画の流入が減少する一方で、ミハイル・ロンム、アンドレイ・タルコフスキー、アンジェイ・ワイダ、ミロス・フォアマンといった東欧の監督たちの進歩的な映画がデーファの監督たちに刺激を与えた。一九六・年には、社会主義統一党は壁を批判的に扱う映画にはまだ敏感に反応していたので、壁を嘲笑した風刺的な童話『ドレス』（コンラート・ペツォールト、一九六一年）は禁止になったが、『君の愛もまた』（フランク・フォーゲル、一九六二年）や『引き裂かれた空』（コンラート・ヴォルフ、一九六四年）のような東ドイツへの献身を描いた映画は公開された。東ドイツへの献身とは、この国が個人の犠牲を生みださざるをえないことを意味していたのではあるが。

これに続く数年間は、デーファが当時の政策から離れていくらか自律を獲得していく様子を目にすることができる。ベルリンの壁が実際に東ドイツ国内を強固なものにしているという認識に後押しされて、スタジオは監督たちをより批判的なプロジェクトに着手させることができた。デーファはその構造の集中排除さえ行ない、デーファという親会社の下のミニスタジオのように互いに独立して仕事ができる、いくつかの芸術作業グループ（ＫＡＧｓ）を作った。（二二）自律という点では短命ではあったにせよ、こうした芸術作業グループはフランスのヌーヴェル・ヴァーグを思わせるような映画の生みの親となり、デーファは社会主義統一党の統制からかなり自由に活動できた。

　しかし、またもやある政治的出来事が起こって、この自由が奪われ、芸術的発展が押さえつけられ、社会主義統一党は以前にもまして厳しく東ドイツ映画を管理することになった。政策を決定し、中央集権的な計画を修正・適応する、東ドイツ共産党の定例政治会議である第一一回総会が一九六五年に開催され、新経済システムの深刻な状況が議論され、対策が検討された。新システムの欠点を議論することを避けるため、この集まりは社会主義における芸術の役割についての根本的な討論になった。（二三）公開予定だったこの年の二本の長編映画『私はウサギ』（クルト・メーツィヒ、一九六五年）と『泣いてなんかいない』（フランク・フォーゲル、一九六五年）がこの会議中に検査され、総会参加者たちはこの二作が社会主義芸術の失敗の理由を典型的に示す作品だと指摘した。この二作は無意味なストーリー展開をもち、ニヒリスティックな世界観を助長し、社会主義の発展促進という目標に反している、と評された。

　激しい討論の末、一九六五年のデーファの長編映画全作品がこの総会によって禁止になった。いくつかの映画は映画館から引っ込められ、ほかの映画は製作のさまざまな段階で中止になった。ブラックリストに載せられた全一二作品は以下のとおりである。『私はウサギ』、『泣いてなんかいない』、『ベルリンの街角』（ゲルハルト・クライン、一九六五年）、『カルラ』（ヘルマン・チョッヘ、一九六五／六六年）、『四五年生まれ』（ユルゲン・ベトヒャー、一九六六年）、『君が大人になったら、アダム』（エーゴン・ギュンター、一九六五年）、『石の痕跡』（フランク・バイヤー、一九六六年）、『雨の騎士』（エーゴン・シュレーゲル／ディーター・ロート、一九六五年）、『蝶々嬢』（クルト・バルテル、一九六五年）、『手を挙げろ、さもなきゃ撃つぞ』（ハンス＝ヨーアヒム・カスプルツィク、一九六六年）、『堕天使』（ラルフ・キルステン、一九六六年）、『春には時間がかかる』（ギュンター・シュターンケ、一九六五年）。何人かの映画界でのキャリアは、この禁止の結果、完全に終わりとなった。多くの監督は契約を更新してもらえず、その代わりにテレビ番組の製作に派遣される者もあった。そして、禁止された映画のなかで政治的にデリケートな主題を含んでいたのはわずか数本のみであったにもかかわらず、この総会の決定が東ドイツ映画の将来に影響をおよぼすことになった。振り返ってみれば東ドイツのアヴァンギャルド映画だったといえる運動が社会主義統一党によって終わりを告げた後、スタジオとその監督たちは、西側のジャンル映画にみられるような、あまり論争的でない主題に焦点をあわせるようになった。それは例えば、ＳＦ映画やいくつかのミュージカルなどである。[二四]衛星国での民主主義革命を抑えるためにソヴィエト連邦がプラハに侵攻した際にハイナー・カーロウの『ロシア軍が来る』（一九六八年）が中止になったことで、社会主義統一党がいかに密着して映画を管理しているかが再度あきらかになった。実際、十代のナチ戦士を扱ったカーロウの物語は、赤軍が待望の解放者であったという神話に異議申し立てをしたものだったが、この映画は一九六五年の作品群のように棚上げにされるのではなく、ずたずたにされたのである。[二五]

デーファ映画は第一一回総会の痛手から立ち直ることはなかった。また新たな禁止の波がやってきて自分の職が危うくなるのではないかと恐れて、多くの監督たちはリスクを冒すことを嫌った。公式の検閲に加えて、この「内なる検閲」が東ドイツ映画におそらくはより深刻な影響をもたらした。作品に着手する前に、映画製作者たちはいまや常に、計画されている映画とそのときどきの政治状況を比較検討し、また期待される個人の自由のレヴェルを決定する芸術的自由の程度を考量するようになった。自己検閲はたしかに政治的な議論を呼ぶような映画を予防したが、同時に芸術的革新の芽も摘んでしまった。観客はデーファのジャンル映画の新作を見るためにふたたび映画館に詰めかけ、デーファ・スターという非政治的な公的人物の登場と躍進を見せる東ドイツのスター・システムの成長を楽しんだ。[二六]だが、第一一回総会はふたつのことを確かにした。ひとつには、社会主義統一党が以前にもまして東ドイツ映画への政治的影響力を強化したことであり、もうひとつには、ベルリンの壁の建設にもかかわらず、デーファ映画はもうひとつの声として公的な語りを補うことも、一九六五年以降の東ドイツの社会主義についての解釈を付け加えることもできなかったことである。

新しい雪解けの時代をデーファに伝えたのは、社会主義統一党指導部の変化であった。東ドイツが西ドイツとの協力的合意に入ると――これは、自国のみがドイツを代表する唯一の国家であるというそれまでの主張を控えるようになった、西ドイツ政府の東方政策の結果であった――、社会主義統一党は指揮官ヴァルター・ウルブリヒトを更迭し、エーヒリ・ホーネッカーをその代わりにした。一九七一年、ホーネッカーが指名された数週間後に、第八回党大会において、東ドイツは十分に発展した社会主義国家である、という宣言がなされた。同じ党大会で、ホーネッカーが芸術表現におけるタブーはなくなったと表明し、芸術における変化も約束された。デーファの映画製作者たちはいまや、とりわけ社会主義の日常生活の出来事に取り組み、不備を指摘し、公私が交差する領域についての物語を見つけるように促された。主題におけるこの変化は、批判的な物語を追及するためのより大きな自由を監督たちに保証したが、それはまた監督たちが、一般的な批判を避けて、個人的物語の範囲を超えるような政治的な話題に取り組むことを避けるように誘導するものでもあった。実際、『パウルとパウラの伝説』（ハイナー・カーロウ、一九七三年）、『鍵』（エーゴン・ギュンター、一九七四年）、『フリードリヒ・ヴィルヘルム・ゲオルク・プラトウの第二の人生』（ジークフリート・キューン、一九七三年）、『競技場の裸の男』（コンラート・ヴォルフ、一九七四年）といった論争の的となった映画でさえ、スタジオのなかでの議論はあったものの、最終的には公開されることになったのである。それにもかかわらず、イーリス・グスナーのデビュー作『屋根の上の鳩』（一九七三年）は、批判的なメッセージのためにデーファの検閲を受け、その結果、――監督が多くの変更を受けいれたにもかかわらず――破棄されたといわれている。このように、社会主義統一党が映画に対して手綱を緩めたようにみえたとしても、いまや映画が公開されないのは批判的メッセージのためではなく作品としての質が低いからだ、という言い分へと注意をそらすことによって、やはり統制力を保ち続けていたのである。

この最後から二番目となる危機によって、一九七一年に宣言された自由が低減することにデーファの監督や俳優が気づいたとき、彼らは、作家兼歌手のヴォルフ・ビーアマンが一九七六年に強制的に国籍を剥奪されたことへの抗議というかたちで、欲求不満を表明した。ビーアマンは西ドイツで社会主義統一党政府を批判する歌を歌うツアーをしている最中に、東ドイツの市民権を奪われた。彼の作家仲間一二人が、多数のデーファの監督や俳優の支援も受けて、社会主義統一党に抗議の手紙を送った。この抗議者たちが署名の撤回を拒否すると、彼らは体制の標的になった。最も人気のあったデーファ・スターのひとりであるマンフレート・クルークは、新しい映画の役がもらえなくなったばかりか、すでに完成していた主演作『デッキの下の災』（ヘルマン・チョッへ、一九七七年）が配給から降ろされるという事態を目の当たりにしなければならなかった。結局、クルークは、アルミン・ミュラー＝シュタール、ユッタ・ホフマン、エーゴン・ギュンター、ヒルマー・ターテ、アンゲリカ・ドムレーゼ、ヴィンフリート・グラツェダーといった、ビーアマンの国籍剝奪に同様に抗議していたほかの多くの同僚とともに、西ドイツへ亡命した。

非常に多くのスターたちの国外逃亡はデーファ映画にとって深刻な痛手となり、──多くの芸術的才能と最も顔の知られた俳優たちを失った後──一九八〇年代の東ドイツ映画の停滞を招いた。(二七)ホーネッカーの政策によって西側の映画の輸入が増加すると、西側の映画は、一〇〇万枚以上チケットが売れることがまれだったデーファ映画よりも、はるかに多くの観客を引き寄せた。(二八)そして、ポーランドやチェコスロヴァキアやハンガリーなどのほかの東欧諸国の映画が、自国の政治構造の変革のきっかけとなったグラスノスチ（情報公開）やペレストロイカ（改革）といったソヴィエトの新しい政策を反映するようになる一方で、社会主義統一党もデーファも、政治的問題に取り組む映画の許可という点において現状維持にこだわった。政治に代わって、東ドイツ社会における個人の役割についての映画が、数多く見受けられるようになった。それに加えて、契約書を発行しないことで若手の監督を排除したり、体制のなかで映画を作る方法を彼らに押しつけたり、といったことが横行しており、それは若手の監督たちのグループがスタジオ内の変革を求めた一九八八年においても相変わらずであったのだが、こうしたことからも、政治が最後の最後までデーファ映画に力をおよぼし続けていたことがあらためて確認される。皮肉な言い方をすれば、『ヤドゥプとボエル』（ライナー・ジーモン、一九八〇年）や『シュナウツァー』（マクシム・デッサウ、一九八九年）の禁止が証明しているように、あからさまに政治的な題材に対する、明文化はされていなくても確かに実行されていた制限が生んだ数少ない成果のひとつは、女性監督と女性映画というジャンルの擡頭であった。さらに、東ドイツ末期には、同性愛に公然と取り組んだ映画『カミング・アウト』（ハイナー・カーロウ、一九八九年）でさえ公開されている。（二九）

ベルリンの壁崩壊の一九八九年一一月九日にいたるまで、映画製作は社会主義統一党の制御下にあった。一党政治体制の廃止とともに、デーファへの影響も終わりを告げた。一九八九年一二月には、民主化され独立を保った東ドイツのなかでのこの会社の未来モデルを構想する、特別委員会が形成された。しかしながら、東西ドイツの統一によって、人民所有のほかのすべての東ドイツの会社と同様に、デーファは民営化され、子会社を最高入札者に売却するトロイハント持ち株会社の管理下に置かれた。（三〇）一九九〇年、独立したデーファ・スタジオ劇映画有限会社となった短い期間に、「転換映画」と呼ばれる、規制も検閲も受けていない一連の映画が製作された。（三一）これらの映画は少なくとも、創造力と民主主義的構造に特徴づけられた、もうひとつのデーファの世界を垣間見せてくれる。それは、もし社会主義統一党が製作過程に絶え間なく影響を与えていなければ、デーファによって生みだされていたかもしれない映画の、広がりや深みをほのめかすものである。

社会主義統一党が東ドイツ映画を厳しく管理していた状況下で、映画監督たちがどうして映画企画に自分たちの個性を刻みつけることができたのか、不思議に思われるだろう。論争となっているようなあらゆる問題について、彼らはどのようにして自分の個人的な意見を表現することができたのだろうか、そして、彼らはなぜ、社会主義統一党によって与えられた指針にしたがった映画を作ることだけに甘んじなかったのか？　また、党の影響力の結果としてすべての映画にプロパガンダが積みこまれるようなことには、どうしてならなかったのだろうか？　ここまでのデーファについての簡単な年代記が示しているように、ソ連にせよ社会主義統一党にせよ、東ドイツ映画をもっと大きな理想にしたがわせようとしていたことはあきらかだ。だが、とりわけ短い雪解けの時期には、映画監督たちはすぐさま批判的な主題の映画を製作しようとし、議論を巻き起こすような映画をも避けようとはしなかった。より厳格な時期においても、映画のなかに、ひととおりでない解釈ができる（そして実際にそうであった）会話や台詞がしばしば見いだされる。実際、東ドイツの観客たちは、――たとえ、デーファの映画製作者たちが、さまざまな制御機関から、民主主義的な映画というイリュージョンを作りだすことを許されていたとしても――検閲をすり抜けたように思われる、こうした一連の抵抗の解読を楽しんだ。（三二）

デーファの監督を、東ドイツのために映画を監督することを無理強いされた反共産主義の映画製作者のグループだと考えることもまた、誤りである。実際、デーファで働く多くの映画製作者は、平和で反ファシズム的な共産主義社会に寄与するという社会主義的希望を抱いていた。東ドイツ政府が彼らに差しだした社会構造は、ときに彼らの理想とは一致しなかったのだが。その代わりに、国家財政から映画資金が賄われていたために、監督たちは興行的成功を収めなければならないという圧力を感じずにすみ、映画計画が資金不足のために製作中に中止されるという心配とも無縁だった。この点においては、社会主義統一党によるデーファの管理には長所があった――そして、それがなければ、デーファの児童映画や童話映画のあれほどの品質はほとんどありえなかっただろう。（三三）デーファは国家統制下にあり、この中央集権制度におけるほかの会社と同様に、東ドイツの経済や社会のなかに統合されていた。デーファが民間企業として、ほかの競争相手とのあいだで、統一ドイツのなかで生き残ることができたかどうか、また、もしできたとすればどのようにしてか、という点には議論の余地がある。だがひとつだけ確かなことがある。それはつまり、仮に生き残れたとしても、そこで作られる映画は、東ドイツの独占企業としてデーファが一九四六年から一九九〇年にかけて製作した映画とは異なるものになったであろう、ということである。

2　相互関係と緊張——デーファと東ドイツ娯楽産業

独占映画産業であったデーファは、東ドイツのなかで特権的な地位を占めていた。競争経済の下で活動していた西ドイツの映画産業と比べると、このスタジオは理想的な条件の下で活動していたようにみえる。東ドイツの中央集権構造のゆえに、国内に競争相手は存在せず、デーファは映画資金獲得のために争わなくてもよかった。実際、認可された製作のための映画資金調達は問題にならなかったし、その作品はヒットする必要さえなく、ましてや興行収益をあげる必要もなかった。だが、中央集権的な社会主義政治システムにおける国有企業であったにもかかわらず、デーファには世界のほかの多くの映画会社と比較できる点がある。

このスタジオは、こうしたほかの映画産業に見られる多くの構成要素をもっていたのである。デーファにはスタジオの最高経営責任者がいて、一連の映画スターがいて、作家性のある多くの有名な監督がいた。同時に、国内での競争がなく、社会主義国の独占スタジオだったために、デーファは異色であった。党の政策は、過度に批判的な題材の阻止を目的とする厳格なヒエラルヒー的システムを実行することによって、映画の発展に影響を与えた。新しい市場を開き、映画を輸出するために、デーファは東欧諸国との共同製作に従事した——西ドイツ市場には依然としてあまり立ち入れなかったので、そうするしかなかったのだ。そしてほかの国々と同じように、テレビの出現が東ドイツ映画に深刻な打撃を与えた。人々が映画館に出かけることよりも家にいられる快適さを好んだためである。東ドイツにおいては、西ドイツのテレビという「禁断の果実」を味わうことができるというさらなる誘惑が、デーファにとって状況をよりいっそう複雑にしていた。

デーファの構造と西側資本主義社会の映画産業の構造との類似性について知ると、しばしば驚かされる。それは、たとえば、テレビの隆盛と競合する方法であり、観客を映画館に誘うためにスター・システムを作りだすやり方である。また、西ドイツ映画とデーファとの対話は特筆に値する。一九四六年における戦後ドイツ映画製作の始まりからデーファの終焉までを通して（さらにはそれを超えて）、東西のドイツ映画はたえず相互に影響しあってきた。交流のいくつかの例は、両国間の映画業界における人材の交換、デーファと西ドイツの映画会社との共同製作、両国のジャンル映画にかんするテーマや構造の類似した展開などにみられる。デーファはまた、東西の交差点でもあった。デーファは西ドイツ映画と交流しただけでなく、共産主義・社会主義国における映画ジャンルの伝統から借用したり、それに寄与したりすることで、東ヨーロッパ映画の伝統にしっかりと組み込まれていた。東西ヨーロッパの伝統や構造の橋渡しをする混合的娯楽産業として、デーファはひょっとすると冷戦期において真に汎ヨーロッパ的な唯一の映画会社だったのかもしれない。

東西ドイツの映画産業は、冷戦期の全般的に張りつめた政治的雰囲気を反映して、常に互いに競いあっていたように想像されるかもしれない。実際、「分割されたスクリーン」の時代の多くの期間において、デーファの映画は西ドイツやほかの国で製作された映画と絶え間なく競いあっていた。一九四六年から一九六一年までは、デーファが東ドイツの観客に自社製作の映画の優越性を納得させることはとりわけ困難だった。というのも、鉄のカーテンの向こう側の娯楽映画が、多くの東ドイツ国民に簡単に手の届くものだったからである。一九六一年の壁の建設以前には、東西ドイツ間の旅行は可能であり、とりわけベルリンにおいては難しくなく、東地区で上映されていない映画を見るために多くの市民がくりかえし国境を越えた。毎日平均二万六〇〇〇人の東ドイツ国民が国境のすぐ向こうにあった映画館を利用し、しばしば観客の九〇パーセント以上を占めていた。(二) デーファの監督たちさえ、定期的に西ベルリンの映画事情に親しみ、国境付近の映画館で映画を見て、西ヨーロッパ映画の新作や最新のハリウッド映画をフォローしていた。(三) こうした直接の競争のため、デーファは（そして東ドイツを支配していた社会主義統一党も）、デーファ作品の上映に観客を引き寄せる方策を見いださなければならなかった。

多くの場合、十分な観客数を確保するには創造的な思考が要求された。とりわけ、映画という手段で東ドイツ国民に社会主義の目標を吹きこむことを目指すような、イデオロギーに染められた作品は、西側の娯楽的ジャンル映画と競いあうのが困難だった。できるだけ多くの東ドイツ人をデーファ映画に触れさせようとして、映画館はデーファ映画のチケットをかなり安価に設定した。政府による助成のもうひとつの形態は、全校生徒や工場の部署全体の（ときには無料の）映画上映会への団体旅行であり、上映されるのは、プロレタリアートの闘争を描いたり、ファシズムに対する共産主義の勝利を示したり、そのほかの社会主義の理想を奨励したりする映画だった。後に映画館は西側から輸入された映画の上映をデーファの映画と抱きあわせて二本立てにし、デーファの映画を先に上映した。そして観客には最初の映画から座席につくことを要求し、遅れて入場することを許さなかった。たとえば、一九六三年のある統計は、こうした西側の映画の観客数とデーファやほかの社会主義国の映画の観客数とを比較している。その数字によれば、四一パーセントの観客が西側の作品を見ているが、西側で作られた映画は上映された映画の二一パーセントにすぎなかった。(三) 一九八三年にはその割合はさらに不均衡になる。この年に売れたチケットの枚数は七二五〇万枚だったが、ほぼ四〇〇〇万人が西側の映画を見ていた。(四) 観客数にかかわらず、デーファ映画の観客についての東ドイツの統計は、かならずしもデーファ映画への関心を表してはいない。報道発表はしばしば目覚ましい観客動員数を根拠にデーファ映画の大ヒットを称讃したが、しかしこうした報道は、多くの東ドイツ人が進んで映画を見たわけではなく、そうすることを要求されていた、という事実をごまかしている。(五) 輸入映画がデーファ映画と二本立て上映されたこと、一九六〇年代には輸入映画の人気が高すぎるために上映打ち切りが実行されたこと、などを考慮すれば、観客がデーファ作品よりも西側から輸入された映画を好んだのは、かなりたやすく見てとれる。(六)

国内市場のこのような寒々しい状況を考えると、デーファ映画が東ドイツの外部にファンをもっていたのは、驚くべきことのように思えるだろう。なかには西ドイツやイギリスでカルトヒットとなった映画さえあった。しかし、デーファ映画はどのようにしてこれらの国に届き、東ドイツはなぜ冷戦の敵との取引関係を続けようとしたのだろうか？　ひとつには、デーファ映画をほかの国に紹介することで、東ドイツの認知度を国際的に増大させられた。したがって、映画の輸出はきわめて政治的な取り組みだった。東ドイツという国は、西ドイツが達成した業績との比較によって自らを測定し、また測定されたので、デーファ映画は東ドイツの国民映画であるだけでなく、国際的認知度を知るリトマス試験紙の役目をも担っていた。ハルシュタイン原則――東ドイツの主権を承認した国とは国交を断絶すると脅す西ドイツ外交の一原則――が東ドイツと多くの国との公式の関係を阻んでいた時期には、文化交流は、デーファ映画によるものも含めて、両国間の親善大使であった。また一方で、西ドイツとの貿易は東ドイツ経済の成功にとって常に重要な柱であった。とりわけ、一九五〇年代の奇跡の経済復興のあいだの西ドイツの好景気は、デーファ映画にとって魅力的な市場にみえた。言語が共通しているため、デーファ映画を西ドイツの配給会社に売ることは、国内経済を活性化させるために切望されていた「強い」通貨をもたらす比較的簡単な方法だった。販売によって生じた全収益は、デーファ・スタジオやデーファ貿易のものではなく、東ドイツ国家のものだった。公式の言い回しでは、この販売は西ドイツ人の政治的教育のための手段として正当化されたとしても、映画を売って資金を調達しようという考えが、東ドイツのイデオロギーの優越性を西ドイツ人に納得させようという欲求よりもまさっていたと推測する方が、無難である。

東ドイツは西ドイツを外国だとみなしていたので、独占業者であるデーファ貿易が、一九五二年の設立以来、西ドイツ相手の映画の輸出入を担当していた。[七]だが、この映画交換はかなり複雑であることが判明した。冷戦時の政策のあおりをうけて、西ドイツに輸入されるデーファ映画の一本一本が、西ドイツの映画問題関係省庁委員会による極度に込みいった認可過程を受けなければならなかったのである。この委員会はしばしば、西ドイツにとって受けいれがたいと思われる政治的文脈をもつ文言にかんして検閲を要求した。[八]デーファ児童映画はほかのデーファ映画に見られるプロパガンダ的な調子がなく、西ドイツの政治への批判もなかったので、まったくスムーズに輸出することができた。ヴィルヘルム・ハウフやグリム兄弟などの物語にもとづいた童話映画は西側で非常に好評で、西ドイツのテレビでくりかえし放映され、後にはビデオの定番となった。[九]しばしば安っぽくみえる西ドイツの同種の作品に対して、デーファの童話映画は東ドイツにおいてほかの作品と同じように扱われていた。それゆえ、童話映画はほかのデーファの劇映画と同等の予算を受け、熟練した監督が担当したために、その出来のよさが際立つことになった。童話映画の成功は西ドイツにとどまらず、イギリスにおける『歌をうたう木』(フランチェスコ・シュテファニ、一九五七年)のように、ドイツ語圏の国を超えてカルト的な地位を獲得した作品もあった(一〇)。

常に利益のあがる西ドイツ市場と接触し続けることが不可欠だったので、デーファは西ドイツに映画を輸出するために、映画問題関係省庁委員会をくぐり抜ける道を見いださなければならなかった。デーファ作品の輸出ばかりでなく、東西ドイツ間の合作をも可能にした巧妙な例のひとつは、いわゆるダミー会社の利用であった(一一)。委員会との葛藤を回避するため、西ドイツのプロデューサーであるエーリヒ・メールはスウェーデン籍の映画製作会社パンドラ映画を設立した。この会社は、西ドイツの会社が関与するときにはデーファの共同製作会社となった。実質的には幽霊会社だったパンドラは、共同製作だけでなく配給も手掛け、政治的制約がそのような試みをほとんど不可能にしていた時期に、一五〇本以上のデーファ映画を西ドイツに配給した(一二)。デーファから映画を直接輸入することは許可されなかっただろうが、スウェーデンのプロデューサーから映画を入手するのであれば、西ドイツにおいて文句のないところだった。

西側の映画の映画館への輸入については、デーファは規制、すなわち、その数を制限することができたが、その一方で、新しいメディア——テレビ——と競いあう方法を見いだすことは、不可能ではないにせよ、困難だった。最初は、テレビはデーファ映画にとって脅威ではなかった。一九五〇年の西ドイツのテレビテスト放送に対抗して、東ドイツがテレビの展開への独自の取り組みに着手し、ベルリンのアドラースホフ地区にテレビセンターを建設したとき、公式の番組製作はまだひとつも行なわれていなかった。わずか二年後に、東ドイツのベルリン放送局はニュースと政治ドキュメンタリーの最初の放送を開始したが——西ドイツのテレビチャンネルである北西ドイツ放送協会(NWDR)が一九五二年のクリスマスに放送を始める四日前のことだった——、この新しいメディアを主に教育とプロパガンダの目的に利用した(一三)。東ドイツのテレビ局は、まもなくソ連の劇映画を番組に加えた。しかしながら、放送時間が一日数時間だけにかぎられていたうえに、一九五二年にはテレビ受信機が七五台しか存在していなかった(すべて東ベルリン）という事実もあいまって、テレビはデーファ作品にとって実質的な脅威とはならなかった。[一四] 東ドイツの公共テレビ局であるドイツテレビ放送（ＤＦＦ）が、ベルリン放送局に代わって、一九五六年一月に創業してからも、テレビ放映時間の大部分は、風刺的なショー番組のほかには、たいていソ連やチェコスロヴァキアの劇映画が占めていた。[一五] 東ドイツのテレビとデーファとのあいだの初期の協力協定によって、ベルリン放送局、そして、後にはＤＦＦは、テレビ放送用にときおりデーファの劇映画を選べるようになった。しかし映画館でデーファ映画を見る方が観客にとっては金銭的にお得感があった。東ドイツ最初のテレビ受信機は年収より高かったし、白黒の画面は今日のｉＰａｄよりも小さく、天候が悪いと画像が乱れたし、アンテナのトラブルや技術的な問題がつきまとった。[一六] 対照的に、映画館の大きなスクリーンで上映されるデーファ作品は、豊かな色彩で知られるアグファカラーのフィルムで撮られることがますます多くなり、送信の問題や電波の障害とも無縁だった。放送局が東ドイツにひとつしかなく、最初の年の放送時間は一日平均三、四時間で、番組の大半がニュースとドキュメンタリーだったため、テレビはラジオにとって代わることはあっても、番組の種類が豊富で画質も高い映画館の地位を奪うことはなかった。[一七]

多くの東ドイツ人がテレビ受像機を購入するようになると、映画館の入場者数は減少し、デーファとＤＦＦとのあいだに緊張が生じた。デーファ映画をときおりＤＦＦのチャンネルで放映するために、ふたつの組織が協定を続けた。おそらく、このふたつの政治組織、すなわち、映画業務のための国家委員会とラジオ放送のための国家委員会は、人気のあるデーファ映画を再放映するためにこの契約を結んでいたのだろう。[一八] デーファが請求したとされる高額の映画放映料にＤＦＦが不平を申したてて、このテレビ局は自前で映画を製作し始めた。突然、デーファは、脚本家や監督や高い能力を備えた技術者を——そしてしだいに観客を——めぐって争う競争相手をもつことになったのである。[一九] テレビ技術が発達するにつれて、状況はデーファにとって悪化した。テレビの画面は大きくなり、受像機はより手ごろな価格になり、放送時間は増加し、そのうちにＤＦＦは第二チャンネルを追加して、カラー放送を始めた。番組のラインナップが拡大し、定着した番組に加えてスポーツの生中継やテレビ専用に製作された映画が放送されるようになると、家庭での視聴覚的娯楽の便利さは、多くの視聴者に映画館よりもテレビを選ばせるようになった。映画館は

とても安かったにもかかわらず——一東ドイツマルクであり、これは西側通貨でいえばわずかの小銭にすぎなかった。（二〇）
テレビはしだいに映画館通いを抜いて、最も人気のある娯楽手段となった。
デーファへの最大の打撃はおそらく、東ドイツ人が家庭の受像機で西ドイツのテレビを見たことであった。厳格な検閲と政治的な含意がデーファ映画に浸透して、娯楽的なストーリーを党のプロパガンダの道具に変えてしまったのに対して、東ドイツ人は「欠席による不支持表明」をし、家にいて、西ドイツのチャンネルの映画やショー番組を見ていた。その当時、テレビ信号は個々のテレビ受像機に装着した屋内アンテナか、建物の屋根にとりつけた公共アンテナで受信することができた。西ドイツは戦略的にいくつもの強力な放送用タワーを東ドイツとの国境付近に配置し、東ドイツ領土の深くまでテレビ信号を送信した。東ドイツのバルト海沿岸の東側と、嘲笑的に「無知の谷」と呼ばれたザクセン州の一地域だけが、この放送用タワーの射程圏外にあり続けた。
したがって、この地域以外のすべての東ドイツ人にとって、西ドイツのテレビチャンネルを受信するには、自宅のテレビ受像機に技術的に少し手を加えるだけでよかった。さらに、自由に入手できたデコーダーを多くの人が購入したが、それは、フランスで開発され、DFFも利用していたソ連製のSECAM技術に、西ドイツのPALシステムを加えるために、テレビに組みこむものだった。西ドイツのテレビを見ること（そして政治色のない娯楽番組やハリウッド映画を居間にとりこむこと）は、当初は違法であり、後にはひんしゅくを買う行為とされたのであるが。社会主義統一党の新しい書記長エーリヒ・ホーネッカーが一九七一年に文化政策の路線変更を導入してからは、PALコンバーターの利用者が政府から迫害されることはもはやなくなり、西ドイツの放送用タワーから受信できないように東ドイツの建物の屋根のアンテナの向きを夜のうちに変えるという、政府主導のばかげた活動も中止された。このように、東ドイツにおけるテレビの隆盛はデーファに甚大な影響を与えた。チケットの売り上げは急降下を続け、すでに問題を抱えていたデーファ映画の状況をますます悪化させた。（二一）
しかしながら、デーファ映画は東欧とのつながりによって助けられた。地理的にばかりでなく、芸術的にも東西ヨーロッパの映画製作のあいだに位置していたデーファ映画は、政治的両半球のあいだの映画文化の懸け橋であり境界でもある存在として、興味深い役割を占めていた。議論の余地はあるが、冷戦期における唯一の真に汎ヨーロッパ的な映画現象として、デーファは鉄のカーテンの両側の映画産業を結びつけた。西ドイツのメディア産業との関係は、協力と敵対的行動とがかなり複雑に絡みあっていた。デーファと西ドイツとスタジオのあいだの合作がないときでも、西ドイツの映画作品は依然としてデーファの製作計画に影響を与えたし、その逆も同様であった。ふたつの映画産業のあいだの「対比的な対話」が、ふたつのドイツ国家の映画作品をかたちづくった。[二二] たとえば、一九六〇年代の西ドイツの西部劇といったジャンル映画がデーファ映画に反応を引き起こし、数年遅れて「赤い西部劇」が製作されることになった。[二三] こうした影響関係は東から西へという場合もあった。たとえば、ヴォルフガング・シュタウテ監督の映画は、デーファを去った後も、いかに彼が西ドイツで自分のスタイルを継続したかを示している。[二四] ベルリンの壁の建設が文化交流を終わらせる以前に見られる数多く並行関係のために、多くの研究者が、政治的・イデオロギー的には分断されていたにせよ、一九四六年から一九六一年のあいだにはひとつのドイツ国民映画というものが存在していたことを示唆している。[二五]

同時に、東ドイツはソ連の衛星国家であり、その映画製作は東ブロックの映画イデオロギー的な上部構造にかなりしっかりと組みこまれていたので、東側に目を向けて、ドイツ映画を東欧に向けて展開した映画現象としてデーファを読み取ることも、また重要である。[二六] デーファはどの程度まで東欧の仲間によって輪郭づけられた要素の内部で機能したのだろうか？　一例を挙げれば、多くのデーファ作品は、題材選択、映画言語、政治的枠組みといった点において、ソヴィエトやほかの東欧諸国の映画にしたがっていた。[二七] 社会主義社会におけるこれらの映画産業すべてに共通する因子は、金銭的プレッシャーの欠如であった。製作費、チケットの売り上げ、そのほかの市場にかんする考慮は、共産主義国の中央集権経済や国有映画会社にとって差し迫った問題ではなかった。国内経済においても共産ブロックにおいても、映画交流は、大きな収益を生むものというよりは、国際的連帯の確認に役立つものであった。東欧諸国のスタジオとデーファとの国をまたぐ協力は常に存在し、製作過程のさまざまなレヴェルで生じた。たとえば、コンラート・ヴォルフは『星』（一九五九年）と、後にはふたたび『情熱の生涯 ゴヤ』（一九七一年）のために、ブルガリアの脚本家アンジェル・ファゲンシュテインを起用した。セルビアの男優ゴイコ・ミティチは、一九六〇年代から七〇年代にかけてのデーファの赤い西部劇シリーズでのアメリカ先住民の役によって、デーファ映画のスターとなった。また、ポーランドの作曲家アンジェイ・マルコフスキーの曲がSF映画『金星ロケット発進す』（クルト・メーツィヒ、一九六〇年）での東ドイツとポーランドとの合作のきっかけになったとされるが、原曲の魅力を損なう結果になってしまった。デーファの監督の卵の多くは、自分の監督作品を任される前に、共同監督として国際的合作映画に従事しなければならなかった――これは、国際的連携の訓練でもあったが、活性化をもたらす経験でもあった[二八]。東ドイツの外部で映画製作をしたり働いたりしたデーファの監督たちは、生き生きとした前衛的な場面をもたらし――それらの国々も同様に抑圧的な政治システムだったにもかかわらず――、しばしば新しい技術を生みだした。東ドイツはときおりソ連よりも教条主義的だとみなされるほどだったので、他国の映画産業で仕事をすることは有益なことであった。

東欧の友好的な他国との映画交流はまた、映画の供給というレヴェルでも行なわれた。西側からの映画作品の輸入は制限され、また限定的であったので、デーファは国産の作品の補充を東欧のパートナーにはるかに多く頼った。デーファの劇映画は年に一二から一五本しかなかったので、映画を輸入して、東欧の同胞国から来た作品で東ドイツのスクリーンを満たすことが必要であった。ポーランド、ブルガリア、ハンガリー、チェコスロヴァキアのスタジオと貿易協定を締結することはまったく難しいことではなく、これらの国の多くの映画はよりたくさんの観客を東ドイツの映画館に引き寄せた――とりわけ、これらの映画がデーファ映画に比べてより過激で、革新的で、進歩的であるとわかった場合には。伝統的なストーリー展開を堅持していたデーファの映画とは違って、東欧の映画は実験の試みをいとわず、すぐにデーファとは異なるスタイルを発展させた[二九]。いくつかの例では、これらの映画は、その挑発的な内容のために、あるいは、芸術性が高すぎたために、東ドイツの映画クラブのかぎられた観客だけに上映されたこともあった[三〇]。それと引き換えに、デーファはこれらの国に映画を輸出した。これによって、西側諸国が政治的理由でデーファの映画を購入することを拒否していた時期でも、デーファに販売が保証されることになった。

映画交流の構築はまた、東ブロックの政治戦略を明白にする助けになった。ポーランドやチェコスロヴァキアやブルガリアの日常の現実を見て、東ドイツのそれと比較することはまた、広域的な共産主義コミュニティのより大きくて協力的な政治目標の実例でもあった。デーファがほかの東欧諸国と合作した数はごくわずかではあったが——デーファの年間一二本から一五本の作品のうち、一九五〇年代に合計三本、一九六〇年代に合計一一本、一九八〇年代に合計一八本——、これらの映画は、「イデオロギーを積みこんだ合作」として、国境を越えた共通のイデオロギー路線を形成するうえで不可欠であった。[三一] ポーランドとの合作で、オスカーにノミネートされた『嘘つきヤコブ』（フランク・バイヤー、一九七四年）のような映画は、ナチス・ドイツに攻撃された東欧諸国のあいだで反ファシズムがいかに重要な主題であるかを示していた。しかし、国境を越えた合作映画の決定には、さらにいっそう実際的な考慮が一役買っていた。ＳＦ映画や西部劇などの大規模予算作品での合作は、資金や人員を共同で出し、国際的スターの出演や変化に富んだエキゾティックなロケ地の利用によって東欧ブロックにおける複数の市場を開くことで、スタジオどうしがコストを分担することを可能にした。[三二] 本物だと思える映像を作りだすことで、デーファは東ドイツ人観客に仮想の旅行空間を作りだした。旅行制限はあったが、彼らはいまや少なくとも「心のなかでの旅行」はできるようになった。このように、東欧のスタジオとの協力は、少なくとも社会主義ブロックの範囲において、デーファをグローバル化したのである。

デーファでの映画製作は、東欧であれ西側であれ、ほかのスタジオの映画製作と似たようなものだった。それにもかかわらず、東ドイツの中央集権的な社会主義社会におけるこのスタジオの独占的立場のために、いくつかのはっきりした相違点が存在した。映画製作の中央集権的構造は、国内にこのスタジオの競争相手がいないことを意味していた。したがって、東ドイツで映画製作にかかわる職業に関心がある者は、デーファか東ドイツテレビで働いた。長編劇映画を作りたければ、デーファ以外の選択肢はなかった。だから、監督や俳優は製作のために定められた公式指針にしたがわなければならなかった。さらには、このスタジオの「人的な」要素を一瞥すれば、映画製作の力学がいかに西側のスタジオと異なっていたかがわかる。

長編映画の製作を独占していたにせよ、デーファはそれでも娯楽産業ではあった。スタジオ構造における主要な相違のひとつは、資金を調達し、製作を軌道に乗せることを要求されているプロデューサーの不在であった。一九四六年から一九九〇年までに公開されたすべての東ドイツの劇映画において、デーファ自身がそのプロデューサーとしてふるまった（三三）。製作責任の詳細は時期によって変化したが、たいていの時期では、デーファがまず年度製作計画を策定し、文化省の映画庁の承認を得ることになっていた（三四）。それから、デーファのスタジオ最高経営責任者が脚本を受理し、映画の製作を製作監督に委託する。すると、この製作監督と映画監督とが、主要スタッフの雇用、主演俳優のキャスティング、製作期限の設定といった、製作の組織構成を決定する。撮影進行中の映画作品の日々の管理のために、製作監督は製作主任を選ぶ。製作主任は映画監督と脚本に手を加える文芸員からなる製作チームと協力して仕事をする。製作主任はまた、設備やセット建築を企画し、撮影行程を指揮し、最後の編集に参加する。映画が完成した後、デーファのスタジオ最高経営責任者がスタジオ内での最終認可のために映画を受理し、それを経て、映画庁がその作品の配給を承認した。

　芸術作業グループからなる製作共同体内部での協力は、製作過程に多くの人々が関与し、彼らに作品に対する代理権を与えていたことを示唆しているようにみえる（三五）。実際にはそれは、党員が現場で意見を述べることによって、社会主義統一党が映画製作のあらゆる段階で政治的影響力を行使することを可能にしていた。したがって、映画監督はけっして自分の映画の完全な自律権をもっていなかったのである（三六）。製作監督がたいていの映画の企画を管理しており、文芸員は「芸術面でのコンサルタントでイデオロギー上の助産婦」（三七）であった。一九六四年の新経済システムの到来によって映画監督がスタジオの製作監督の管理下におかれる以前の、比較的自由だった短い時期を例外として、映画監督は西側の映画界の映画監督のように自分のヴィジョンを実現できるだけの自由をもっていなかった。

　従順であることを要求するこの依存関係のために、東ドイツ映画では西側諸国におけるような作家映画は真の意味では発展しなかった（三八）。それでも、有名な監督の新作映画が公開されると、観客は映画館に戻ってきた。このことは、抑圧的なシステムであったにもかかわらず、デーファの監督たちが個性的なスタイルを表現することができたことを示している。とはいえ、製作過程における重要な立場にもかかわらず、映画監督はやはりスタジオの善意に頼っていた。スタジオ首脳部の機嫌を損なった映画監督は、助監督に降格させられたり、テレビ番組製作へと左遷させられたり、あるいは、完全に解雇されることもあった。最後のケースでは、従順になることが不可欠だった。というのも、彼らを受け入れてくれるほかのスタジオは存在しなかったからである。(三九)こうした制御と依存の構造のひとつの帰結として、スタジオのヒエラルヒーに向かう権力は芸術的自由を窒息させ、創造的過程を減速させ、多くのデーファ作品の過度の政治化をもたらした。(四〇)

監督同様、デーファ映画のスターたちも常に厳しい状態におかれていた。東ドイツにはスターは存在していなかった。彼らは公式には「観客のお気に入り」と呼ばれたが、それは東ドイツの人々が仲間のなかから彼らを選んでスポットライトのなかに立たせていることを示唆していた。そのような用語選択はまた、デーファ俳優の人気がいかに独自に成長したものであるかを暗示しており、入場チケットをより多く売る目的で個人崇拝を作りだそうとしたハリウッド・スターの人工的に構成されたイメージとは異なっていた。(四一)デーファは会社として存続するために興行収益に頼らず、スターの報酬も西側諸国に比べてささやかなものだったので、スタジオの成功を保障するためにスター・システムを構築することは、競争社会の国々と比べればそれほど決定的なことではなかった。デーファの一握りのトップスターたちだけが、ほかの俳優の約五倍の給料を稼いでおり、年に一本か二本の映画に出演することで、すでに一九六〇年代において一〇〇〇東ドイツマルクもの月収を得ていた。(四二)俳優や監督は――西側諸国のスタジオとは違って――デーファに恒久的に雇われていたが、それでも競争市場におけるのと同じように、映画がヒットすると多くの収入を得ることができた――ときによれば追加賞与は三万五〇〇〇マルク（いちどに車を三台買うことができた金額）にのぼった。(四三)しかし、たいていの俳優は、デーファの大物リスト入りした俳優に比べてはるかに少ない稼ぎしかなかった――そして、このリストに入れるかどうかは、けっして観客やファンの数だけに依るのではなく、同じくらい東ドイツの政策の要求に依存していた。

当初、デーファは、資本主義諸国の映画界を手本にしたスター・システムを作ることを躊躇していたが、観客の方がなじみの顔や自己同一化できる顔を求めていることがあきらかになった。デーファ・スター独自のシステムを作ろうとする一九六〇年代初期の試みは——東ドイツが西ドイツの影響を避けようとしていた時期にあたるのは偶然ではない——、スターの概念と、こうしたスターたちがいかにしっかりと東ドイツ社会の一部となっているかを保証する、政治的アプローチとを結びつけた。[四四] ベルリンの壁建設という追い風を受けて、西ドイツやハリウッドのスターに観客が触れる機会が減少すると、国産スターによる東ドイツ独自のスター制度を組み立てることが可能となった。[四五] スタジオと国営出版メディアとの協力によって、何人かの俳優をデーファ映画の「顔」として確立することができた。[四六] 一九五四年までにはすでに、東ドイツの映画雑誌「フィルムシュピーゲル」は、自国映画と外国映画の新作や近作をレヴューするとともに、俳優たちのニュースを報じ、彼らの「ピンナップのような写真」を載せることもあった。[四七] 一九六〇年代になると、国産のデーファ・スターを確立しようという集中的で組織的な後押しを受けて、映画スターの絵葉書（これまたすでに一九五〇年代から流通していた）が東ドイツの映画スターの写真で飾られることが多くなった。[四八] 若者向き雑誌「新生活」が毎年の投票で最も人気のある（デーファの）映画スターを決定したことは、デーファが自社の映画を宣伝するために、いかにさまざまな年齢層を利用したかを示している。[四九] 作品の売り上げのために映画スターを起用する西側の会社の方式を採用したわけではなく、デーファの俳優たちは東ドイツのブランドにかたちを与え、みずからのスター・アピールを増強するために雑誌に登場したのであって、彼らは計画経済のなかで国有会社によって作られる製品の広告塔ではなかった。[五〇]

　ブランドの形成と促進にはもうひとつの目的もあった。自社スターの親しみやすさを強調するために、デーファは俳優たちを定期的に工場に送り込んで労働者たちと交流させ、さらには工場のチームを「養子」にすることを俳優たちに奨励して、彼らと労働者たちとの絆を育もうとした。労働者と農民の国という東ドイツの概念にもとづいて、「東ドイツのスターをめぐる議論は、労働者という出自をもち、そうした出自にとどまっているという神話を強化するという意味において、普通であることを養成するような方向をあきらかに目指していた。[五一]」デーファ映画の役の多くは、反ファシズムの英雄や、共産主義者や、レジスタンスの闘士だけではなく、新しい社会主義の東ドイツ社会を建設する労働者を演じるものだった。それで俳優たちは、追加ボーナスとして自分たちがスクリーンで演じなければならない人たちの労働条件を観察することができた。デーファ最大のスターのひとりであるマンフレート・クルークは、ロケでのこうした実地教育を必要としなかった。舞台演劇に出演したり、デーファ映画で主役を演じたりする前に、彼は東ドイツの製鉄所で見習いをしたことがあり、労働とスターのこうした関係の模範となっていたからである。

　観客のお気に入り——デーファ・スターにだけ用いることが許された称号——という地位が確立すると、キャラクター描写への期待を高めることによって観客を引き寄せるために、クルークは（そしてほかのデーファ・スターたちも）しばしば固定的な役を演じた。たとえば、クルークが「体制に順応する気がなく、ずけずけとものを言う人物であるという評判がたつ」と、映画に潜在的なアイロニーと二重の意味を加えながら、クルークのペルソナはひとつの役柄以上のものとして想像力のなかに存在し続けた。[五二] 彼が東ドイツを去る決心を表明し、一九七八年にそれが許可されると、東ドイツは西ドイツに大スターを奪われることになった。クルークと同様に、アルミン・ミュラー＝シュタールは、友人であり同僚であるヴォルフ・ビーアマンが国外追放されると、ついに意を決した。やはり観客の大のお気に入りだったミュラー＝シュタールは、まず西ドイツに移住し、後にはハリウッドで有名な俳優になった。デーファ映画のなかでミュラー＝シュタールはきまって反ファシズム主義者や社会主義の英雄を演じ、彼のスクリーン上の行動は東ドイツの政治システムの諸手続きを擁護してきた。[五三] 彼が演じた役、そして、「言葉よりも、地味で抑制された行動、控えめな身振り、凝視による表現」という彼の演技スタイルは、「さまざまな解釈や曖昧さに対して開かれており」、東ドイツの政治に賛成していない人々が、それにもかかわらずミュラー＝シュタールの演じる登場人物に共感することを可能にした。[五四] 観客を引きつけることがデーファの主要目的だったとすれば、複数の（反逆的なものまで含む）映画解釈を許容するこのようなスターペルソナの創出は、適切な図式だったといえる。

　デーファの人気スターであったエルヴィン・ゲショネクの事例は、いい子ぶった理想的な社会主義ヒーローを提示するよりも、「真実味のある」登場人物を演じる俳優に、観客が自己同一化していたことを裏づけている。ゲショネクがスターになったのは、彼がまさに、共産主義者であり、本物のレジスタンスの闘士であり、ナチ強制収容所の囚人であったという自らの過去を、神話化させたり、映画のなかで演じる役に変換させたりすることを拒んだためであった。(五五) その代わりに、彼が映画で演じる登場人物はしばしば破壊的で、社会のルールに渋々したがっており、懐疑的で究明心に富み、それゆえに観客が他のデーファ映画のなかに探そうとしても見つからないような真正性のオーラを帯びていた。デーファは、社会主義統一党が設定した諸原理にしたがう一方で、公的な政治言説を批判するという二面性を故意に作りあげていたのだ、と主張するならば、それは言いすぎであろう。だが、多くの映画は複数の解釈が可能であり、公的政治の批判という点においてより挑発的な解釈の多くは、ゲショネク、ミュラー＝シュタール、クルークといったタイプの映画スターによってもたらされたものであった。

　すべてのデーファ・スターが、反逆的な一面をもっていたり、彼らのスクリーン上のペルソナについて論争的な解釈を許容したりしていたわけではない。『テールマン』映画や後には『金星ロケット発進す』で主役を演じたギュンター・ジーモンは、典型的な模範スターであり、彼の役どころはたいてい東ドイツ社会主義の理念を補助するものであった。(五六) ドイツ人ではないほかの俳優、とりわけセルビア人のゴイコ・ミティチとアメリカ人のディーン・リードは、彼らの種族的出身ゆえにデーファの興味を引いた。リードは一九七二年にアメリカ合衆国を去って東ドイツに移住した。彼はすぐにデーファ映画に出演したが、ドイツ語があまりできず、吹き替えが必要だった。それにもかかわらず、イデオロギー上の理由で、リードは瞬く間にデーファで最も報酬の多い映画スターのひとりに昇りつめた。デーファは（そして社会主義統一党は）彼の演技力よりも、彼がアメリカを捨てて東ドイツにやってきたという事実を利用したのだ。東欧じゅうに「赤いエルヴィス」として知られていたリードの持ち味は歌であった。(五七) 彼をデーファ映画に出演させることにはふたつの利点があった。第一に、東欧のポップスターが東ドイツ映画に登場することは、デーファ作品が、スクリーン上にポップスターを探すことに関心のある観客を魅了することで、ブロックバスターたりうる可能性を正当化した。第二に、リードがアメリカ人であるという事実は、直接的には非政治的な映画にイデオロギー的なサブテクストを付与し、デーファによる国内の映画製作はアメリカの俳優が東ドイツに移住してくるほど重要なものであることを示唆した。

セルビア人ゴイコ・ミティチがデーファの新しいジャンル映画のひとつである「赤い西部劇」『偉大な雌熊の息子たち』（ヨーゼフ・マッハ、一九六六年）の主演に配役された理由は、少し異なる民族的意味によるものだった。[五八]ユーゴスラヴィア——ほかの社会主義諸国に比べて若干西側に開かれていたために、東側ブロックでいくらか特殊な地位を占めていた国——の市民であったミティチは、まず一九六〇年代の西側のヒット西部劇のなかで小さな役を演じた。彼の筋骨たくましい肉体が西ドイツのプロデューサーの注意を引き、もっと重要な役が与えられるようになった。そしてデーファが自家製の西部劇を製作しようとしたとき、彼らは西ドイツのスタジオが使用したのと同じロケ地に出向いただけでなく、何人かのユーゴスラヴィア国籍の俳優を同様に起用した——そのなかでゴイコ・ミティチは「ヴィネトゥに身体的に勝る対応物として[五九]」主役を任じられた。そのエキゾティックな相貌がデーファ作品にあっては異色だったので、ミティチは観客のお気に入りとなった。それ以後、デーファはミティチの地位から恩恵を受け、彼を赤い西部劇で続けて起用した。基本的に、この永続的なスターの地位が、東ドイツの赤い西部劇という映画ジャンルの爆発的な成功を支えたのである。

デーファは異質な映画スタジオだったのか？　そうだった——そして、そうではなかった。多くの場合、社会主義社会には存在しないいくつかの観点を除けば、デーファは西側諸国のスタジオと比較できる。このことは、デーファは西側の対応物と類似した状況のもとに活動していた会社であった、と考える手助けになる。東ドイツ国内には競争相手がなく、映画の配給を保証する管理された市場があったにもかかわらず、デーファ・スタジオはそれでも競争的である必要があった。そうした恵まれた条件があったにせよ、東ドイツに輸入される映画や、市場シェアを拡大していくDFFや、簡単に視聴できる西ドイツのテレビチャンネルとのあいだで、デーファは激しい競争にさらされていたのである。日々の製作過程への政治の関与は創造力に影響をおよぼした——しかし同時にそれは、資本主義経済のなかでは資金が集められないような映画の製作を可能にした。末期にはデーファ・スタジオだけで二五〇〇人以上の従業員を雇用し、年に一本か二本の映画に関与するだけの監督や俳優も月給を受けとっており、東ドイツのような計画経済社会におけるほかの機関と同様に、このスタジオは補助金で成りたつ企業となっていた。[六〇]この補助金が継続的で規則的な財源を保証したため、デーファは安定して年に一五本から二〇本という長編映画製作数を維持した。そこには、ほかの映画スタジオと同じように、できの悪い映画もあれば——とても優れた映画もあった。

3　ひとつの文化遺産――デーファの余生

一九九二年一二月に、フランスの不動産会社コンパニー・イモビリエ・フェニックス（ＣＩＰ）がデーファ劇映画スタジオを一億三〇〇〇万マルクで買いとったとき、デーファ映画の製作は永遠に終わりを告げた。スタジオはバーベルスベルク・スタジオと改称され、高名な（西）ドイツの映画監督フォルカー・シュレーンドルフが最高経営責任者になり、スタジオ敷地の分割が始まった(一)。デーファという商標は、引きとり手がみつからず、一九九四年にドイツの商標登録から姿を消した。さらに、デーファの映画を積極的に販売促進しようという組織はなかったので、複雑な法的条件によって旧西ドイツ地域での商業映画の大規模な配給はできなくなり(二)、デーファのロゴをもつ新作映画が市場に出回ることもなく、デーファ映画は即死したようにみえた。その一方で、東ドイツのすべての映画館は私有化され、東ドイツ映画について無知で無関心な、あるいは、東ドイツの過去を連想させる映画よりもハリウッドの作品を好むような、一般観客の要求に応えるようになった。デーファの映画は、たまにある深夜テレビ放映や映画回顧展を例外として、統一後のドイツの公共領域から消えてしまった。デーファ映画を恋しがる人はほとんどいないようにみえた。

二〇年以上経ったいま、潮流は一変している。一九九九年以来、デーファ映画は思いがけないほどの返り咲きを果たしたのだ。デーファ映画は必需品となり、ＤＶＤやブルーレイのベストセラーになっている。多くの回顧展や映画祭でデーファ映画は頻繁に上映されている。数多くのテレビチャンネルがデーファ映画を放映している。オンデマンドのストリーミングを提供するアイスストームＴＶが二〇一二年に開始され、ますます多くの映画を人々に提供している。デーファ・ファンの文化さえ確立され、ファンによる冊子、集会、シーンの再現といったたくさんの多様な活動によって、東ドイツの映画遺産を称揚している。デーファの人気はわずか一〇年のあいだに変化し、さまざまなメディアにまたがって見ることのできる映画の数を信頼するならば、毎年その人気は増大している。もちろん、この復興は偶然に起こったものではない。意図的に構想された市場戦略がこうした人気獲得をもたらしたのであり、二〇年以上にわたってデーファ・スタジオは新作を発表していないにもかかわらず、デーファの名前は統一後のドイツの文化生活にいまやしっかりと根を下ろしている。

ドイツにおけるデーファ映画の現状についてのスナップショットによって、デーファの「余生」を形成してきたいくつかの機関が前面に浮かびあがってくる。これらの機関はデーファ映画を東ドイツの文化遺産として扱い、人々に普及させるためのよく機能するインフラを創りあげたり、活発な需要を積極的に促進したりした。その同じ機関、すなわち最も重要なデーファ財団、および、その長年の提携企業であるプログレス映画配給（配給を担当）、および、アイスストーム・エンタテイメント（家庭向け販売を担当）が、デーファ映画を比較的最近出現した東ドイツの地方主義のリーダーに仕立てた。ある意味では、これらの機関はデーファ映画をこの地域の伝統として「再編」したのである。[三]この展開は、最後のデーファ作品であるヘルヴィヒ・キピングの『ノヴァーリス 青い花』が現れたのが一九九四年であるという事実を考慮すると、なおいっそう目を引く——この時点でもうデーファ・スタジオは存在していなかったのだから、それ自体が奇妙なことではあるが。いまではデーファはその作品によって生きのびている。しかしその一方で、デーファが権威をふるっていた地域に、その痕跡はほんのわずかしか残っていない。

かつてのデーファ・スタジオの敷地にすら、デーファの面影はほとんどない。用地の大部分は「メディア都市」（メディア都市バーベルスベルク）となり、テレビ局のスタジオ、編集施設、デーファの後継会社であるスタジオ・バーベルスベルクの防音スタジオ、ほかの中小映画会社が数社、それからドイツラジオ資料館の改修事務所スペースなどがある。しかし、映画製作のために使われている施設のなかに、この土地が四〇年以上にわたってデーファに占有されていたことを示すようなものはなにひとつない。ただ一箇所、テーマパークであるバーベルスベルク映画パークには、東ドイツ映画史の片鱗がいまなお残っている。[四]ハリウッドのテーマパークとスタジオツアーのドイツ版を連想させるこのテーマパークで、訪問客はデーファ最大のヒット作であるヴォルフガング・シュタウテの『小さなムックの物語』（一九五三年）の再現セットを通りぬけることができる。それは「小さなムックの庭」というアトラクションである。[五] バーベルスベルク映画パークは、一九九一年の開場以来、展示の企画と構造においてたくさんの変化を経験してきた。この「庭」は当初からの定番であり、二〇年経ったいまでも観客を引きつけている。この「庭」の人気は、少なくともある部分では、東ドイツ人の記憶のなかにデーファが存在し続けている証拠だといえよう。この「庭」はこのように東ドイツ映画史の記念碑の役割を果たし、デーファの過去をスタジオ・バーベルスベルクの現在の映画製作に結びつけている。

　デーファ映画のもうひとつの記念碑はポツダム映画博物館である。かつてのデーファ映画スタジオから数キロしか離れていない場所にあるこの博物館は、その遺産を別の仕方で相続している。かつての東ドイツ映画博物館は、一九八一年から、映画にかんするテーマの展示を行なってきた。統一後にポツダム映画博物館と改称されると、この博物館は（非公式にではあるが）デーファ博物館へと姿を変え、その展示スペースの大部分は一九四六年から一九九〇年までの映画製作にあてられている。[六] ここにはデーファ作品に関連するオリジナル衣装、脚本、セットの一部、ポスター、小道具などが展示され、東ドイツ映画の多様なイメージを訪問客に与える。この展示は一九九四年、二〇〇四年、二〇一一年に変更され刷新されたが、現在の常設展「夢工房　バーベルスベルクの映画一〇〇年」もまた、デーファ時代の映画製作を強調したものである。[七]

　映画博物館とムックの庭を除けば、統一後のドイツにデーファの歴史を伝える具体的な場所は存在していない。実際、統一によって、デーファはその大部分の作品もろとも永遠に消滅したかにみえた。デーファ映画を予約し続ける映画館はほとんどなかったし、テレビ局が放映するのは（あったとしても）深夜だけだったし、見たいと思う人がＶＨＳを探しても無駄だった。東ドイツではこれらの映画はホームエンタテイメントとしては販売されたことがなかったからだ。[八] 一九九〇年代に東ドイツ人が彼らの東ドイツの遺産を想起しはじめたとき、こうした手の届きにくさが、その時点では満たされえなかった要求を生むことになった。統一ドイツにおけるデーファ作品の不足こそが、これらの映画のルネサンスを導いたおそらくは最も重要な要因であっただろう。

デーファがコンパニー・イモビリエ・フェニックスに売却されるとすぐに、東ドイツ映画のもうひとつの部分も売りにだされた——東ドイツでかつて独占的な映画配給会社であったプログレス映画配給である。デーファ作品の世界規模での専有的配給権を二〇一二年までプログレスに認める、というライセンス付きで、ドイツのテルックス・グループが一九九七年にプログレスを買いとった[九]。デーファ作品の所有権にかんする複雑な法的状況が一九九八年についに解決したことを受けて、一九九九年一月一日に新設の非営利財団であるデーファ財団がデーファの法的継承者となり、デーファの在庫作品すべてを手中に収めた。それ以来、デーファ財団は作品を宣伝し、それを人々が入手しやすくすることを担当している。この財団はその任務を果たし、配給会社であるプログレスと提携したり、ネガの保管場所であり映画プリントの製作機関である連邦映画アーカイヴを利用したり、個人向けホームエンタテイメント市場におけるデーファ映画の専有的配給権をもつ新興のアイスストームと協力したりして、東ドイツの映画遺産を保存してきた[一〇]。一九九九年には、デーファ映画をドイツのヴィジュアル文化に再統合するための基盤が準備された。これは、デーファ映画を古典映画に興味がある特定の観客に届けただけの、小さな規模の出来事にすぎなかったかもしれない。しかし、その最初のＶＨＳ販売が東ドイツの物品へのノスタルジー（オスタルギーと呼ばれる。ドイツ語の「東《オスト》」と「ノスタルジー」からなる合成語）の波と同時期だったために、デーファ映画は東ドイツの過去の象徴になった。アイスストームとの連携はこのように、デーファの不死鳥のような余生のきっかけとなった。

一見すると、ホームビデオ配給会社と共産主義映画スタジオの後継財団との商業協定が東ドイツ映画の復活の手助けとなったことは、皮肉に思えるかもしれない。実際、東欧全体で、新しい市場経済で生き残るために、かつての共産主義のスタジオは商業化に向かう必要があった[一一]。ドイツではデーファ作品の所有権は一九九五年には「黒い黄金」にたとえられさえした——ほかの見通しのきかない状況に鑑みると、そのような発言はいささか楽天的であったにせよ[一二]。西ドイツ人ゲルハルト・ジーバーは、このよく保存された膨大なデーファ作品の在庫がもつ可能性を活用しようと思いたち、一九九七年に彼の会社アイスストーム・エンタテイメントを創設した。かつて別のホームビデオ配給会社ユーロビデオに勤めていたとき、ジーバーはデーファの童話映画にしばしば出くわしていた。ほとんどのデーファ作品がホームビデオ化されていないことを知ると、彼はアイスストームを創設して、市場の隙間を埋めようとした。デーファ財団が一九九九年に仕事を始めると、この財団はすぐにジーバーの会社に映画のホームビデオ化の占有権を与えた。アイスストームは待ってましたとばかりに、わずか一年のうちに八〇本以上の作品をＶＨＳとして発売した。デーファ作品の（そしてアイスストームの）サクセスストーリーの始まりである。

アイスストームはデーファ作品の販売を系統的に行なおうとした。視聴者となる東ドイツ人たちが自分の個人史の証としてそれらの作品に再会することを求めている、と考えたからである。ほとんどの東ドイツ人家庭がビデオデッキを所有していたことが、映画の普及の追い風になった。東ドイツでは手に入らなかった製品を手に入れて、新たに獲得した自由を祝おうとして、壁崩壊後の最初の買い物として購入した場合が多かったのだ。（一三）一九九九年初頭までに、七五パーセント以上の家庭がビデオデッキを所有していた。テレビや映画館といったほかのメディアからデーファ作品が消えてしまっていたために、東ドイツ人たちはＶＨＳで映画を探すしかなかった——たいていは無駄であった。東ドイツの映画輸出会社であるデーファ貿易が輸出したデーファ作品のうち、西側の配給社がＶＨＳとして販売したものはごくわずかだったからである。こうして、ビデオ化されたデーファ作品が不足していたことと、一般にデーファ映画を見る機会が奪われていたこととがあいまって、ドイツの市場経済に隙間ができていた。しかし、この空隙を満たして、東ドイツ人たちを主要なターゲットに定めるには、慎重を要し、低い利益率を甘受する覚悟が必要だった。旧東ドイツ地域では失業率が高く、仕事がある場合でも、西ドイツ地域での類似の職種に比べてかなり低賃金だった——同じ仕事をして給料は七〇パーセントしかもらえないこともあった。アイスストームは連帯意識を示し、視聴者を考慮してデーファ作品の価格を定め、ほかのＶＨＳの平均市場価格と比べてやはり約七〇パーセントの値段しかつけなかった。この戦略はこれらの作品が誰にでも手が届くものであると感じさせた——このことは、東ドイツでは食糧と住宅に対する政府の補助金が普及していたことを、皮肉にも想起させる。数年後にＤＶＤがＶＨＳにとって代わっても、アイスストームは価格を平均より低く抑え続け、さらなる補助金モデルを考案して、東ドイツのタブロイド紙「ズーパーイル」と提携することで、その作品をほとんど提供することができた。二〇〇六年のデーファ六〇周年を記念した「ズーパーイル」との新たな協力は、デーファ作品の普及をそれまでには考えられなかった量で可能にした。二〇〇六年九月号から、「ズーパーイル」はデーファ映画のＤＶＤが付録についた特別号をわずか二ユーロの値段で毎月販売しはじめ、それは二〇一三年にいたっても続いている。この大量契約はもちろん高利益をもたらすことはないが、先を見越した宣伝という面があった。この雑誌は毎週およそ三七〇万人の読者の手に届き、挿入されたＤＶＤはデーファ作品を広範囲の視聴者や潜在的消費者に宣伝するための効果的な手段となった。この戦略は当たった。アイスストームの目録は増大を続け、現在では五〇〇本以上の作品がＤＶＤやブルーレイになっており、二〇一二年末に開始した自社のビデオオンデマンド局であるアイスストームＴＶを通して見られる作品群もますます充実している。

　低価格路線は、自分たちがよく知っていて、楽しい記憶を呼び起こす映画をたくさん見たいと待ち望んでいた多くの観客に、そうした作品を販売するのに、疑いなく役立った。最初の年、アイスストームは直ちにベストセラーになることが見込まれる目玉商品を選んだ。最初に発売された作品のなかには、一九六五年の「ウサギ映画」――東ドイツ共産党の第一一回総会後に禁止された映画群――のほとんどすべてのほか、ジーバーがアイスストームを設立する動機となったたくさんのデーファ童話映画、さらには、デーファ・スターであるゴイコ・ミティチ主演の西部劇（インディアン映画）などが含まれていた[一四]。この第一陣は圧倒的な成功を収めた。禁止されていた作品はとりわけ魅力的だった。それらは一九九〇年の統一の直前にブラックリストから外されて、映画館で初公開されていたものだった。いまやこうした映画がＶＨＳで手に入るようになり、視聴者は三〇年以上にわたって奪われていたデーファの批判的な映画の経験を楽しんだ。アイスストームに直接感謝の意を伝え、さらなる発売をリクエストする購買者たちもあった。こうした視聴者からの反響と、おそらくは最初に発売した映画の売り上げが保証した収益とによって、反ファシスト映画――東ドイツ映画のもうひとつの古典的ジャンル――と、ヨーハン・ヴォルフガング・フォン・ゲーテとフリードリヒ・シラーによる有名なドイツ古典文学の映画化作品とがビデオ化された。二〇〇二年までにアイスストームは二〇〇本以上のデーファ作品をホームビデオファンに提供し、イデオロギー色の濃い題材を扱う、より議論を呼び起こすような映画に取り組む用意を整えた。たとえば視聴者は二部構成の伝記映画であるクルト・メーツィヒの『エルンスト・テールマン 階級の息子』（一九五四年）と『エルンスト・テールマン 階級の指導者』（一九五五年）をリクエストした。これは、多くの東ドイツ人が軽蔑していたが、見ることを強要されていたプロパガンダ映画の代表作であった（二五）。二〇〇〇年にアイスストームは消費者の意見に応じていくつかの映画を発売した——こうして、その内容にかかわらず作品を公衆のもとに届ける、というデーファ財団の指令を実行したのである。だが、より人気のある作品によるこれまでの成功なしに、この発売が実現できたかどうかは疑わしい。

こうした政治的な「爆薬入り」の作品を発売したタイミングは、東ドイツの過去への注意を呼び起こした『サン・アレイ』（レアンダー・ハウスマン、一九九九年）や『グッバイ、レーニン！』（ヴォルフガング・ベッカー、二〇〇三年）といった当時の映画や、『東ドイツショー』といったテレビショーの成功と、時を同じくしていた。シュプレーヴァルト・ピクルスやトラバント自動車といった「本物の」東ドイツ製品がメディアで讃美されたことは、その人気に乗じて、東ドイツを代表するものとして映画を売りだす機会をもたらした。オスタルギーというこのレトロ崇拝は、ドイツの旧西側の連邦州でもかなり受けいれられたが、デーファ映画はほかの商品ほど人気にはならなかった。それはひとつには、西側のドイツ人視聴者はほとんどの場合、文化的情報の多くを解読することができず、ストーリーに共鳴できなかったためである。映画に見覚えがあることが販売には決定的だが、それが西側のドイツ人には欠けていた。こうした映画は西側ではけっして上映されたことがなかったし、上映されたとしてもごくかぎられた観客に対してのみであった。他方、東側地域においては、あらゆる年齢層、ジェンダー、社会的地位の視聴者のあいだで関心が絶え間なく高まった。映画を見た年配の人々は自分たちの東ドイツの過去に再会して、それを子どもたちと分かちあった。東ドイツの生活すべてに距離を感じていたり、まったく知識がなかったりした若い世代は、オスタルギーというポップカルチャー現象に心を動かされ、デーファ映画に別の角度からアプローチした。第一に、デーファ映画のスタイルはテンポ、演技、ユーモア、サウンドなどにおいて独特であり、彼らがふだん見ている映画と本質的に異なっていた。『暑い夏』や『パウルとパウラの伝説』のようないくつかの映画はすぐに影響力をもち、しばしばキャンプ美学を喚起して、この新しい世代のカルト映画になった[一六]。第二に、民主主義的な資本主義国である統一ドイツで育った若い世代の東側のドイツ人たちにとっては、個人の自由があることが標準だった。彼らの経験は、統一後にはほんのわずかしかその痕跡をとどめていない正反対のシステムで生活してきた彼らの両親の経験とは根本的に異なっていたので、デーファ映画はそうした存在の証拠の役目を果たし、世代間のコミュニケーションを成立させた。これらの映画のなかでは、全体主義的なドイツ社会での彼らの両親や祖父母の暮らしがよみがえり、『サン・アレイ』や『グッバイ、レーニン！』のような新しいオスタルギー映画やテレビショーで見聞してきた日常生活のイメージに異議申し立てをした。デーファ映画はしだいに押しのけられる過去の東ドイツ史の重要な証となり、ドイツ史のなかにその場所を要求した。

しかしながら、デーファ映画の人気は統一後の出来事であり、映画が観客を引きつけるのに苦労していた東ドイツではほとんど見られなかったことであった。デーファ映画を東ドイツの「製品」として確立するには、過去を利用して映画を歴史の代理人にするといった、入念な市場過程を要した。エリック・ホブズボウムは「伝統を考案することは［……］本質的に形式化と儀式化の過程であり、過去への参照によって特徴づけられる[一七]」と述べている。そうだとすれば、デーファ映画の復活は、たんに東ドイツの過去に対するノスタルジーの自然な発展の結果だったとはいえない。それはまた、これらの映画への需要を作りだすために過去を利用しようとする先行条件にもとづいている。同時に、オスタルギーの波が去ってしまうと、こうした映画への関心を維持するために継続的な革新が必要になってきた。デーファ財団は、それまで見ることができなかった禁止映画を修復して販売することで、それを達成した。二〇〇二年から二〇一〇年のあいだに、かつて禁止されていた四作品がかたちを整えられてドイツで好評のうちに公開され、「失われた」映画の復活として賞賛された。このシリーズは一九五八年の映画『最高の美女』の複雑な復元作業によって始まった。この作品は一九五九年に禁止され、オリジナルが存在しないために、これまで発売されたことがなかった。脚本やほかの資料にもとづいて、復元チームは一本の映画ではなく、ふたりの監督によるこの映画のふたつのヴァージョンを発掘した。一九五八年のエルネスト・レマーニ版と一九五九年のヴァルター・ベック版である。レマーニ版がイデオロギー上の問題で認可されなかったために、デーファはベックを起用してこの企画を引き継がせたのだ。だが、ベック版も検閲官の心を変えることはできず、すべての材料は未完成の状態のまま四〇年後の修復まで保管庫に入れられていた。時間のかかる修復作業の後、二本の映画、および、検閲と復元過程を記録した豊富なボーナス映像を含む二枚組DVDが発売され、『最高の美女』はその一〇年間で世に出た最初のデーファの「新作」映画――そして、デーファ財団の権限下で公開された最初のデーファ映画――となった。禁止されていたもうひとつの映画『蝶々嬢』の二〇〇五年の復元がこれに続いた。しかしながら、今回は映画館の大きなスクリーン向けのみで、禁止された映画の特徴をとどめたヴァージョンとして上映された。復元できなかった会話の言葉は字幕に置き換えられ、上映のたびに禁止と修復についての導入的な説明がつけられた。二〇一〇年には、目下のところ最も新しい復元映画である二作品、もともとは一九六五年に製作され、やはり第一一回総会のあとで禁止された犯罪コメディ『手を挙げろ、さもなきゃ撃つぞ』と一九七三年のドラマ『屋根の上の鳩』とが、短期間のうちにあいついで劇場で上映され、それからDVDになった。わずか八年のうちに、視聴者はそれまで上映されたことがなかった合計五本のデーファ作品に触れることができるようになったのである。

「新作」映画を発表することで、デーファ映画はその余生のさらに新しい段階に入った。それらの映画は正確にいえば新しく製作されたものではなく、以前には未完成だったり未公開だったりした作品の復元だったが、その魅力は、時間をかけてその宝物を発掘し続けることに関与できる過去の文化における映画に人々が惹かれる気持ちにもとづいていた。さらに現代の観客はそうした映画の上映を見に行くことで、デーファ財団の仕事を正当化した。たとえば、『手を挙げろ、さもなきゃ撃つぞ』は、二〇一一年半ばまでに一万六五〇〇人の観客を動員し、二〇一〇年末までに三六〇〇枚のDVD売り上げがあった――これは西ドイツの同年の映画を復活させたとしても理想的に思える数字である。(一八) 全般に、デーファ財団、プログレス、アイスストームは、過去の視覚資料に対する需要を煽ることで、デーファ作品への接近を促進した。DVDの売り上げ数もさることながら、プログレスは五四〇本の作品をテレビに配給し、二〇〇九年だけで一〇万人以上――この数字はこれまでに述べたような新作映画があればそれに伴って増加した――の人々が映画館での上映に詰めかけた(一九)。

以前に損傷を受けていた作品のデーファ財団による完成と販売よりもおそらく注目すべきなのは、視聴者がこれらの作品を受動的に受容するのにとどまらず、デーファ映画愛好者のネットワークを形成したことである。西側の輸入映画ばかりに目が行って、これらの作品が無視され、当時の政治状況を表現した映画として軽蔑さえされていた統一以前の時代とは正反対に、東ドイツ映画に対する現代の関心は公的な原理ではなく、個人の興味や選択にもとづくものである。デーファのファンは草の根的で自立的にふるまい、その活動の仕方は個人ベースか、あるいは、特定のデーファ作品やデーファ映画一般に共通の関心をもつファン集団というかたちである。ファンの活動を調整したり、イヴェントを主催・企画したり、あるいはまた、ウェブ上に基盤を提供したりするような、包括的なデーファ・ファンクラブやそれに類した組織が存在しないために、デーファ映画のファンは必ずしも互いのことを知らない。ここでは、ベネディクト・アンダーソンの想像の共同体という考えが頭に浮かぶ。そのような共同体のメンバーは「仲間のメンバーの大部分を知らず、お互いに会うこともなく、その存在について聞くことさえないが、各自の心のなかには共同体のイメージが生きているのである(二〇)。」多くのデーファ・ファンを結びつけているのは、過去を再訪したいという欲望である。映画の物語のなかに東ドイツの歴史と文化をたどり直そうとしてこれらの映画に向かう人々もいれば、歴史的なものを想起させるという点ではなく、そのストーリーそのものや、キャンプ美学的価値や、東ドイツの歴史とは無関係なほかの映画的特徴を楽しむ人々もいる。ひとつの活発なファン文化が発展してきたのであり――間違いなくこれは、デーファの人気を示す最良の証拠である。

一九九〇年代以降、たとえば、ウェブサイトやブログを作ったり、本を出版したり、小規模なファンの集いを企画したりすることで、これらの映画を称揚しようとするデーファ・ファンの活動を跡づけることができる。彼らは作品がブルーレイやより豊富なボーナス映像をつけた新版になるように陳情し、映画のサウンドトラックがＣＤやＭＰ３プレーヤー用のかたちで発売されるように要求する。映画に着想を得て、宝石、絵画、音楽、写真など、自らの芸術作品を作る人々もいる。P2P通信を通じてデーファ映画を（不法に）共有する活発なネットワークさえも存在している。デーファ財団やアイスストームやプログレスは、自分たちの著作権を侵害するこのような活動を快くは思わないだろうが、それはデーファ映画をとりまく興奮の存在を示している。

いちばんよく見られるファンの活動は、ウェブサイトの開設と維持である。最も有名なもののひとつとして www.defa-fan.de（www.defa-filmfreund.de）があり、これはサイト所有者イェンス・リュープナーによるファンサイトで、よく知られたジャンルや各時代のデーファ映画についての短い紹介がある。デーファ・シュテルンシュトゥンデン（www.defa-sternstunden.de）もよく知られているが、こちらはカトリーンとウータのツッツ姉妹が運営するデーファのオンライン百科事典で、デーファ映画がテレビ放映されるときには読者に情報を提供してもいる。リュープナーはデーファについての数冊の本を自費出版しており、ツッツ・チーム（姉妹たちの自称）もオンラインのゲストブックや、デーファ・ファンのあいだの情報交換のためのフォーラムを提供している。これらのウェブサイトで見られる情報は、デーファ財団のホームページを先取りしたもので、デーファ「公式」ウェブサイトのためのモデルの役割を果たしたともいえる。

より創造的にデーファ映画に取り組み、デーファ映画を混ぜあわせ、再利用して、独自の芸術を作りあげた人々もいた。二〇一〇年に、ＹｏｕＴｕｂｅｒの「フリッシュベートン」が、デーファのミュージカル映画『暑い夏』を「盗用」して、有名なマティアス・フリッチュのビデオ『テクノヴァイキング』（二〇〇〇年）に影響を受けたビデオ作品を作った。(二二)「フリッシュベートン」はテクノビートを『暑い夏』のタイトルテーマと結びつけ、テクノヴァイキング・ダンスをミュージカルに似せた場面と調和させて、この東ドイツ映画のダンス場面になじみのある人々を面白がらせる作品を生みだしたのである。(二三)東ドイツ映画へのファンの熱狂ぶりを示す別の例は、デーファの童話映画『灰かぶり姫の三つの願い』を称揚するために結成されたグループであり、それは最も活動的で変化に富んだデーファ・ファン集団のひとつである。頭文字で３ＨｆＡと略されるこの集団は、『灰かぶり姫の三つの願い』をめぐって実に多彩な活動をしている。俳優たちが身につけているネックレスをコピーしたアクセサリーから、映画に触発された音楽や歌、携帯の着信メロディ、バービー人形、マグカップ、さらにはプラリネ・チョコレートまで。年に二度行なわれる集会では、ファンは童話の衣装を身につけたり、ほかのファンたちとお気に入りの場面を再現したり、最新情報を入手したりできる。[二三] 全体として、今日のデーファ・ファンは多岐にわたって生き生きした映画文化のあらゆる慣習と特徴を示しており、一本の作品だけを讃美する人々もいれば、より幅広くデーファ映画の総体を楽しむ人々もいる。

一九九〇代以降のデーファ映画の人気の増大と存在感の高まりによって、映画や音楽や美術のなかでデーファ作品への言及が見られるようになった。デーファ映画『パウルとパウラの伝説』を知っている観客がレアンダー・ハウスマンの『サン・アレイ』を見た場合、パウル（ヴィンフリート・グラツェダーが演じている）のカメオ出演や「パウルとパウラ」と書かれた玄関の表札は、この映画についての知識のないほかの観客に比べて、ずっと意味深いものであっただろう。この映画との親近性は音楽の選択や会話のいくつかの台詞などにも認められるため、東ドイツ人たちは『サン・アレイ』を『パウルとパウラの伝説』の部分的なパロディと解釈した可能性もある。東ドイツにおいてすでにカルト映画だった『パウルとパウラの伝説』は、二〇〇四年初演のオペラというかたちでもリメイクされた。[二四] ドイツのポップアーティストたちもパウルとパウラの伝説的なラヴストーリーの虜になり、ローゼンシュトルツというバンドは二〇〇八年に「僕は僕の家」という歌でこの映画にオマージュを捧げた。

デーファ映画は国際的にも重要な影響を与えた。この数年のあいだに、デーファ財団はブラジル、日本、イスラエル、イギリス、アメリカで回顧展を催した。実際、東ドイツ映画のアーカイヴであるデーファ映画ライブラリーが、一九九〇年代初期にバートン・ビグの手でマサチューセッツ大学アマースト校に設立されてからは、アメリカではドイツに渡航しなくても多くの学者が東ドイツ映画を研究できるようになった。多くのデーファ映画についての貸出可能な研究文献コレクションや、字幕がついた一〇〇本以上の映画のＤＶＤのほかに、デーファ映画ライブラリーは、アマースト周辺の丘陵地帯にある旧ＮＡＴＯの貯蔵庫に多くのオリジナルフィルムプリントを保管しており、一般上映のために提供している。ここで東ドイツ映画研究者が集まる夏季映画学会が二年にいちど開催されていること、デーファの監督たちがアメリカやカナダの大学で教えていること、映画館でデーファ映画が公開されることがますます増えていることは、鉄のカーテンの向こうにあって長いあいだ見ることのできなかったデーファ映画の魅力を証明している。二〇〇五年にはニューヨーク近代美術館が回顧展「理由ある反抗　東ドイツの映画」を企画し、デーファ映画の活発な余生を展示した。

もちろん、デーファ映画が将来どのように展開していくかを予測することは不可能である。現在の展開ぶりから判断すれば、商業化は長編映画にとどまらずに進行し、ドキュメンタリー映画やニュース映画やその他のジャンル（本書で触れていないような）も保存され続け、視聴可能になるだろう。二〇一二年の配給権争いをひとつの指標とするならば、東ドイツ映画には明るい未来が広がっているといえる。映画研究の分野はこれからますます東ドイツ映画についてさまざまな発見をし、ドイツ映画史へのその寄与ばかりでなく、国際映画におけるその位置づけについても認識するであろう。将来の可能性をひとつだけ挙げれば、東ドイツ映画は、東ヨーロッパ諸国の研究の進んでいない映画現象と西ヨーロッパのそれとを結びつける役割を演じ、冷戦期においてすら存在していた並行性や提携や共同製作協定を発見させるだろう。時間をかけてしだいに、デーファ作品はときおりまだ纏わりついているプロパガンダ映画という悪いイメージから抜けだし、「普通の」映画になるだろう。主要な体制はすべて整っている——発見するかどうかは見る者しだいなのだ。

第二部

氷結と雪解け——デーファの規範集

東ドイツ映画の研究はほかの国民映画《ナショナル・シネマ》に比べて大きな強みをもっている。すなわち、それは閉じた領域である。一九九〇年一〇月のドイツ統一の結果として、東ドイツの国民映画《ナショナル・シネマ》は存在しなくなり、それからまもない一九九二年に、デーファは売却され改称されて操業を停止した。最後のいくつかの作品に融資する資金が枯渇した時点で、映画製作所としてのデーファの最終章が書き終えられた。東ドイツ映画の存続期間は一九四六年から一九九二年までであった。

しかしながら、この四六年間に、デーファは全部で約九〇〇〇本もの映画を製作し、そのうち約八〇〇本が長編劇映画であった。二〇〇一年にはフランク＝ブルクハルト・ハーベルによってデーファ長編劇映画の事典が刊行されたが、各映画にあらすじと短い分析がつけられており、総ページは七五八ページにのぼる（一）。この数字は、こうした映画を見ないまでも、少なくてもそれについて読むだけで、相当の時間がかかることを示している。ガイドなしでは、人はどれから見ればよいのかわからずに、この映画ジャングルのなかで迷うだろう。かぎられた数の映画にしか触れれなくて、どうやってそれでもデーファ映画についての比較的正確な印象をもつことができるだろうか？

第一印象は長く続く印象であるので、観客がもっと見たくなるような映画を慎重に選ぶことが重要である。同時に、公開当時にきわめて大きな影響をおよぼした映画や、いまでも多くの観客に見られている映画を選定することが重要である。さらに、東ドイツ映画の場合には、そうした映画の規範集は、中央集権化された独占映画企業が製作した作品に付随する政治的環境や影響を考慮に入れなければならない。わずかな例外を除いて、デーファの映画は東ドイツの映画と等しく、この本が規範とみなす一ダースの映画は社会主義国家の日々の政治に影響されていた。

もしもどの規範集にも収められるような一本の映画があるとすれば、それは本当に最初の映画である『殺人者は我々の中にいる』（ヴォルフガング・シュタウテ、一九四六年）であろう。この映画は残りの映画のブックエンドといえるかもしれない。爆撃を受けたドイツの都市の残骸のなかで撮影されたこの作品は、瓦礫映画という、主に東ドイツで作られたジャンルを切り開いた。瓦礫映画は喪失と希望の物語を語り、ナチの過去と対決しながら、国家を再建しようとする――もっとも当時は、四つの占領地区に分かれ、ベルリンも四区域に分かれていた。二番目の作品として『小さなムックの物語』（ヴォルフガング・シュタウテ、一九五三年）を挙げることにも、ほとんど同様に異論はないだろう。一三〇〇万人の観客を動員した東ドイツ最大のヒット作であるこの映画もまた、ヴォルフガング・シュタウテの作品である。シュタウテはデーファ「黎明期」の著名な監督のひとりであり、西ドイツの映画会社でも仕事をして、政治が優位になるころにデーファを去った越境的な監督の代表例である。東ドイツで大規模なストライキや動乱や暴動が起こった年である一九五三年に公開されたこの童話映画は、一連の「氷結」と「雪解け」の交替の始まりをほとんど反映していない。「氷結」は、デーファの映画製作者たちが映画製作のための厳しい指針にしたがわなければならなかった時期である。政治に規定され、「雪解け」の時期よりも厳重な検閲に耐えなければならなかった。『小さなムックの物語』はまた、大量にある童話映画の代表作である。童話映画は子どもたちのために作られた映画で、長年にわたってデーファの看板となり、ほかの国々が東ドイツ映画を称讃したジャンルであった。

『ベルリン シェーンハウザーの街角』（ゲルハルト・クライン、一九五七年）はベルリン映画という映画群を象徴する作品である。ベルリン映画は、分断された都市という主題に東ドイツの視点から取り組み、イデオロギーの境界を映画に翻訳しようとする。デーファはこうしたいくつも映画を製作したが、『ベルリン シェーンハウザーの街角』についていえば、ヨーロッパやほかの諸外国におけるティーンエイジャーの反乱を描いた映画と容易に比較できる。同様の比較は、デーファ初のSF映画『金星ロケット発進す』（クルト・メーツィヒ、一九六〇年）にかんしても思い浮かぶ。サイエンス・フィクション映画なしではデーファの規範集はけっして完成しないし、この映画はとりわけ東ドイツのジャンル映画の誕生を告げているのである。監督のクルト・メーツィヒはデーファ創設メンバーのひとりで、おそらくデーファでもっとも有名な人物だが、『私はウサギ』（一九六五年）も監督している。この映画はもうひとつのイデオロギー的氷結の時代の犠牲となった最初の映画であり、しばしば「ウサギ映画」として知られる、政策変更の結果すべて禁止された一九六五年の東ドイツの長編劇映画群の名前の由来となった作品である。ほかの映画、たとえば『石の痕跡』（フランク・バイヤー、一九六六年）も選択肢のひとつだが、メーツィヒの映画の方が、東ドイツの映画とほかのヨーロッパ諸国のニュー・ウェイヴとの並行性がよりよく読みとれるだろう。

『暑い夏』（ヨーアヒム・ハスラー、一九六八年）を選んだことも理由づけがしやすい。この映画はミュージカル映画のジャンルに属し、ほかのわずかの例とともにデーファ映画の明るい面を見せることのできる作品であるからである。同時に、爆発的な人気ゆえのこの映画の地位は、社会主義国家における娯楽映画の役割という問題を惹起する。とりわけ、これほど観客に受けたのに、なぜミュージカル映画はデーファの継子にとどまったのか、という疑問である。

デーファの最も愛されたジャンルである「赤い西部劇」から一本の映画を選ぶのは、かなり無作為な選択になった。「赤い西部劇」のほとんどにゴイコ・ミティチというひとりのスターが出演し、彼はアメリカ原住民がはまり役になった。『アパッチ』（ゴットフリート・コルディッツ、一九七三年）を選んだのは、東ドイツの「ひねりの効いた西部劇[三]」と副題に謳われている三本の映画のひとつだからである。同年、一九七一年から始まった新たな「雪解け」期の恩恵を受けて、もうひとつのデーファの永遠のヒット作『パウルとパウラの伝説』（ハイナー・カーロウ、一九七三年）が登場した。この映画は東ドイツにおけるジェンダーの不均衡の描写に新たな標準を打ちたてた点で――そしてあえてスクリーンでセックス・シーンを見せようとした点で――、芸術的自由の限度に挑むものだった。一九七四年の反ファシズム映画『嘘つきヤコブ』（フランク・バイヤー、一九七四年）も同様にデーファの記念碑的な作品である。この映画は、デーファで最も長く続いている最大のジャンルに属するという点で独自性があるが、アカデミー賞にノミネートされた東ドイツで唯一の作品であり、ハリウッドで「リメイク」されるという怪しげな名誉を受けた。

他方、『ソロシンガー』（コンラート・ヴォルフ、一九八〇年）は、「女性映画」という総称のもとに含めることができるような、ずっと小さな映画群を代表している。さらに言えば、この映画はその監督がコンラート・ヴォルフであるという点で、ほかの作品から際立っている。創設メンバーに続く次の世代のひとりとして東ドイツ映画に貢献したヴォルフの作品は、長年にわたってデーファの映画製作に多大な影響をおよぼしてきた。しかしながら、『ソロシンガー』はほかの映画とは異なる作風であり、またヴォルフの生前最後の作品であるために、そのなかでも特別な映画である。デーファ最後の映画『建築家たち』（ペーター・カハーネ、一九九〇年）は（最初の映画『殺人者は我々の中にいる』に対する）もう一方のブックエンドをなし、これまた歴史的ドキュメントとして研究することが絶対に必要とまではいかなくても、その価値がある特別な映画である。歴史的ドキュメントとしては以下のふたつの方法で研究対象となりうる。ひとつには、東ドイツ解体のドキュメントとして（カハーネは必死に真正のイメージを捉えようとするが、ベルリンの壁の解放が彼の映画を余計なものにしてしまう）、もうひとつには、実際にデーファの歴史が東ドイツの国民映画《ナショナル・シネマ》であると結論づけるような証拠として。しかしながら、『ダ・ダ・エルの近況』（イェルク・フォート、一九九〇年）まで含めてみると、社会主義国家東ドイツの終焉が民主主義国家東ドイツにおけるデーファの最終章を意味していたことがわかる。それは、東ドイツの政治に影響され、規制され、操作されていなかった場合に映画がもちえた可能性への最後の一瞥をもたらしてくれる。政治的転換についてのどの映画とも違って、フォートの映画は過去を放棄することの不安を表現している。その過去は、たしかに偉大ではなかったが、慣れ親しんだものであり、東ドイツが民主主義的な社会に変わるチャンスを提供していた。だが、西ドイツとの統一は東ドイツを付録にしてしまうだろう。フォートが正しかったことがあきらかになった。そして振り返ってみれば、『ダ・ダ・エルの近況』は統一ドイツにおいて東ドイツの遺産が見いだせない、という問題を先取りしていたのである。

4　瓦礫映画、ヴォルフガング・シュタウテ、戦後ドイツ映画――『殺人者は我々の中にいる』(ヴォルフガング・シュタウテ、一九四六年)

一九四六年、ドイツの映画監督ヴォルフガング・シュタウテは、「殺したい男」という題名の映画の認可を得るために、占領ベルリンを管理していた司令官たちの部屋のドアをノックした。西側の三つの地区では彼の考えは拒絶された。しかしながら、ソヴィエト地区では彼は許可を与えられ、第二次世界大戦後に製作された最初のドイツの長編劇映画を撮影することになった。『殺人者は我々の中にいる』という題名で一九四六年一〇月一五日にプレミアを迎えたこの映画は、新設されたドイツ映画株式会社(デーファ)の最初の長編劇映画であった。『殺人者は我々の中にいる』はたちまち成功を収め――ドイツ映画史上ベスト六位に選ばれたことが証明しているように、時代を超えたドイツ映画の古典となった(一)。一九七五年のベルリン国際映画祭から、二〇〇六年のニューヨーク近代美術館でのデーファ映画回顧展にいたるまで、この映画は観客を魅了し続けてきた。多くの要因が、戦後ベルリンを舞台にしたこの物語を、デーファだけではなくドイツ映画のひとつの道標にすることに寄与してきた。

若い女性ズザンネ・ヴァルナー(未来のドイツのスター、ヒルデガルト・クネフがその最初期の役のひとつを演じている)が一九四五年のベルリンの瓦礫のなかのかつてのアパートに戻ってみると、そこにはハンス・メルテンスという男が住みついている。彼は医師だが、第二次世界大戦中の兵役後に心的外傷後ストレス障害を患い、医師としての仕事はもうしていなかった。ポーランドのドイツ国防軍のある中隊に軍医として配属されていたメルテンスは、戦時の記憶に苛まれ、来る夜も来る夜もベルリンのヴァリエテ・ショーでアルコールを飲んで自分の罪を紛らわせていた。ヴァルナーは政治的理由で——おそらく彼女の父親が共産主義者であったか、活動的なレジスタンスの闘士であったか、あるいはその両方であったために——入れられていたナチの強制収容所から釈放され、アパートに戻ってきたのだった[二]。このふたりの同居人はしだいに友人になり、そして恋人どうしになる。マルテンスがしばしば夜に暴飲して朝帰りになるために、彼らの愛は危うくなるが、この愛によって一九四五年のクリスマスイヴの私的制裁行為が阻止される。メルテンスはかつて国防軍の大尉であったフェルディナント・ブリュックナーを撃とうとするのだが、それは三年前にブリュックナーから受けた命令への報復をするためである。一九四二年一二月二四日、この大尉はポーランドのある村を占領した後、三六人の男性、五四人の女性、三一人の子どもを射殺することを部隊に命じた——そしてそれからクリスマスを祝った。その後、メルテンスはこの出来事に耐えることができなかった。引き金を引こうとしたとき、ヴァルナーが割って入り、正義は当局に委ねるようにメルテンスに懇願する。最後の場面でブリュックナーは刑務所の独房に入れられ、戦争犯罪のために裁かれるのを待っている。この物語の主人公たちとその脇筋は、ドイツ社会のいくつかの部分のアレゴリーである。ズサンネ・ヴァルナーは、強制収容所から帰還した服役共産主義者を代表している。ハンス・メルテンスは、良心の呵責に苦しむナチ加担者であり、気持ちの整理をつけるには（戦後ベルリンの廃墟のなかで子どもの命を救うといった）カタルシス的経験を必要とする。ブリュックナー大尉は、「いい子ぶって」裁判を切り抜けたか、裁判を完全に回避するかして、何事もなかったかのように公共生活に復帰している、何万人もの旧ナチス党員の一例である[三]。

シュタウテのオリジナル脚本では、メルテンスは元ナチ大尉を殺害する。それは一〇〇人を超えるポーランド市民の復讐のためだけではなく、人間性に対する犯罪という普遍的負債の清算としてでもあった。最終場面に重ねあわされた一連の映像が、その犯罪を示唆している。父と母と子の三人家族の写真がフェイドアウトして、ふたりの兵士が現れる。この兵士たちがフェイドアウトすると、今度は十字架に覆われた大きな墓地を映した最後の数ショットが現れる。それは第二次世界大戦によって命を落とした何百万人もの犠牲者を表している。同時に、この十字架の群れは問題を孕んでいる。というのも、これらの十字架は犠牲者の宗教としてキリスト教を連想させるからである。ナチのテロによってヨーロッパで六〇〇万人ものユダヤ人が殺されたというのに。そのうえ、戦後最初のドイツ映画において、ズザンネが強制収容所に入れられていたにせよ、ユダヤ人囚人ではなく、政治的服役者として描かれていることは、いずれにせよ、ホロコーストに対するドイツ人の説明義務や責任感という問題を喚起する。『殺人者は我々の中にいる』は近い過去に対して曖昧な態度にとどまり、ユダヤ人の過去に取りくむことができていない。たとえば、この映画は戦後ドイツにおけるホロコーストのもみ消しを強調している。ブリュックナーがコーヒーとサンドイッチを楽しんでいる場面で、サンドイッチを包んだ新聞には「二〇〇万人のユダヤ人が毒ガスで殺害された」という見出しが載っているが、人間性に対するこの想像を絶する次元の犯罪に彼が動揺している様子はない。おまけに、『殺人者は我々の中にいる』は、ホロコーストを生きのびたユダヤ人もいるという事実をほのめかしさえしている。典型的なユダヤ人の名前をつけられたモントシャインという眼鏡屋は、息子についての知らせを待っている。モントシャインが死んだ後でようやく、息子の手紙がアメリカ合衆国から届く。この眼鏡屋が本当にユダヤ人なのかどうかはわからないし、彼の息子が無事に強制収容所を脱出できたのかも、彼のほかの家族がどうなったのかもわからない。しかしこの映画は、モントシャインがユダヤ人生存者であるという解釈を促しており、戦争が終わって気持ちが切り替えられるかどうか、ということについてのズザンネ・ヴァルナーとの会話から判断すれば、彼は過去の残虐行為を忘れるつもりになっている。全体的に見て、『殺人者は我々の中にいる』はホロコーストを歴史の傍注として扱い、生存者と加害者の両方の心理学についての一般的な反ファシズムの物語を作ろうとしている。

この映画の製作状況を考慮すれば、ホロコーストではなく反ファシズムに焦点をあわせたことは驚くにはあたらない。今日の目で見れば、シュタウテはソヴィエト軍政府の支持を受けた映画を作るための理想的な候補者だったように思われる。シュタウテが『殺人者は我々の中にいる』の脚本を書きはじめたのは、ナチがまだ権力の座にあった時代であり、すでに一九三三年に政治的理由で劇場の舞台から追放されていた彼にとっては、命の危険を伴うことだった。(四) 反ファシズムの理想に身を投じていたシュタウテは、戦後に職を得て、ロシア映画をドイツ語に吹き替える仕事をしていた。吹き替えられた映画は、ベルリンのソヴィエト占領区域で、連合国がそれぞれの地区で行なっていたドイツ人再教育プログラムの一部として上映された(五)。シュタウテはデーファの前身であるフィルムアクティーフのメンバーであり、新しい批判的なドイツ映画の創造をソヴィエト軍政府に求める提案を決議した一九四五年一一月の会議に参加していた(六)。この提案が承認されると、一九四六年一月にフィルムアクティーフのために最初の撮影をしたのはシュタウテであった――フィルムアクティーフの共同創設者で伝説的な監督であるクルト・メーツィヒがニュース映画『目撃者』にとりかかるよりも、二週間早かった。ベルリンのソヴィエト地区の新生映画文化にこうして積極的にかかわっていたことが、三つの西側連合国すべてから『殺人者は我々の中にいる』のオリジナル脚本が却下された理由のひとつかもしれない。「居住地区」だったイギリス軍に追い払われ、フランス軍とアメリカ軍（その文化担当者ペーター・ヴァン・アイクはシュタウテに、ドイツ人はこの先二〇年にわたって新しい映画を作ることはない、とさえ言った(七)）に拒絶された後、ソヴィエトの文化担当者アレクサンドル・ディムシッツ少佐はシュタウテを呼び戻し、一九四六年五月四日に彼にこの映画を作る権利を保証した――それはデーファが正式に発足する九日前のことだった(八)。しかしながら、ディムシッツはシュタウテに、映画のエンディングを変更して殺人場面を削除するように要求した。善意の意図であったにせよ、この要求は検閲の最初の例を示している――最初のデーファ映画がまだ始まる以前の(九)。このように、デーファ最初の映画『殺人者は我々の中にいる』がすでに、再教育してドイツ人の心からファシズムのイデオロギーを取り除くことを目的とする、当時の政策に依存していた(一〇)。続く数十年にわたって、反ファシズムはデーファの物語の基本要素のひとつであり続けた(一一)。

この映画はたちまちのうちにヒットし、ベルリンとソヴィエト占領地区で六五〇万枚のチケットの売り上げがあった(一二)。しかし、観客はしばしば矛盾した気持ちを抱いて映画館を後にした。観客にとって、映画を見に行くことはしばしのあいだの現実からの逃避を意味していたのだが、『殺人者は我々の中にいる』は、難しい主題に触れていた。それはすなわち、瓦礫のなかの生活、ナチの過去の受け入れ、個人の罪との取り組み、強制収容所、ホロコースト、そして、完全な新しい始まり――ドイツ人のとっての「ゼロ時間」――は不可能であるという事実である。ほかのどこかで演じられるハリウッドやフランスやイギリスの映画が提示する華やかな世界への逃避ではなく、日々の試練を想起させることで、ドイツ人観客を獲得しようとしたのだ。シュタウテは、ドイツの近い過去について徹底的に省察することが、過去の過ちを繰り返さないための新しい出発にとって重要である、と信じていた(一三)。このように、『殺人者は我々の中にいる』は、国民社会主義とナチ映画の両方を克服するために必要な道標であった。シュタウテにとっては、それはまた個人的な事柄でもあった。というのも、彼とこのチームのメンバーの何人かは第三帝国の映画産業とかかわっていたからである。シュタウテは何本かの長編劇映画と短編映画を監督し、数多くの役を演じていた。出演した映画のなかには、悪名高いナチのプロパガンダ映画『ユダヤ人ジュース』(ファイト・ハーラン、一九四〇年)さえ含まれている。ハンス・メルテンス役のエルンスト・ヴィルヘルム・ボルヒェルトは、公式質問状に国民社会主義とのかかわりを書かなかったことが判明したために、アメリカ軍に留置されていたこともあった——宣伝ポスターに彼の名前がないのは、おそらくそのためだろう(一四)。ヒルデガルト・クネフでさえ、ナチ統制下の映画学校で演技を学び、いくつかの小さい役を演じていた。彼らはみな、この映画に取り組むことでドイツの暗黒時代と対決し、ドイツ人観客が近い過去について省察したり、責任を担ったり、戦争犯罪人の問題を悔悛すべきひとつの道とみなして、反ファシズムの理想に傾倒したりできるようにした。

映画の序盤で、『殺人者は我々の中にいる』は、瓦礫映画というジャンル全体の名称の起源となった一面の瓦礫を見せる。一九四六年から一九四九年のあいだに結局はすべての占領区域や地区で製作されることになった瓦礫映画は、イタリアのネオレアリスモを想起させる。このふたつのタイプの映画は、共通のテーマやモティーフに照準をあわせている。それは、社会復帰に苦しむ帰還兵たち、ファシズムにかかわった過去と折りあいをつけようとする人々、偶像と理想を探そうとする生存者たちなどであり——イリュージョンの代わりに現実を、逃避の代わりに望ましい同一化を表現するようなモティーフである(一五)。このジャンルの最初の映画である『殺人者は我々の中にいる』を嫌う観客もいたが、それは、ベルリンの現実の瓦礫のなかで撮られた屋外場面が喚起するリアリズムのためであった。長いシークエンスで、爆破されたビル、破壊された家屋の残部がまだ片づけられないままに、うずたかく積まれた石や煉瓦や焼けつきた戦車や車がずらりと並ぶ通り、さらには木の十字架とヘルメットが置かれた間にあわせの墓地といったたくすんだ現実が示される。この映画は焼きつくされた町の瓦礫のなかの生活を描いたシークエンスで始まり、観客に十二分になじみのある当時の環境を舞台に定めるのである。最初のいくつかの場面において、カメラは瓦礫のただなかに据えられ、一見したところ住めそうもない破壊されたアパートの建物が続く長い通りを捉える。それからカメラはゆっくりと左にパンして、瓦礫のなかを走りまわって遊んでいる小さい子どもたちと、瓦礫からもくもくと吹きだすおそらく焜炉の煙とを映し、廃墟のなかにそれでも人々が住んでいることを示す。そのうちカメラはパンをやめ、ティルトアップして、「ダンス――上機嫌――ユーモア」と書かれたキャバレーの看板のところで止まり、瓦礫のうえでも生活は続いていることを強調する。画面はディゾルヴして、人々であふれかえった蒸気機関車を映した一連のショットが現れる。なかには機関車に宙づりになっている人や、列車の外側にしがみついている人もいる――このシークエンスは記録映像で、デーファのニュース映画番組『目撃者』に使われていたため、観客は本物らしく感じたであろう。カットされてカメラの位置が変わり、蒸気機関車の屋根の上に据えられて、左右の瓦礫が見えるようになる。それからさらにカットされて、カメラは屋根に覆われた駅の入り口に置かれる。列車が駅に入ったきたときにわれわれの視界を部分的に遮る鉄骨の背後というカメラの位置は、町を水平的にも垂直的にも支配している瓦礫をたっぷりと見せつける。こうした長いシークエンスは、多くのドイツ人が映画館に行くことで逃避しようとしていた荒涼とした風景と反復される主題とを提示していたので、それを罪として追及するような映画を、道徳的で心理学的すぎると観客が感じ、腹立たしく思っただろうことは容易に想像できる。

もし『殺人者は我々の中にいる』がたんに道徳的なだけの物語なら、映画館内の暖房がどれほどよく効いていたとしても、また、ほかの人たちといっしょにすごしたいという欲求がどれほどあったにしても、あれほどたくさんの観客がこの映画を見に行くことはなさそうである。しかしながら、ヴォルフガング・シュタウテはさまざまな映画技法を用いて、ドイツ人に戦争犯罪を悔悛する必要性を説く教育的物語を、ドイツ表現主義の伝統に連なる視覚的に注目すべき作品にした。『殺人者は我々の中にいる』は戦後のドイツ人の精神状況を探求するとともに、傾いたカメラ・アングル、光と影の独特な使用、落ち着かない周囲の風景などによって、表現主義の映画製作者たちが人間心理を探求した時代である一九二〇年代のドイツ映画によく見られたミザンセンを思い起こさせる。実際、傾いたアングルや、ローアングル、ハイアングルのショットをシュタウテが映画全体を通してどれほど利用しているかを確認すれば、これらは観客が自分の心の安定度を測定するためのものであることがわかる。『殺人者は我々の中にいる』において、傾いたアングルは慣習的なやり方で使われている。すなわち、それはドイツ人の心理のなかの心配や不安定さを伝えるのである。映画の序盤には傾いたアングルがいくつか現れる。たとえば、メルテンスが瓦礫のなかを歩いていく場面や、混乱したズザンネが駅に到着する場面であり、動揺した世界で方向感覚を失っている彼らにわれわれはすぐに共感する。同じアングルはほかの場合にも現れる。それは、ズザンネとハンスのあいだの人間関係が後退する場面（たとえば、彼がバーで飲んだ夜に帰宅しなかったとき）であり、また、ティム氏と眼鏡屋のモントシャインの降霊術の場面である。モントシャインは行方不明の息子の知らせがほしくて、ティムに息子の居場所を占ってもらうのである。傾いたアングルは、ドイツ表現主義の無声映画におけるのと同様に、プロットが伝える暗いムードをさらに高め、ハイアングル・ショット（酔っぱらったメルテンスがバーの女の子たちとおしゃべりしている場面）やローアングル・ショット（メルテンスとブリュックナーがいっしょに瓦礫を通って歩いていく場面）が加わることで感情が強められる。建物や物体ですら、ドイツ表現主義の特徴である非対称的な形状を帯びている。部分的に破壊された建物と瓦礫は、斜めの線に支配された超現実的な風景を生みだし、ズザンネとハンスが暮らすアパートの破れた窓とひびの入った壁は、ドイツの無声映画のなかの幽霊が出そうな建物を想起させる。同じように曲がったドイツのポスターとバーのネオンサインは、主人公たちが生きている世界の無秩序さをはっきりと示している。それに比べて、カメラがアイレヴェルで撮影され、アングルの傾きがなくなるときには、平穏と調和の時期が主人公たちの生活に広がり（図４・１）、観客は緊張した雰囲気から解放される。

斜角とともに、シュタウテは表現主義のもうひとつの識別的な特徴——光と影の戯れ——をくりかえし用いて、主人公たちの心理状態に文字どおり光を当てている。中心登場人物たちが戦後のさまざまなドイツ人とナチ体制期における彼らの役割を代表しているために（犠牲者、加害者、傍観者）、『殺人者は我々の中にいる』は細心の注意を払い、

図4・1　明るい照明をあてられた身なりのよいカップル、ズザンネとハンスが、破壊された都市の「表現主義的」な背景を歩いていく。アイレヴェルのカメラで撮影されている。『殺人者は我々の中にいる』(0:37:50)（日本版DVDからキャプチャー）。

照明の当て方によって彼らの気質を示している。たとえば、ズザンネにはたいてい明るい照明が当てられ、彼女の無垢さ、純粋な性格、揺らぐことのない正義感が示唆されている。多くの場面で彼女は暗い背景から浮かびあがるようなキアロスクーロ（明暗）効果によって示され、彼女のオーラが強調されている。他方、ハンス・メルテンスは、否定的な感情にとらわれているときには影が彼の顔を横切るようなローキー照明、幸福な瞬間にはズザンネと同じような照明と、場面によって照明が交替する。この映画で最も力のこもる瞬間のひとつである、終盤のシークエンスでのメルテンスとブリュックナーとの「睨みあい」では、メルテンスの大きな影が支配的であり、その影はブリュックナーを覆い始めると、ついには彼をすっぽり包みこんでしまう。ここでシュタウテは『カリガリ博士』（ローベルト・ヴィーネ、一九二〇年）や『吸血鬼ノスフェラトゥ』（フリードリヒ・ヴィルヘルム・ムルナウ、一九二二年）といった表現主義映画の手法を借用しており、これらの映画では壁に映る影が生命の危険を知らせるのである。しかしながら、『殺人者は我々の中にいる』では、ズザンネが駆けつけて、ブリュックナー殺害を阻止する。

ヴァイマル時代の映画製作に由来する、観客になじみのある光と影のパターンを採用することで、シュタウテは自分の作品をドイツ映画の「黄金時代」の伝統のなかに位置づけるとともに、ナチ映画からきっぱりと区別した。彼はデーファ映画における反ファシスト的物語を、ストーリーの点だけではなく、おそらくはより確信をもって視覚スタイルの点でも確立したのであり、それによってヴァイマル期の映画と戦後ドイツ映画とを結びつけたのだ。映画を通してズザンネには一貫して三点照明を施して、彼女の道徳的優越と純潔さを示しているように、シュタウテは彼女を新しいドイツ人の原型として創造している。したがって、ユダヤ人生存者ではなく、正義感と相互理解にもとづいて反ファシズムのドイツを作っていく気構えと能力をもつ共産主義者として、ズザンネが強制収容所から帰還するのは偶然ではない。彼女と同様に、ハンス・メルテンスも希望を表しており、戦争犯罪を追及するための民主主義的構造に言及することで、新しいドイツ人が前を向く必要性を示している。こうした考察を念頭に置けば、どうしてこのカップルの身なりがよく、栄養状態もよさそうなのかは、もはや不可解なことではない。『殺人者は我々の中にいる』は、近い過去を忘れないための注意喚起であるのと同様に、未来への前向きな見通しを観客に失わせないためのロマンス映画でもあるのだ。

『殺人者は我々の中にいる』は、戦後初のドイツの長編劇映画というだけではない。この映画は、ドイツの近い過去に取り組むデーファ映画にとってひとつの標準となった。デーファは、戦後ドイツ人の逃避願望に応じるような、もっと軽い娯楽ものも製作した。映画は当初はほかの区域や地区でも上映する意図をもって作られ、新しいふたつの国ができた後は、西ドイツでの上映も想定されていた。ヴォルフガング・シュタウテのような何人かの監督は、同時期にデーファでも西ドイツの会社でも映画を撮り、越境通勤者となった(一六)。鉄のカーテンのどちらの側で仕事をしようとも、シュタウテの映画は国の御墨つきの権威に対して批判的であり、そのため西ドイツの雑誌「シュピーゲル」は、彼を政治的未成熟者と呼んだ(一七)。シュタウテは、彼の映画『肝っ玉おっ母とその子どもたち』が原作者ベルトルト・ブレヒト、デーファ・スタジオ、社会主義統一党のあいだの意見の相違のために製作中止になると、一九五五年に永遠にデーファを去った[一八]。いずれにせよ、瓦礫映画の時代は、社会主義リアリズムの伝統に連なる映画が、社会主義国家としての東ドイツの建設に向かって努力するような物語を遠ざけた一九四〇年代後半には、終わりを告げた。

5　永遠のブロックバスターとしての童話映画と児童映画――『小さなムックの物語』（ヴォルフガング・シュタウテ、一九五三年）

デーファの童話映画『小さなムックの物語』（ヴォルフガング・シュタウテ、一九五三年）の成立史は、それ自体が童話のように聞こえる。映画『肝っ玉おっ母とその子どもたち』が中止になったために、監督に仕事を与え、スタジオを埋めようとして始まった作品が、東ドイツで最も成功した映画となったのだ。この映画は東ドイツだけで一三〇〇万枚のチケット売り上げを記録し、六〇以上の国々に輸出され、非常に人気が高かったので、西ドイツのテレビ局はこの映画を放映するためにデーファ映画禁止を解除した。(一)『小さなムックの物語』はセット・デザイン、および、子どものために高品質の映画を作るという一般的姿勢において、デーファ映画の標準を定めた。童話映画と児童映画においてデーファがなしとげたほどの安定したレヴェルの品質と完成度に達していた東ドイツのジャンルは、（もしあったとしても）ごくわずかだ。今日にいたるまで、童話映画と児童映画はテレビで高い視聴率を保証し、売上高も多い。『小さなムックの物語』は東ドイツ映画の縮図であり、高名な監督ヴォルフガング・シュタウテによって製作され、大人の観客に向けた映画と遜色ない予算を割りあてられ、まだデーファ童話映画の第二作であったといったことから、政治的映画製作という制約を越えて解釈できる。(二)

映画は東洋のある町を舞台にした場面から始まる。ムックはせむしの老人で、陶器店で働いている。使い走りをするために店を出ると、子どもたちはその容姿のために彼をからかい、彼を追いかけて通りを走り、彼に野菜を投げつけ、彼の顔に水をかけて嘲笑する。ある日、彼はなんとか子どもたちを店に閉じ込め、「悪い男」の物語を聞き終わるまでは外に出さない、と告げる——それは彼自身の人生の物語なのだ、と彼は子どもたちに言う。映画はそれから、小さな子ども時代のムックの物語を語る。父親が死ぬと、吝嗇な親戚たちが父の財産を分け、ムックを家から追いだす。ムックは街を離れることに決め、幸運を売ると言われている商人を探すために砂漠に向かう。旅の途中で、ムックはある女の家にたどりつくが、彼女は彼を監禁し、靴をとりあげてしまい、彼はもうその家を出られなくなる。その女がしばらく家を離れたとき、彼女の猫の一匹が花瓶をひっくり返して割ってしまう。かけらのあいだにスリッパと杖がある。ムックはこのふたつを自分のものにし、いまや靴を手に入れたので、逃げだすことに決める。スリッパを履いたとたんに、それはどんな人間や動物よりも速く走れる魔法の競走スリッパだとわかる。そのスリッパが役立つのは、ムックがスルタンの宮殿で捕まり、命乞いをして、スルタンのいちばん足の速い家来と競走しなければならなくなるときである。競走に勝ったムックは、宮廷の筆頭走者に任命される。しばらくして、ムックがスルタンの財務係になると、杖が魔法の力を発揮して、隠された財宝のありかを示す。スルタンの息子と何人かの大臣がお金を盗んでそこに埋めていたのだ。スルタンに知られることを恐れた彼らは、ムックをまず地下牢に投げいれ、ついには宮殿から追いだす。川辺に横たわっていたとき、ムックは二本のイチジクの木を発見する——一本は人の耳をロバのように大きくし、もう一本はそれを元に戻す。このイチジクの木のおかげでスリッパと杖を取り戻したムックは、これからは人のためになることをしようと決心する。彼は宮殿に戻って、スルタンの娘が父親の反対を覆して王子と結婚する手助けをしたり、町の貧しい人々にお金を与えたりして、善行を積むことで幸福を手にする。物語が終わると、子どもたちは年老いたムックの新しい友だちになっている。子どもたちはムックの話を面白く思い、金や個人の財産ではなく、博愛こそが人生に幸せをもたらすことを学んだのである。

社会主義の煽動のためにジャンルを不当に利用するやりかたのひとつとして、デーファが童話の道徳に手をつけたのだ、と考える人々がいるが、それは誤りである。実際、映画製作の初期からおとぎ話や童話は映画のお気に入りの主題だった。一八九九年にはもう、ジョルジュ・メリエスが映画『シンデレラ』を製作し、グリム兄弟のほかの童話がそれに続いた。そのうちに、こうした映画は視覚的・機械的な特殊効果を加えていき、一九二〇年代には、俳優の代わりに、「アニメーション、指人形、操り人形、影絵、切り絵[三]」などを使うようにもなった。しかしながら、こうした映画はとくに子どもだけに狙いを定めたものではなく、一般の観客も対象にしていた。なぜならば、こうした映画は愉快であり、映画というメディアとそのトリック効果とをたっぷり示すことができたからである。当時、童話映画はしばしば午後と夕方に上映され、子どもと大人の両方の観客に訴えかけた。一九二〇年代にも一連の変化や介入や検閲を経ながら、映画スタジオは子ども向きの映画を創作したが、その多くはグリムの民間伝承にもとづくものだった[四]。国民社会主義支配の時代には、童話映画の製作は休止し、それに代わって、十代の観客をターゲットにした英雄物語や戦争物語が映画化された。しかし、第二次世界大戦後に映画製作が再開すると、子ども向けの映画の大部分がふたたび童話に題材をとるようになった。西ドイツにおいては、一九五〇年代にテレビ――映画館にとって代わった子どもの娯楽のためのメディア――で放映されたすべての子ども向け映画のうち、平均してほぼ五〇パーセントが童話であった[五]。東ドイツにおいては、童話映画の製作は一九五〇年初めの『冷たい心臓』(パウル・フェアヘーフェン)をもって始まった。

一般に、童話は映画アダプテーションにおいて常に歓迎されてきたメディアであった。童話はなじみ深いストーリー展開を供給してくれるものであり、また、子どもたちが円満な性格をもつ手助けをする教育的メッセージを最後にもたらす、という付加的な利点もあった。教育という理念は、まさしく童話の目的が東ドイツの建国目標と交わる地点である。その目標とは、反ファシズム的なドイツ国家を建設することであり――そしてそのために芸術を利用するのであった。童話は、普遍的な人間主義的価値観が、社会主義が促進する価値観といかに一致しているかを示す証拠を提供した。そして、童話のハッピーエンドのように、社会主義が最高潮に達して完成するときには、共産主義はそれにあたるものを供給するであろうことを示した。この点において、童話を採用することは、一九四〇年代のネオレアリスモ映画とはまったく異なる映画様式にデーファを結びつけるような、全体的雰囲気をもたらした。童話は日常生活の現実を反映したのではなく、贅沢品や資産を奪われている勤勉な人々がいつの日か報われるような、ユートピア的なモデルを推進したり、少なくともその前触れを告げたりした。東ドイツ映画はこの点で独自だというわけではなかった。というのも、ソヴィエト映画やほかの東欧社会主義諸国の映画も、いずれも地元の伝承を採用して童話映画を製作していたからである。実際、ソヴィエト映画『石の花』（アレクサンドル・プトゥシコ、一九四六年）は、『冷たい心臓』にヒントと動機を与えた作品としてクレジットされている。（六）場合によっては、デーファによるドイツの童話のアダプテーションは、意図したメッセージを達成するために原作の登場人物たちに変更を加えなければならなかった。その結果、よい人物と悪い人物の代わりに、利口な人物と愚かな人物が登場することになった。（七）こうした変更によって、観客（および検閲官）は映画のなかに、童話だけでなく、普通の人々が王様を出し抜く、農民の英雄が窮地を救う（そしてしばしば、思いやりのある指導者に権力を取り戻させる）、といった場合には、政治的なサブテクストを見てとることができた。

童話アダプテーションの解釈におけるこうした二重性のために、また、それを政治的に、しかし、当時のデーファ映画を特徴づけていた攪乱させるような含意からは自由に見られる可能性のために、童話は育むべき貴重な資源となった。ひとつの明瞭な理由は、童話映画がイデオロギーの境界を越えて西ドイツに輸出できたことである――冷戦期においてさえそうであった。『小さなムックの物語』が公開される一年前に、東ドイツは映画の輸出入を担当する会社であるデーファ貿易を創設していた。西ドイツとの貿易において、この会社は、直接、西ドイツの個々の映画会社を相手に購入や販売の手配をすることはできず、西ドイツの映画問題関係省庁委員会を経由しなければならなかった。この連邦政府関係機関は、西ドイツの政治規則の監視と遵守のために創設されていたが、西ドイツはこの時点では主権国家としての東ドイツの存在を認めていなかった。（八）西ドイツにおける政治的制限によってデーファ映画の輸入はしだいに抑えられていったが、童話映画の扱いは比較的寛大で、一九五五年には『小さなムックの物語』のいくつかのフィルムコピーが西ドイツのスクリーンに登場した（多くのデーファ映画がそもそも公開されなかったのと比べると、はるかにましだった（九））。

少なくとも三つの理由が、『小さなムックの物語』やほかのデーファ童話映画を（西ドイツを含む）ほかの国々の作品に比べて優れたものにし、そしておそらくは、映画問題関係省庁委員会による承認手続きを簡略化させる――しばしば回避さえする——ことに役立っていた。第一に、西ドイツの政治に敵対する要素をもたないプロットと、あからさまにせよ暗黙の裡にせよ社会主義の理念が含まれていないことが、これらの映画への賛同を容易にした。実際、『小さなムックの物語』やほかのデーファ童話映画がクリスマスの時期に西ドイツのテレビで放映されるときには（いまでもこの時期に放映されるのだが）、製作国の情報を視聴者に伝えるために通例配布されるプログラムガイド冊子は作られなかった。

第二に、反射池を備えたスルタンの宮殿といった贅沢なセットや、本物のライオンといったエキゾティックな小道具は、子どもの映画においては普通ではなかった。こうした豪華なアレンジは、東ドイツのスタジオではなく、西ドイツのスタジオの傾向であるように思われた。当時、奇跡の経済復興によって西ドイツは富裕な国家になっており、一方、東ドイツはまだいたるところで戦争の結果と苦痛とを引きずっていた。オープニング・クレジットでさえ、映画の出自に言及されるのは、デーファのロゴがほんの短いあいだ映るところだけである。だが、それに続くプロットでは、『小さなムックの物語』が東ドイツの作品だというしるしはどこにもなかった。

最後に、この映画を作るために雇用されたのは、仕事の質の高さがよく知られている卓越したスタッフであった。童話映画第一作の『冷たい心臓』で名声高いパウル・フェアヘーフェンを監督として起用したように、デーファは童話映画第二作のためにもうひとりの超一流監督であるヴォルフガング・シュタウテに話をもちかけた。[一〇] シュタウテは別の映画を製作する契約をしていたが——脚本を書いたベルトルト・ブレヒトとの対立のために製作中止になった『肝っ玉おっ母とその子どもたち』——、急に手が空いて、この企画に同意したのである。たいてい辛辣で論争的な映画を監督してきたシュタウテにとっては、一風変わった企画であった。[一一]

監督だけでなく、ドイツ映画において輝かしい名をもつほかのメンバーも、ただ彼らが参加しているということだけで、『小さなムックの物語』を単なる一時しのぎのプロジェクトではなく、ほとんど成功が保証された作品にしている。たとえば、ローベルト・バーベルスケは、おそらく当時もっとも有名なカメラマンであり、フリッツ・ラングやフリードリヒ・ヴィルヘルム・ムルナウと仕事をしたこともあったが、童話という全体の印象を犠牲にすることな

図5・1　豪華なセットはデーファの童話映画や児童映画に大きな予算がかけられていたことを示す。『小さなムックの物語』(0:42:21)（ドイツ版DVDからキャプチャー）。

く冒険映画のムードを作りだす、ダイナミックなカメラワークで出来事を演出している。衣装デザイナーのヴァルター・シュルツェ＝ミッテンドルフも、四〇本もの映画で衣装をデザインしてきた、その道で最も経験を積んだ人物のひとりであった。美術監督のアルトゥール・ギュンターも同様に名声が高く、豊富な予算を活用して豪華なセットを作り、デーファ児童映画の新しい水準を打ちたてた（図5・1）。シュタウテが超一流のスタッフを集めたことに観客がかならずしも気づかないにせよ、技術スタッフが自分たちの構想を実現できる贅沢な童話映画に出資しようというデーファの決定は、『小さなムックの物語』の重要性を示唆するものであった。

一九五三年の『小さなムックの物語』の成功は、人気を博した最初の大予算童話映画『冷たい心臓』の成功を上回るものであり、デーファに、児童映画や童話映画の分野における優越は名刺代わりとなり、東欧の市場のみならず資本主義の国々――何よりまず西ドイツ――のなかでも指導的な地位を確立できる、という認識をもたらした。実際、映画化に選ばれた話は多種多様で、さまざまな年齢層や、さらには、さまざまな国籍の人々をも引きつけることができたために、デーファ童話映画の輸出は好調であった。言うまでもなく、ヴィルヘルム・ハウフの童話文学（『小さなムックの物語』や『冷たい心臓』など）やグリム兄弟が収集・記録した民話にもとづく映画は、とりわけドイツ人には子どもにも大人にも人気があった。ドイツ人にとってこうした話はなじみがあり、映画を見て記憶を呼び覚まされることを喜んだ。ほかの国の童話から作られた映画――ハンス・クリスティアン・アンデルセンの童話、ボジェナ・ニェムツォヴァー原作のボヘミア童話『灰かぶり姫の三つの願い』（ヴァーツラフ・ヴォルリーチェク、一九七三年）、そして、デーファとモンゴルの合作『黄金のテント』（ゴットフリート・コルディッツ／ラブシャ・ドルシュパラム、一九六一年）のような地理的にもっと離れた土地の童話――は、遠い土地や魔法やファンタジーを逃避主義の手段として楽しむ東ドイツ国内の観客に好評を博した（一二）。ほかの国の観客は、「自分たちの」童話が、自分たちの手では達成できないような高い品質で映画化されているのを目にすることになった。こうしてデーファにとって、ほかの社会主義国との映画の交易はまた、国際的連帯を証明するという目的を満たし、世界的な製作会社としてその国際的評判を高めることにもなった（一三）。

　西ドイツとの「競争」で勝てる見込みがあったことも、重要な点であった。言語が共通していたために、デーファはこのジャンルの映画の西ドイツへの配給を、あきらかに自国の市場とほとんど同じくらい重視していた。吹き替えなしでそのまま上映できたし、多様な解釈が可能だったので、この種の映画がまったく配給されないという危険性はほとんどなかった。これらの童話はドイツの文化遺産の一部であったのだ。東西ドイツは常に競って戦前のドイツの正当な継承者という資格を要求しあっていたので、こうした映画を製作して西ドイツに販売することには、たんに東ドイツ経済を助ける収益獲得の手段である以上の意味があった。こうした映画を西ドイツに輸出することは、ドイツ文化遺産の闘いにおける優位を主張することに等しかったからである（一四）。最初の成功が火つけ役となり、グリム童話にもとづく童話映画が二〇本以上製作されることになった（一五）。その多くは西ドイツのいくつもの放送局によって放映され、テレビ番組の定番となった。

　国際的なアピールはあったにせよ、童話映画の国内での需要がまずは何より重要なことであった。童話映画と児童映画がターゲットとした観客層は子どもだったので――そしてデーファは反ファシズムの伝統のなかで戦後世代を教育しようとしていたので――、映画は、娯楽性を犠牲にしないで、題材を子どもが理解できる一般的なメッセージに翻訳しなければならなかった[二六]。当初、東ドイツの政治上層部は童話映画を批判的に見ていた[二七]。物語は封建時代を舞台とし、しばしばドイツロマン派の価値観を喚起した——すべては理想的な社会主義的世界秩序にとってまさしく論争の的になるようなものだった。童話をマルクス主義の設定としてふさわしいものにするために、デーファの映画製作者たちは、全体の物語の筋を保ちつつプロレタリア的な価値観を奨励するような変更を実行しなければならなかった[二八]。『小さなムックの物語』の場合、シュタウテによるハウフの物語の翻案は、労働と共同体生活の恩恵を讃えるために、物語の枠組みを大幅に変更している。書かれた物語とは対照的に、デーファ映画のなかの小さなムックは、宝物に囲まれてひとりで暮らしている世捨て人ではない。それどころか、彼が幼少期に財産を剝奪された話を聞き、彼の過去の経験がこれからの自分たちの快適な生活の基礎になることを理解した子どもたちのあいだで、ムックは人気者になる。スルタンの宝を人々にすっかり与えてしまったので、ムックはいまや陶器店で働く一介の店員となり、集団の一部として模範的な生活を送り、職場の同僚に尊敬されている。原作に施したこうした変更は、社会主義理念の力への認識を高めるという政治目的と童話とを一致させるものだった——そして、個人の幸福を得るために自分の財産を分けあうことの重要さを、東西ドイツの子どもたちに教えるものだった[二九]。政治的メッセージを注意深く潜在させることが重要だったのであり、後に『勇敢な仕立て屋』（ヘルムート・シュピース、一九五六年）において行きすぎた階級闘争的な解釈がなされ、東ドイツの批評家がこの映画は度を越していると非難したとき、そのことがあきらかになった[三〇]。

『小さなムックの物語』自体は論争的なものをほとんど含んでいないが、この作品は東ドイツの困難な時期に製作された。すなわち、一九五三年六月一七日の労働者の反乱である。東ドイツ全土で起こった暴動のひとつを鎮圧しに向かうソヴィエトの戦車がスタジオを通りすぎたとき、騒音のために、シュタウテも映画の撮影を中止しなければならなかった。それゆえ、当時の観客にとっては、童話映画はかつてないほどに重要であった。童話映画は観客を二時間ほどのあいだ現実から逃避させ、ハッピーエンドに満ちた夢の世界に誘いこんだからである。

児童映画と童話映画は、大人のための劇映画にはない自由な空間を提供することで、どの時代の観客にも好まれた。

さらに、「めったに検閲官に指摘されることのない、批判的二義性が児童映画や若者映画を満たしていた。[三二]」イデオロギー的前提から離れることができ、検閲官の監視なしに危険な会話を提示できるうえに、デーファの一流の俳優を使える豊富な予算が出たために、児童映画や童話映画は有名な監督たちにとっても歓迎すべきメディアであった——デーファの長編劇映画全体の約二〇パーセントがこのジャンルの映画だったのはそのためである。現在においても、これらの映画の多くはたんに生きのびているにとどまらず、依然としてテレビの定番である。イギリスでは『歌をうたう木』(フランチェスコ・シュテファニ、一九五七年)とともに何世代もが大人になったし、ドイツ人のファンクラブは『灰かぶり姫の三つの願い』を毎年の集会で称讃しているし、アメリカの視聴者はもともとK・ゴードン・マレーが輸入した『金のがちょう』(ジークフリート・ハルトマン、一九六四年)を、いまでも見るかもしれない。ドイツのテレビや映画館で毎年一二月にデーファ童話映画の上映や放映が行なわれるのが恒例となっていることもあり、模範的な映画としての『小さなムックの物語』の人気はこれからも長く続くだろう。

6 「現代映画」、敵対する他者としての西ベルリン、祖国としての東ドイツ――反逆者の映画『ベルリン シェーンハウザーの街角』(ゲルハルト・クライン、一九五七年)

ソヴィエトの指導者ヨシフ・スターリンの一九五三年の死後、デーファにおける東ドイツの映画製作は大きく変化したが、それは東ドイツにおいて政治と映画の密接な結びつきがすでに存在していたことを証明している。厳密に言えば、ソヴィエト連邦は依然としてデーファの一部を所有しており、スターリン支配のあいだ、社会主義統一党は、デーファの映画が東の「ビッグ・ブラザー」によってあらかじめ定められたイデオロギーに適合していることを保証していた(一)。それゆえ、一九四〇年代後半と一九五〇年代前半の作品の多くは「社会主義リアリズム」として知られる様式にしたがっていた――すなわち、社会主義と共産主義の理念を促進するために作られた映画である。スターリンの死後、同調しないために政治犯として投獄される危険性は東ドイツでもなくなり、より批判的な映画の新しい波に道を譲った。デーファの映画監督たちは東ドイツの生活の現状にますます注意を払うようになり、国家の発展を観察し、批判した。彼らは「現代映画」(同時代の生活をテーマにする映画)というジャンルを作り、ニュアンスに富んだやり方で東ドイツの不十分な点を表現したが、一九五四年から一九六一年にかけては、社会主義の進展に役立つ道としてそうしたことが可能になり、望まれるようにさえなっていたのである。禁止になった映画は、戦前のウーファ(ウニヴェルズム映画株式会社)美学を継続した作品(一九五八年の『最高の美女』)や、微妙な国内問題に取り組んだ作品(一九五八年のコンラート・ヴォルフによる『太陽を探す人々』)などごくわずかで(二)、デーファは一九五〇年代の数年間、政治と東ドイツ社会との統合を助けるような映画を何本も作った。しばしば監督たちは若い世代を題材にし、国家の未来の繁栄にとっての彼らの重要性を示した——連合国の援助を受けて復興しつつある西ドイツと競争するのだから、たやすいことではなかった。ゲルハルト・クラインの一九五七年の『ベルリン シェーンハウザーの街角』は、東ドイツがそのころ対面していた理想や課題を包含する中心的な映画として際だっている。すなわちそれは、反ファシズム的な平和国家に、そして、敵対する西ドイツと比べて「よりよい」ドイツになることへの希求であった。

冷戦の頂点の時代を舞台とし、その時代に撮られた、この一九五七年の青春映画『ベルリン シェーンハウザーの街角』において、われわれは東ベルリンの四人のティーンエイジャーの生活を追うことになる。友人どうしであるディーター、コーレ、カール＝ハインツ、アンゲラは、（東）ベルリンのシェーンハウザー大通りでそれぞれ崩壊した家庭に生活している。たとえば、一五歳のアンゲラは戦争で父親を亡くし、寡婦となった母親と暮らしているが、母親は既婚者の上司と不倫中である。夕方に上司が訪ねてくると、アンゲラは夜中までアパートを出ていなければならず、ほかのティーンエイジャーたちと郊外電車の線路の下にたむろする。アンゲラのボーイフレンドであるディーターは両親を亡くし、人民警察の若い警察官である兄と同居している。ディーターは建設労働者として働いているが、政治には興味がなく、社会主義統一党にも、その青年組織である自由ドイツ青年団にも、入会する気がない。友人仲間の三人目のコーレはアルコール依存症の継父からいつも殴られていて、学校を中退している。コーレは時間とお金のほとんどを西ベルリンで最新のハリウッド映画を見ることに使い、ジェット機のパイロットになることを夢見ている。友人仲間の四人目のカール＝ハインツも働いていないが、裕福な両親と暮らしており、彼らは西ベルリンに家を二件所有しているにもかかわらず、東ドイツの補助を受けたアパートを使っている。カール＝ハインツの家庭は完璧のように思われるが、社会主義の理想を悪用しているがゆえに、東ドイツ社会を混乱させている。ほかの幻滅したティーンエイジャーとともに、この四人の友人はくりかえし権威とのトラブルに巻き込まれる。それはクラインが『乱暴者（あばれもの）』（ラズロ・ベネディク、一九五三年）や『理由なき反抗』（ニコラス・レイ、一九五五年）といったアメリカ映画から学んだテーマであった。若者の非行を扱ったハリウッドの映画ジャンルのクラインによる東ドイツ式ヴァリエーションにおいて、ティーンエイジャーたちは自分たちを導いてくれるよい——この文脈では社会主義者の——父親像を受けいれる道を探している。最後には、四人のティーンエイジャーはみんな代償を払うことになる。コーレはディーターとともに西ベルリンへ逃亡した後、難民キャンプで死ぬ。カール゠ハインツは犯罪行為に走り、西ベルリンでも強盗の手助けをして、金持ちのビジネスマンを殺害する。アンゲラはディーターと寝た後、妊娠する。しかしながら、この映画の最後にはかすかな希望の光が射し、もし将来、世代を超えた協力が達成されるならば、社会主義の東ドイツの生活はよりよくなるだろう、と励ますヴォイスオーヴァーの声で終わる。

監督のゲルハルト・クラインと脚本家のヴォルフガング・コールハーゼは、この映画を意図的に一九五〇年代におけるハリウッドのティーンエイジャーの反逆者映画に倣って構想しつつ、このモデルを東ドイツの政治理念にあわせて脚色した。(三) この映画（および、一九五〇年代のベルリンで撮られたほかの二本の映画）のなかでわれわれが目にするのは、東ドイツは政治的でプロパガンダ的な当時のデーファ映画が推進した理想の社会では（まだ）なく、日常の現実は闘争に満ちていたことである。(四) 『ベルリン シェーンハウザーの街角』は、クルト・メーツィヒの『エルンスト・テールマン 階級の息子』（一九五四年）や『エルンスト・テールマン 階級の指導者』（一九五五年）のような映画とも異なっている。この二本の伝記映画は、社会主義の英雄テールマンに対する彼らの讃美を、そして、政治が東ドイツの映画製作にいかに影響を与え、東ドイツ人を政治的に教育するための道具としていかに煽動（アジテーション）とプロパガンダとを統合していたか（アジトプロプとして知られる）を、よく示している。統計上は、テールマン映画の方がチケットの売り上げが多かったことになっているが（第1章を参照）、クラインの現実的な映画は、マーロン・ブランドやジェームズ・ディーン主演のハリウッドの反逆者映画になじんでいる観客には、魅力的だっただろう。そうしたハリウッド映画は東ドイツでは公開されなかったが、それは冷戦下の政治や東西ドイツ間の絶え間ない緊張のためだけではなく、合衆国が主導する資本主義陣営とソ連が支配する共産主義陣営とのあいだの文化的交流の欠如によるものでもあった。

両陣営がベルリンで衝突し、ベルリンはフランス、イギリス、アメリカ合衆国、ソ連からなる連合国軍によって統制される四つの地区に分けられたが、一九六一年八月一三日の壁の建設までは、地区間を自由に行き来することが可能だった。それゆえに、ディーターはアメリカ地区から東ベルリンにたやすくもどってくることができるのだ。西側地区が始まることを示す三ヶ国語の標識と、車やトラックやバイクに通行の合図を送るふたりの巡回中の警官のほかには、国境らしきものはなかった。歩行者は検査さえされなかった。カメラはディーターが走るのにあわせてパンし、彼が東側地区に渡るのを見せる。標識には「ベルリンのより偉大な民主主義地区の始まり」と書かれており、東ドイツの「本当の」名称であるドイツ民主共和国に言及している。

クラインとコールハーゼは歴史的現実を加工し、東ドイツのティーンエイジャーの反逆者たちについての物語に必要な背景へとそれを統合した。主人公たちは西側地区への国境が開いていることを利用して、ベルリンの東地区では見ることのできない映画を見る。(五)映画のなかのこの四人のティーンエイジャーがハリウッドの反逆者たちをいかに熟知しているかを、われわれは目にする。コーレは西側地区で一〇〇本以上の映画を見たことを認める。ディーターの夢はバイクを所有することである（おそらくちょっとジェームズ・ディーンのようになりたいのだ）。カール＝ハインツは反逆者たちのような流行の皮ジャケットを着ている。そしてアンゲラの夢の男性は「マーロン・ブランド似」でなければならない――ディーターが彼女の家にいっしょに行った夜に、われわれはそのことを知る。だが、『ベルリン シェーンハウザーの街角』は、東ドイツを舞台にした反逆者映画のコピーというよりもはるかに重要な作品であり、クラインとコールハーゼはたくさんの場面でこのジャンルを利用して、東ドイツにとどまり、東ドイツをよりよいドイツにしていく手助けをするよう、若者たちに訴えているのである。

クラインがこの映画を撮ったころ、毎年およそ三〇万人の東ドイツ人が西ドイツに移住していた。(六)これらの移民のうちの相当の数が東ドイツの知識人の一部であり、多くの職場で一夜のうちに重要人物が消えてしまうという問題が起きた。社会主義的で反ファシズム的なドイツ国家の創造に尽力していたほかの人たちと同様に、クラインとコールハーゼは、もし若者たちが流れにしたがうなら、すなわち、西ドイツの誘惑に負けて移住してしまうなら、東ドイツの建設は不可能だと考えていた。そのため、『ベルリン シェーンハウザーの街角』での反抗的なティーンエイジャーは、東ドイツの幻滅した若者の正確な描写を目指したものだが、彼らを非難する調子はない。むしろ、この映画は、若者たちのことを十分に考えてこなかった社会主義社会に責任がある、というメッセージを発している。それこそが東ドイツのティーンエイジャーが社会に溶けこめない唯一の理由であり、その欠点を修正できるかどうかは社会しだいであると、この映画は示唆している。反復される三つのテーマが、『ベルリン シェーンハウザーの街角』を、東ドイツのティーンエイジャーの反逆者を再教育すると同時に、若者の考え方を上の世代に洞察させることを意図した、反逆者映画にしている。第一に、祖国としての東ドイツの確立。第二に、父親の代理人としての国家の概念。第三に、万人にとってのよりよい生活への正しい道としての社会主義の肯定、である。

もし東ドイツが若い世代にとって真の祖国になるとすれば、所属する場所としての東ドイツに彼らが一体感をもち、東ドイツを安全な避難所として理解できる必要がある。それゆえ、クラインとコールハーゼは西ドイツを敵対する「他者」として描いている。複数の場面で、平和な東ベルリンが西ベルリンの放蕩ぶりと並置される。ふたつの社会は物語全体を通して競争相手と規定され、「よい」ベルリンと「悪い」ベルリンのあいだのあらゆる動きも、照明の選択や物語内音楽と非物語内音楽の両者を伴うミザンセンにおける視覚標識の相互作用によって、明確に特徴づけられている。複数回にわたって、カメラは「民主主義地区」の始まりと終わりを告げる大きな標識を捉える――それはあきらかにプロットのなかの転換を示している。映画の冒頭で、ディーターは敵対する西ベルリンを脱出して家に戻る。また別の場面で、われわれがコーレの家での家庭内のもめ事の場面を目撃した直後に、映像はフェイドアウトし、それからフェイドインして民主主義地区の終わりを告げる標識を映し、続けて右にパンしてフランス地区の始まりを告げるもうひとつの標識を見せる。「民主主義」という言葉が添えられていないために、フランス地区は東ベルリンと対置され、もし標識の言葉を信じるならば、自由で民主主義的なドイツの一部であるソヴィエト占領区の力がおよばなくなってしまう。この場面は、映画のもっと前でディーターが横切るアメリカ地区の標識を思いださせるが、ここでは西ベルリンの非民主主義的な性格が強化され、危険な妨害を表すドラマティックなオーケストラ曲の最後の数小節によって、それがさらに増幅される。

東ベルリンがベルリンの民主主義的な部分だという意識下のメッセージに加えて、コーレ、ディーター、カール＝ハインツの西ベルリンでの経験は、お金と華やかさというわべの背後にある資本主義社会の本性をあらわにする。西ベルリンは、不法なお金と東ドイツの身分証明書売買が蔓延しているような、犯罪にどっぷりつかった場所になる。他方、東ベルリンにおいては、故意の悪事はコーレがふざけて石で街灯を割ったことくらいで、カール＝ハインツが西ベルリンでかかわる故殺や強盗のような犯罪はまったく存在しない。コーレがカール＝ハインツを彼らが暮らしているアパートの屋根裏部屋で殴って気絶させたのは、カール＝ハインツがピストルでディーターを脅していたので、自己防衛をするためであった。親の世代は（西の）ダンス音楽や西ベルリンの映画館通いを非難するが、東ベルリンの生活は西側地区の危険さとはほど遠い、という考えは口にされない。より深刻な攻撃は常に西側に由来する。カール＝ハインツはかつて両親のブルジョワ的家庭ですごしたような贅沢なライフスタイルのためのお金を得ようと、身分証明書泥棒になる。ディーターはバイクを購入するためにそれに加わる。そして、カール＝ハインツが西ベルリンからピストルを持ちこまなければ、コーレはカール＝ハインツを攻撃する必要はなかったし、西側へ逃げることもなかった。そこで彼は、おそらくハリウッド映画の真似をした発熱剤を試して、不慮の死をとげるのである。

ドラマティックな音楽と照明方式の違いとが、善良で平和な東ドイツと危険で敵対する西側という二分法を補強している。一九四〇年代のイタリアのネオレアリスモとメロドラマのジャンル伝統に目配せしながら、クラインは光と影を用いて、東ドイツが安全で守られているという感覚を伝える。たとえば、アンゲラが東ベルリンの寂しい通りを夜にひとりで歩いているとき、街灯から放たれる自然な光は危険な感じを与えない——アンゲラの妊娠を知ったばかりの観客にほっと息をつかせ、ベルリンの東ドイツ側は子育てに適した場所だと示唆する（図6・1参照）。対照的に、屋根裏部屋でディーターとコーレがカール＝ハインツと対決する場面は、西側から平和な東ベルリンにもちこまれた潜在的な危険と犯罪を呼び起こす。この場面では、ローキーの照明によってティーンエイジャーたちの顔をくりかえし影が横切り、この対決に対する彼らのアンビヴァレントな感情を伝える。状況が解決されないまま、ディーターとコーレは殺人を犯してしまったと思いこみ、西ドイツへ逃亡するが、このことによって、この町の西側はさまざ

図6・1　社会主義の東ベルリンの平和さを表す道具としての光と影。『ベルリン シェーンハウザーの街角』(0:59:56)（ドイツ版DVDからキャプチャー）。

まな不法行為を容認する犯罪者の隠れ家であると、観客に思わせるのだ。

われわれはまた、警察の役割にかんしてふたつの異なる局面を認めることができる。第一に、西ベルリンにはほとんど、あるいは、まったく警察の存在が感じられないことである。駅や通りで犯罪行為が行なわれても、後にカール＝ハインツが故殺で逮捕されるまで、警官の姿はひとりも見られない。第二に、東ベルリンではほとんど犯罪がないにもかかわらず、警官が昼も夜もいつも通りをパトロールし、緊急呼び出しに応じ、不審な行為をとり調べている。しかしながら、東ドイツの警官は威嚇的ではなく、善意にあふれている。彼らはティーンエイジャーにとって父親の代理人として機能し、新しい世代の若い社会主義者の模範となっている。警官がティーンエイジャーの反逆者たちを叱責し、彼らを分署に連れていったとき、ティーンエイジャーたちは街灯を壊したことについて短い説教を受けただけで、その後は彼らの将来について警察署長と話しあう。予防に力を入れる親切な警察は、東ドイツがよりよいドイツ国家であるという観念を強化する。父親が子どもの小さな罪を受けいれるように、警察は市民に目配りし、彼らの安寧を保証する。実際、下級警官として「人民警察」に加わることは――ディーターの兄がしたように――、成熟を証明するひとつのキャリアの道となる。兄弟間の口論のなかで、ディーターが、戦後に煙草の密輸をしていた、と兄を告発すると、若い警官である兄はそれを一笑に付して、それは若気の至りだが自分はそれを克服したと言う。弟のガールフレンドであるアンゲラの妊娠に気づくのは彼であり、母親から逃げだした彼女をベルリンの通りで見つけ、心地よく眠れるように自分の寝室を空けてやるのである。東ドイツの警察は家族であることを、ゲルハルト・クラインは何度も思いださせる。そして、東ベルリンに戻ってきたディーターを家に送っていきながら、警察署長は警察の（したがって東ドイツの）責任について次のような言葉で総括する。「われわれがいないところ……そこには敵がいる。」

　こうした言葉や、東ドイツの若者を保護しようとディーターの過ちを許す警察署長の姿によって、クラインとコールハーゼは社会主義国家の政治的発展の立ち遅れが政府の責任であることを示している。しかしながら、彼らの批判は、デーファが映画の公開前に相当の変更を要求するほどではない。映画管理局が批判的すぎるとこの映画に文句をつけたが、クラインは撮り続けることを許された。『ベルリン シェーンハウザーの街角』は観客の痛いところを突き、観客はこの映画が諸問題を率直に評価していることに報いた。公開後の最初の三ヶ月で一五〇万枚以上のチケットが売れ、この作品は商業的にも様式的にも「一九五〇年代の生活を描いたおそらく最も重要なデーファ映画」[七]になった。成立して間もない東ドイツで大人になっていく戦後第一世代の緊張や苦闘や夢や希望を反映し、西ベルリンからの絶え間ない誘惑と、一九五三年六月一七日の国家規模の反乱の後遺症にもかかわらず、東ドイツ、とりわけ、東ベルリンを故郷として描こうとしたこの時代の映画は、ほかにはほとんどなかった[八]。冷戦の産物であるこの映画は、東ドイツを「よりよい」ドイツとして素描し、それと対照的に、西ベルリンを暴力と貪欲とファシズムの名残とに支配された敵対する場所として提示している。同時期に西ベルリンの若者たちの反乱が西ドイツ社会を混乱させていたのは偶然ではないが[九]、その一方で、七万人以上のソヴィエトの軍隊が出動したことは、少なくとも、東ドイツが自ら思い描いていた平和で反ファシズム的な国家になるための新しい一歩を踏みだした合図であるようにみえた。

肯定的な力として警察を用いるのと同様に、監督たちが選択した交通手段は東西ドイツ間の対立を強調している。概して、自動車とバイクは西側のデカダンスを表し、自転車と路面電車とそしてもちろん歩行は、個人的な贅沢で分裂していない社会においてのみ真の平等の達成が可能であることを示している。実際、この映画では、私有の乗り物がないことは東ドイツ社会の欠点ではなく、むしろ私的な贅沢をきっぱりと拒絶することが社会主義へ向かう国家の道において本質的な一歩であるとされている。バイクを所有するという考えを放棄したとき、ディーターは、自分が西側の誘惑を乗り越え、東側の生活が提供している機会を実感し、そこに溶けこむ用意ができた、と述べる。ディーターがこの決定を自分の意志で行なうことは重要であり、そのうえ、クラインは複数の視聴覚的な手がかりを施して、正しい決定がどうあらねばならないかを観客に確信させる。バイクを買うために必要なお金を手に入れようとしたことで、ディーターがトラブルに巻きこまれたことはあきらかである。さらに、カール＝ハインツの西ベルリンの共犯者たちは、さまざまな理由でフォルクスワーゲンを運転している。彼らは犯罪によって自分の車をもつのに十分なお金を貯めているようだが、それは「民衆車」というナチの遺産と結びついたメーカーの車である。西ベルリンの通りにはどこでも車が走っているが——西側にはナチと悪党が浸透しているという意識下の言及——、東側では車の使用は警察にかぎられている。地区の境界はファシズムの影響を滅ぼす魔法の線となる。たとえば、民主主義的な地区（すなわち東ベルリン）からフランス地区（西ベルリン）へとカメラが地区を越えたことを示すとき、音声はただちに自転車のベルの音から自動車のクラクションの音に変わる。ほかにも、映画の最終場面で路面電車に乗ったディーターが、バイクよりも路面電車が好ましいと考えること、ティーンエイジャーの反逆者の何人かがもっている自転車（ハリウッド映画の反逆者たちが乗っているバイクとの対比）、そしてもちろん、人々が乗り物を使わずに歩いている数多くの場面がある。(一〇) だが、東ドイツがふたつのドイツ国家のうちでより優れているというこうした意識下の示唆にもかかわらず、それでもこの国は欠点だらけの未完成品としてリアルに描かれている。

一九五〇年代が終わるとデーファの制約が厳しくなった。数年後であればもう、クラインは『ベルリン シェーンハウザーの街角』のような映画を作ることはできなかっただろう。ポーランドにおける一九五六年六月の労働者の暴動が政府によって鎮圧され、一九五六年一〇月のハンガリー革命がソヴィエトの戦車によって終息すると、修正主義的な動きがデーファで優位を占めた。一九五八年の東ドイツ文化省の映画会議で、大臣アレクサンダー・アーブシュは、デーファで短期間ながら進歩的な映画製作を可能にしてきたスタジオ政策の変更が終わったことを宣言した。批判的リアリズムの性格をもち、イタリアのネオレアリスモの影響を受けた「現代映画」の終焉は、映画製作者たちが時代遅れだと感じていた教条主義を復活させた。戦前のウーファ美学にしたがうような映画も復活しなかったために、デーファ映画は、社会主義統一党の代弁者として、政治的道具になった。結果としてチケットの売り上げは激減した。一九五八年の停滞は東ドイツ映画が初めて経験したどん底状態となった。

7　デーファ・ジャンル映画の誕生、東ドイツのＳＦ映画、新しい技術、東欧との共同製作――『金星ロケット発進す』（クルト・メーツィヒ、一九六〇年）

一九五七年一〇月四日にソヴィエトの人口衛星スプートニク一号が打ちあげられたことは、西側陣営を危機に陥れ、冷戦の宇宙競争を新たなレヴェルに移行させた。ソ連が率いる共産主義世界が心理的成功を収め、一九六一年四月一二日に宇宙飛行士ユーリ・ガガーリンが人類初の宇宙飛行をなしとげたとき、それはくりかえされた。一九六九年七月二〇日に合衆国の宇宙飛行士ニール・アームストロングが月面着陸して、月面での最初の一歩を踏みだしたことで、西側は肩を並べることができた。宇宙探検のこうした側面は一五年近くにわたって続いていたが、サイエンス・フィクションにおける時間の設定はしばしば異なっている。東ドイツ最初のＳＦ映画『金星ロケット発進す』（一九六〇年）は、それを未来――一九七〇年――に起こることとして描き、金星調査のための国際科学者チームを追う。これからここで行なうように、『金星ロケット発進す』をさまざまな角度から研究することによって、一九五〇年代末の東ドイツの映画製作を見事に垣間見ることができる。『金星ロケット発進す』はまた、記録ずくめの映画でもある。すなわち、デーファで最初のＳＦ映画であり、最初のジャンル映画であり、そして「最も費用のかさんだデーファ映画」であった(一)。

このスペースアドヴェンチャーの東ドイツ映画にとっての重要性は、そのいくつかの特殊効果にまつわる挿話に示されている。監督のクルト・メーツィヒによれば、放射能に汚染された金星の泥を作るために、一九五九年一年間に生産された膠をすべて使いつくし、東ドイツで膠を見つけることは不可能になったという(二)。なぜこの映画は、この一作品のためにメーツィヒが国家全体のこの資源を使い放題にできるほど、重要だったのだろうか？　この映画の中心理念は、なぜ『金星ロケット発進す』に膨大な投資をする必要があったのかを示唆している。スタニスワフ・レムのサイエンス・フィクション小説『金星応答なし』にもとづくこの映画は、秘密のメッセージを解読しようとする著名な専門家たちからなる国際チームが行なう、大胆な企てを物語る。一九七〇年にゴビ砂漠の工事現場で発見された、糸巻のような容器に入れられたこのメッセージは、いまにも地球への攻撃が開始されるという内容であった。[三]ソヴィエトの司令官アルセニェフをリーダーに、アフリカのタルア、中国のチェン・ユ、ドイツのローベルト・ブリンクマン、インドのシカルナ、日本の女医スミコ・オギムラ、ポーランドのソルティク、そして合衆国のホーリングらの宇宙飛行士たちからなる乗組員が、国際宇宙船「コスモクラーター」に乗って、謎の物体の出どころである金星を目指す。金星で乗組員たちは非常に進歩した文明の名残りを発見し、金星人たちの運命を知る。地球を攻撃するために作った巨大な兵器が誤作動し、核分裂連鎖反応を引き起こしたため、金星の地表が破壊されて、金星人は全滅したのである。金星の表面を調査中に事故で三人の乗組員が命を落とした後、生き残った乗組員たちは地球に帰還する。地球の住民に向かって彼らが、核戦争を起こさないように、そして、もっと協力して地球を統一世界へと発展させるようにと訓戒する場面で、この映画は幕を閉じる。

アメリカ合衆国とソヴィエト連邦というふたつの超大国のあいだの核戦争への恐れは、この映画が構想された時代には、あきらかにきわめて具体的なものだった。実際、『金星ロケット発進す』の脚本の進展の背後にある歴史は、核の脅威が脚本におよぼした変更をなまなましく提示してくれる。たとえば、初期のヴァージョンでは、アメリカ人ヒギンスは宇宙船のパイロットで、「性欲と即興の才とによって異彩を放つ」[四]人物として設定されていた。しかし、ヒギンスは、期待されていたイデオロギーのレヴェルではなく、人間関係のレヴェルで、観客に葛藤をもたらす可能性があった。そこで代りとなったアメリカ人登場人物が科学者ホーリングであるが、彼の先生で指導者であるハイマンが原子爆弾製造の責任者であるという設定から、よりイデオロギー的な吟味が可能となった。ホーリングは合衆国の科学者階層のなかでの地位も高く、『金星ロケット発進す』序盤の重要な場面では、原子爆弾の開発について合衆国のある「企業家」と対決している。さらに彼は、軍役に就く代わりに、科学に携わることを要求することができる。Ｊ・Ｒ・オッペンハイマーの鏡像――デーファの脚本家ヴォルフガング・コールハーゼとギュンター・リュッカーは草稿でそう書いている――であるハイマンは、会議中に現れると、企業に向かってヒロシマを彼らの「冒険」だと言うが、この発言はこの映画における超大国間の核戦争の危険性を示唆している。合衆国の政治は少数の経済専門家（この企業家）によって支配されており、人類のことなど気にかけず、できるだけ多くのお金を稼ぐことが彼らの最大の関心事であると、この映画はほのめかしている。

核の脅威がこの映画の変更をもたらしたもうひとつの例は、コールハーゼとリュッカーが金星社会の構成を変えるように要求されたことである。脚本の以前のヴァージョンでは、金星の政治はふたつの派閥に分かれていた。一方は平和主義的な派閥であり、他方は地球を破壊するための原子爆弾を金星上で製造した派閥である。文化大臣の介入によって、物語の筋は現在のヴァージョンのように変更された。現在のヴァージョンでは、火星人は地球を攻めようとしていたが、偶然の事故によって自らの武器で破滅する。観客への非道徳的な影響を避けるために、物語は平和的共存を謳う楽観的なエンディングを採用し、宇宙飛行士たちが平和と共存のメッセージを広める。[五]両親を広島の原爆で亡くした日本人女医オギムラもまた、『金星ロケット発進す』を一九五〇年代後半の現実によりよく合致させるために加えられた。一九六〇年代における核戦争の歴史的脅威に映画を近づけるこれらの変更のために、メディア学者のミヒャエル・グリスコはこの映画をＳＦ映画とする分類に異を唱え、『金星ロケット発進す』を「現代映画」（現代の生活についての映画）と解釈する可能性を示唆している。[六]

脚本はまた、西ドイツや東欧諸国との共同製作という点で、国際的文脈におけるデーファについての興味深い詳細を伝えてくれる――脚本ができあがる過程や撮影中のやむをえない選択によって。[七]『金星ロケット発進す』は、オープニング・クレジットで、デーファとポーランドの映画グループ「イルズィオン」との共同製作であると宣伝されている。冷戦真っただ中でのこの二社の協力は、一九五六年のポーランドとハンガリーでの反乱がソ連との関係を緊張させたそのわずか数年後に、東ブロックに一定水準の統一と連帯を伝える手助けになった。だが、社会主義国家間の理想的な国際協力のように解釈できるものは――「コスモクラーター」の乗組員が主に社会主義国の出身である点で物語にもいくらか反映されている――、実際には厄介な企てであり、強制され、でっちあげられた社会主義連帯の亀裂を暴露していた(八)。

一九五六年から一九五九年にかけて構想され執筆された『金星ロケット発進す』の脚本は、一一回も書き直され、コールハーゼとリュッカーというデーファのチームによる一二番目のヴァージョンがついに認可された。最初、メーツィヒ監督は、ポーランド・チームの概略にもとづくデーファ熟練チームによる初期の脚本を却下したが、それはその脚本にユーモアとロマンスが多すぎて、イデオロギーの点で十分ではなかったためである(九)。ドイツとポーランドが協力した新しい脚本はポーランドの製作会社には認可されたが、デーファに拒絶された。というのも、ポーランド人宇宙飛行士が機知、才覚、ユーモアのどの点においてもソヴィエトの司令官に優っているようにみえ、「ビッグ・ブラザー」への侮辱と解釈されかねなかったからである。スプートニク打ち上げの二日前に、ドイツとポーランドの製作会社がついに協力合意協定に署名したとき、「死の惑星」(当時の脚本はこう呼ばれていた)の企画は開始の準備が整ったようにみえた。ところが、デーファはこの企画を危機にさらした。デーファはフランスのパテ社を共同製作会社として参入させようとし、さらには、イギリスや西ドイツといったほかの西側諸国のスタジオと接触して、多国籍からなる宇宙船乗組員の役を演じる俳優を出すことと引き換えに、輸出協定について議論したのである。こうした交渉をしているあいだに、フランスの脚本家が脚本に手を加え、結果としてさらなる書き直しをすることになった。しかし、東ドイツの文化大臣エーリヒ・ヴェントが口をはさんできて、この企画は座礁した。メーツィヒが社会主義統一党中央委員会に抗議したにもかかわらず、外国人俳優はもちろん、西側のパートナーとのあらゆる接触が中止され、コールハーゼとリュッカーが起用され、さらなるヴァージョンの脚本を完成させた――すると今度はポーランドの製作グループ、イルズィオンがその脚本に異を唱えた。ポーランドの共同脚本家が呼び戻され、さらにふたつの脚本ヴァージョンを重ねて、双方のスタジオが撮影開始に合意した。

威信をかけたこの企画は首尾よく完成し、東ドイツでは一九六〇年二月二八日に、ポーランドでは同年三月七日にプレミアを迎えた[一〇]。この映画の製作費はほかのデーファ映画の三倍にのぼり、『金星ロケット発進す』は最も高くついたデーファ映画となった[一一]。高予算は六〇年代にさらなるSF映画が作られなかった要因のひとつであった。次のデーファSF映画『シグナル 宇宙冒険』（ゴットフリート・コルディッツ、一九七〇年）で、芸術集団デーファ・フトゥルムが東ドイツのSF映画の伝統を打ちたてることになった。SF映画は一九六〇年代後半から一九七〇年代前半にかけて流行し、アメリカ映画『二〇〇一年宇宙の旅』（スタンリー・キューブリック、一九六八年）やソヴィエト映画『惑星ソラリス』（アンドレイ・タルコフスキー、一九七二年）が製作された。それが刺激となってデーファはこのジャンルに立ち戻り、長編劇映画『エオロメア』（ヘルマン・チョッへ、一九七二年）と『星屑のなかで』（ゴットフリート・コルディッツ、一九七六年）、そして、デーファ・フトゥルムによる短編映画を製作した[一二]。『金星ロケット発進す』の製作準備段階でのごたごたにもかかわらず、デーファがSFジャンルに力を注いだという事実は、魅力的な娯楽ジャンル映画の発展のためにかなりの投資をするのを、このスタジオが厭わなかったことを示している[一三]。

『金星ロケット発進す』に着手した段階から、ユートピア的な冒険映画のジャンルに進出するには、セット・デザインや小道具や技術装置、また、最新の設備や撮影機材にかんして、得られるかぎり最高の技術が必要であることが、デーファにはあきらかとなった。視覚的成果はすばらしいものだった。一九五〇年代末に撮られた映画としては、『金星ロケット発進す』のカラーは美しかった。メーツィヒは彼が使えたアグファカラー・フィルムを利用し、宇宙飛行士の宇宙服をさまざまな色にして、オレンジで赤みを帯びた不気味な金星の空と対比させた。地球の場面、たとえば発射前の記者会見では、青い空を背景にした雪をかぶった山頂は緑の草原と対照をなしているし、発射時に機械工や技術者が身につけている制服の鮮やかな色彩は、景観にアクセントを加えるだけでなく、近未来の社会主義社会にとっての宇宙探検の重要性をほのめかしている。メーツィヒはまた、導入されたばかりの東ドイツ製トータルヴィジョン・レンズを用いて、スクリーン外にパンする必要なく、三五ミリフィルムのワイドスクリーンのなかに、荒涼とした広大な金星の表面を捉えている[一四]。ワイドスクリーンのフォーマットによって、地平線上の宇宙飛行船「コスモクラーター」、フレームの左三分の一を占める未来の金星探索機、右三分の二を占める任務中の三人の宇宙飛行士、

図7・1　デーファ初のSF映画『金星ロケット発進す』におけるアグファカラー、装置、贅沢な小道具、特殊効果。『金星ロケット発進す』(0:57:38)（ドイツ版DVDからキャプチャー）。

画面の手前、ひとりの宇宙飛行士の足元にいる多機能ロボット「オメガ」を、同時に見ることが可能になる（図7・1）。一九六〇年代の東ドイツの観客にとって、アグファカラーとワイドスクリーンで撮られた映画を見る経験と、ミザンセンを特徴づける宇宙船、惑星探索機、ロボットといった科学技術の経験は、どちらも魅力的だったにちがいない。

観客が知らなかったのは、莫大な費用がかかる原因となったこの技術の多くを、西ドイツから輸入しなければならなかったことである。皮肉なことに、映画の大部分で感じられる社会主義の進歩と技術的優勢の表現が可能になったのは、ひとえに西側の技術が、『金星ロケット発進す』の作り手が未来的なものとして利用できるような段階にまで発達していたからである。たとえば、脚本によれば、金星にいるあいだロボットが宇宙飛行士を補助することになっているが、東ドイツはリモコン機械を作動させるのに必要な継電器を供給できなかった。必要な部品を西ドイツのジーメンス社から輸入するのは容易ではなかった。外国からのあらゆる購入品については貿易省の認可を得なければならなかっただけでなく、ロボットを動かすのに必要な継電器の支払いのための外貨（西ドイツマルク）を、文化省の外国通貨局に供給してもらわなければならなかったのだ[二五]。別の例を挙げれば、ふたりの俳優が着用する放射線防護服のための合成素材を作ることができなかった。その服は、俳優がセットのなかを自由に動きまわれるくらい柔軟であると同時に、本当に放射能を持ちこたえられると納得できるように見えなければならなかった。文化省に却下されたものの、結局、デーファはこの取引を許可するように役人に嘆願するしかなかった。(一六) 東ドイツ経済の欠陥とほかの国の技術発展への依存についてのこの逸話もまた、東ドイツの政治とデーファの映画製作の表裏一体ぶりを示す注釈となっている。中央集権化した東ドイツの社会基盤によって国家経済を制御し、あらゆる商取引を規制するだけでなく、一箇所に集中させることで、社会主義統一党はきめ細かな支配を行なうことができたのである。

この角度から『金星ロケット発進す』を見れば、映画の会話や近未来における社会主義優位の象徴がもつ意味は逆転する。デーファがこの映画を撮った時期の宇宙競争における東ブロックの明瞭なリードは、「社会主義月面基地」ルナ・スリーと、火星という当初の目標を変えて金星に飛ぶことのできる長距離宇宙飛行船「コスモクラーター」の存在によって表象されている。だが、この優位についての執拗な政治的言及は、この映画が、一九六〇年における東ドイツの不安定な政治状況から目を逸らせようとする試みであったことを物語っている。現実には、経済的見通しの厳しさ、および、日用品と個人の自由の乏しさゆえに、一九四九年から一九六一年のあいだに二七〇万人が東ドイツを去っていた。(一七) そのため、劇中の国際社会主義テレビネットワーク「インターヴィジョン」が金星探検の経過報告を熱心に伝える様子は、『金星ロケット発進す』を忍耐への呼びかけのように思わせる。(一八) ブリンクマンのオーディオ日記の入力が金星旅行中の「コスモクラーター」での生活を記録するのと並行して、テレビのレポートは社会主義政治が約束する成果としてのユートピア的未来を指し示す。同様に、東ブロックの成功は、人類の安全な未来を保証するという点での西ブロックの過ちを暗示する。

それゆえ、『金星ロケット発進す』は、ＳＦ映画であるのと同様に「イデオロギー的発言」でもある。(一九) この映画は東ドイツを、あらゆる社会の必然的で望ましい最終形態としての社会主義的／共産主義的世界秩序という大きな文脈のなかで、視覚的祖国として描いている。(二〇) 同時に、この映画は、フレデリック・ジェイムソンの言葉を使えば、「ある特定の歴史的瞬間における社会システムの状況」を観客に判断させる文化的兆候として解釈されることを望んでいる。(二一) 宇宙競争で東ブロックがリードしていたとはいえ、一九六〇年の東ドイツは危機に瀕していた。そう遠くないユートピア的な未来に社会主義を再設定することは、当時の諸課題に答えるひとつの方法であった。

もうひとつの重要な決定は人事関係であった。クルト・メーツィヒが監督をし、ギュンター・ジーモンが主役のひとつを演じた事実は、東ドイツの観客にとって意味をもち、『金星ロケット発進す』を共産主義の伝統にしたがった従来の東ドイツ映画と結びつける役割を果たした。ドイツ人宇宙飛行士ブリンクマン役にジーモンを起用することで、おなじみの顔がドイツの銀幕に登場することになった。共産主義の指導者エルンスト・テールマンについての二本の伝記映画で主役を演じて大成功した後、この俳優はデーファ映画でたいてい労働者の英雄を演じていた。(二二)（東）ドイツ人宇宙飛行士ブリンクマンとして――「コスモクラーター」の乗組員たちを救うために彼は金星で英雄的な死を遂げる――ジーモンがドイツの銀幕に再登場したことは、テールマン映画第二作とジーモンの殉教を想起させる。彼が「未来に」帰還したことは、共産主義の理想を発展させ推進していくうえで、東ドイツが中心的役割を果たすという信念をほのめかしている。『金星ロケット発進す』の監督にクルト・メーツィヒが選ばれたことは、同様の含意を喚起する。というのも、メーツィヒは――ほかのどの監督にもまして――デーファの歴史を体現しているからである。デーファの母体であるフィルムアクティーフの創設メンバーだった時代から、管理面でも芸術面でも東ドイツ映画の方向決定に寄与してきた。共産主義への傾倒で知られるメーツィヒは、妥協や事実の歪曲を要求されたときでさえ、社会主義統一党が進める政治的課題を支持してきた。(二三)観客を呼び戻すためにジャンル映画の意義を見直すべきだという彼の要請が認められ、彼がデーファの目標と考えていた娯楽と教育の結合が追及された。(二四)そのため、彼は最初のジャンル映画『金星ロケット発進す』がスペクタクルに傾かないように警告し、この映画ジャンルは「現実的で技術的なユートピア」――東ドイツのジャンル映画創設にあたって認められる政治的メッセージの標識――であるべきだと主張した。(二五)

それなら『金星ロケット発進す』(二六)は、「社会主義リアリズムの要求を逃れることができない」ゆえに、「最初から時代遅れ」の作品だったのだろうか？ そのような解釈は一見すると誘惑的ではあるが、一九六〇年代のSF映画ジャンルへのこの映画の寄与を無視することになってしまうだろう。デーファは、『スタートレック』のTVシリーズの六年前に、多国籍・多人種からなる乗組員を宇宙船に乗せた。特殊効果は時代の最先端を行き、物語には説得力があり、最初の一三週間で二〇万人以上の東ドイツ人がこの映画の上映を見た。このときには六一部ものコピーが東ドイツの映画館を巡回した。(二七)この映画は東欧でヒットし、『金星ロケット第一号』というタイトルのヴァージョンでイギリスと合衆国でも人気を博した。(二八)さらにこのヴァージョンはＳＦ映画として最高の栄誉のひとつを与えられた。一九九〇年に合衆国のコメディＴＶシリーズ『ミステリー・サイエンス・シアター三〇〇〇』のあるエピソードで、三本しかないドイツ映画の一本として、パロディの対象となったのである。(二九)五〇年以上経っても、「とんでもないキャンプ美学とマルクス主義イデオロギーの混合」(三〇)である『金星ロケット発進す』は、依然として（東）ドイツＳＦ映画の「古典」とみなされている。

8 映画検閲、東ドイツの「ヌーヴェル・ヴァーグ」、「ウサギ映画」――『私はウサギ』(クルト・メーツィヒ、一九六五年)

「東ドイツ映画の検閲について知っているなら、この映画が製作を許可されたことが驚くべきことだと思うだろう」と、監督のクルト・メーツィヒはあるインタヴューで指摘している。[一] それにもかかわらず、東ドイツで禁止になったそれまでの映画の場合と異なり、メーツィヒの映画『私はウサギ』が禁止になった主な原因は、そのプロットではなく、社会ムードの変化であった。[二] この変化によって、一九六五年に製作されたデーファの長編劇映画はほぼすべて根絶され、東ドイツ映画に長く続く影響を与えた。この出来事の後、東ドイツの監督たちはもはやデーファ映画を改革しようとはしなかった。それがようやく変わるのは、若い監督集団が「転換映画」と呼ばれる新作映画でアートハウス映画を復活させた一九九〇年である。[三]「ウサギ映画」――一九六五年に禁止された映画群はこの名前で知られるようになった――を棚上げすることによって、東ドイツは批判の声を抑えただけでなく、「西ドイツで始まろうとしていたニュー・ジャーマン・シネマに先行するか、あるいは、興味深い対立物へと発展する可能性が十分にあり[四]」、東ドイツのヌーヴェル・ヴァーグとなりえた芸術運動を終息させた。東ドイツの禁止された映画と西ドイツの多産なアートハウス映画とのあいだのありえたかもしれない競合にかんする理論は、常に臆測の域を出ないものだが、『私はウサギ』を分析してみると、デーファの「ウサギ映画」がいかに東ドイツの「ニュー・ウェイヴ」と理解されるべきものだったかが、疑いの余地なくわかる――そして、デーファ映画が一九六〇年代におけるヨーロッパの有名な芸術映画になるチャンスを、東ドイツの検閲がいかに台無しにしてしまったかが。[五]

確信した共産主義者であり、デーファで最も尊敬されていた監督のひとりであったクルト・メーツィヒが『私はウサギ』にとりかかったとき、東ドイツとデーファのムードは現代社会についての批判的な映画、いわゆる「現代映画」を好んでいた。この映画を製作する途上に大きな障害物はなさそうにみえた。実際、高位の政治家も批判的な映画を作るというメーツィヒの計画を支持していたし、映画製作のよりリベラルな規範を抑えこんだ一九五八年の映画会議を乗り越えて以来、東ドイツは再び短い政治的「雪解け」の時代を迎えていた。それに加えて、一九六一年の壁の建設は、国家を隔離しただけでなく、その映画を西側の影響から孤立させた。ベルリンのバー「オールド・バヴァリア」で午後八時から午前三時の夜間シフトに給仕をしている一九歳のマリア・モルツェクを主人公とするメーツィヒの映画は、「若い改革者たちの予言的視覚やエネルギー」を用いて社会主義ユートピアを再定義するという東ドイツ映画の目的に合致するものであった。[(六)] マリアは自分の意志でウェイトレスをしているのではない。スラブ学の勉強を続けて通訳になりたいという彼女の申請は、兄のディーターが政治的理由で懲役三〇ヶ月の有罪判決を受けたために退けられた。叔母と暮らしている孤児マリアは、こうして、高校卒業後にはウェイトレスの仕事を受けいれるほかはなかったのである。また、マリアは年配の男性に憧れている。学校時代、彼女は体育教師とデートをする。学校行事でオペラ観劇に行ったとき、彼女はパウル・ダイスターという男性を誘惑するが、後に赦免嘆願書を提出するために裁判所に行ったとき、彼女はダイスターが兄に有罪判決を下した裁判官だということを知る。最初はためらっていたが、彼女は彼とつきあい始め、ついに彼の郊外の別荘で性的な関係になる。仕事中に倒れた彼女は、一時的にそのコテージに引越し、脊椎症の診断を受けると、六週間の療養期間をそこですごす。ダイスターは週末になるとベルリンを離れ、村人には従妹ということにしている彼女と休日をすごす。マリアとパウルの口論の後、彼は立ち去り、自殺を試みる――マリアはこのことを、一週間後に別荘に尋ねてきて夫の不倫を知った彼の妻の口から聞く。マリアは永遠にパウルと別れる。その間に出獄していたディーターは、妹の情事を知って彼女を殴りつける。最後には、マリアは叔母の家を出て、よりよい将来への希望を抱いて大学に出願する。

　物語をオープンエンドにしたことと、当時の社会主義についてのかなり批判的な評価を映画に含ませたことは、予想されたよりもはるかに大きな問題となり、最終的には禁止になった。これは、一九六五年に禁止になる一ダース以上のデーファ映画の最初のものであった。『私はウサギ』とフランク・フォーゲルの『泣いてなんかいない』（一九六五／一九九〇年）は、社会主義統一党中央委員会第一一回総会の参加者――映画製作者たちは招待されず、不在だった――に向けて上映する作品に選ばれ、手ひどく批判を浴びた。(七) 新経済システムについて議論するという当初の目論見から、東ドイツの芸術の機能と役割についての論争へと変わってしまったこの会議を受けて、ますますたくさんの映画（およびほかの分野の芸術作品）が続く数ヶ月のあいだに禁止になった。『私はウサギ』は「ウサギ映画」の典型にして名祖となった。東ドイツ最大の映画禁止の波のきっかけとなったこともあり、この映画はおそらく東ドイツにおける映画検閲の最たる例だといえるだろう。

奇妙なことに、デーファにおいてメーツィヒが占めていた重要な地位も、『私はウサギ』を禁止に導くことになる波紋からこの映画を守る防波堤にはならなかった。一九四六年にデーファを設立したメーツィヒは、東ドイツの基本原理である社会主義と反ファシズムとを宣伝することが国有機関としてのデーファの使命だとした。しかし、共産主義の理念を推進する映画を粘り強く監督し続けた後、彼はこの映画で極端に走りすぎてしまった。彼の書いたストーリーは多くのレヴェルで東ドイツに批判的だった。機能不全の司法制度、柑橘類のような普通の食べ物さえ入手困難な乏しい経済状況、二〇年前に終わった戦争の痕跡をまだ残している建物などが示される。『私はウサギ』が禁止になったことを知ると、メーツィヒは国家元首ヴァルター・ウルブリヒトに手紙を書き、社会主義の使命に対して危害を加えたことを謝罪した。この映画は禁止されたままだったが、メーツィヒの名誉は最終的には回復した。(八) メーツィヒのような名士を公然と叱責し、彼の作品を非難することによって、社会主義統一党はほかの芸術家たちを、第一一回総会に沿った映画製作の新しいパラメーター――社会的リアリズムの理想への回帰――に無理やり従わせることができた。(九) このように、『私はウサギ』の禁止は、社会主義統一党の政策を知らしめるための道具となり、この映画や一九六五年のほかの映画に認められると党の役人が考えていた反抗的態度が拡大する可能性を封じる役目を果たしたのである。(一〇)

さらに、現代の問題を扱ったこの年のほかの長編劇映画と同様に、メーツィヒの作品もデーファ映画の社会主義リアリズムの伝統からの逸脱を示していた。フランスのヌーヴェル・ヴァーグのスタイルへの接近は役人たちを混乱させた。東ドイツの映画アヴァンギャルドの発展は、国民操作のためのうってつけの道具としての映画という文化的独占を危うくするものであった。東ドイツの政治家の主張によれば、社会主義の理念を攻撃したり、あるいは、それと対立したりするような映画は、デカダンスとニヒリズムに染まった西側諸国の思うつぼであり、体制に内側から侵入してしまいかねない(一一)。とりわけ、『私はウサギ』のストーリー展開はおおいに物議を醸すものであった。この映画は、軽犯罪に厳刑を言い渡す、東ドイツの法制度の欠陥を暴いている。それは一九六一年の政治的「法学決議」において取りあげられて決議された国家的問題であった(一二)。不運なことに、メーツィヒの映画の完成は古い法構造の復活と時期が一致した。さらには、一連の批判的なデーファ映画の展開を可能にしていた短期間の文化的雪解けが、ちょうど終わった時期にあたったのである(一三)。突如として、『私はウサギ』は過去の過ちを攻撃する映画ではなく、現在の状況に異を唱える作品となり、法務省が脚本作成に口をはさんできた(一四)。事態を悪化させたもうひとつの要素は、この脚本のもとになっていたマンフレート・ビーラーの原作小説に関係していた(一五)。ビーラーの原稿『マリア・モルツェク、あるいは、私はウサギ』は、一九六一年に全面的に禁止になっていたが、メーツィヒは、禁止になった小説を用い、ビーラーを脚本の共同執筆者に雇用して、東ドイツの不正な法制度という主題に挑むことができるほど、当時の政治情勢が開放的であると信じていた(一六)。メーツィヒによれば、彼はあらゆるレヴェルで幅広い支援を受け、この映画を作るように激励されたという(一七)。実際にこの映画が認可を受ける段階に入ったころには、この支援はなくなっており、『私はウサギ』は、デーファにおける進歩的映画製作の本格的出発と新時代とを告げようとする映画から、東ドイツ映画に対するきわめて抑圧的な政治統制の実例へと変化してしまった。

一九六一年のベルリンの壁建設に伴って、デーファ映画はさまざまな方向に展開した。西ドイツの映画に目を配る代わりに、東欧やソ連の映画が重要性を増し、ついにはデーファ内部の新たな自意識の形成を助けることになった(一八)。さらに、ミュージカル、西部劇、SFといったジャンル映画が、政治的背景をもつ娯楽映画を発展させた。それはたとえば、スパイスリラー『最高機密』（ヤーノス・ヴァイツィ、一九六三年）や『君の愛もまた』（フランク・フォーゲル、一九六二年）といった作品である。[一九] デーファの映画製作者たちはほかの方向に進む機会も利用し、東ドイツの日常生活の問題に批判的に取り組む映画を発展させた。[二〇] 彼らのほぼ一致した見解では、つまるところこうした新しい映画群こそがデーファ映画の新時代を切り開くものであった——そして、西ドイツの業績と常に比較することを逃れて、国家がアイデンティティを見いだす助けにさえなるものであった。同時に、絶えず起こり続ける経済問題に対処するために、東ドイツ経済は再編成の必要があった。[二一] 新経済システムの導入は、中央集権化された国家構造を見直して、計画と管理を簡素化しようとするものであったが、失敗に終わった。それは部分的には、一九六四年のソ連の政治変革によるものであり、すなわち、ソヴィエトの指導者が進歩的なニキータ・フルシチョフから保守的なレオニード・ブレジネフに交代したためである。[二二] フルシチョフが国家の自由化のために行なった諸改革を新指導者のブレジネフは押し戻したが、それは東ドイツ共産党の第一一回総会にも影響を与えた——そして、それによって、デーファ映画にも。

元来は新経済システムのさらなる導入と討議を行なう予定だった第一一回総会は、いまや別の議題を見つけなければならなかった。ソ連の政治状況に鑑みれば、東ドイツ経済の改革を押し進めていくことは不可能だったからである。総会の前に、『私はウサギ』が引き起こした政治問題をめぐる猛烈な論争が起こり、脚本の書き直しという結論にいたっていた。こうして、新経済システムの失敗から注意を逸らす、歓迎すべき機会が与えられたのである。[二三] 第一一回総会での激しい議論の後、東ドイツの国家元首ヴァルター・ウルブリヒトは、閉会のスピーチで、デーファ映画は国家の敵対者たちによって反抗的な活動へと変化してしまった、と宣言した。[二四] 一九六五年の映画は政治的なものと考えられ、その結果として、政治的混乱を未然に防ぐために禁止された。

本質をいえば、『私はウサギ』や一九六五年のほかの映画は、東ドイツの政治的失敗の代わりに非難されるスケープゴートになったのである——皮肉なことに、それは東ドイツの社会状況をめぐる新しい映画が取り組むことを期待されたのと、同じ問題であった。結局のところ、『私はウサギ』やほかの「ウサギ映画」の核心にあったのは、東ドイツや社会主義それ自体へのあからさまな攻撃ではなく、「社会主義リアリズムやメインストリーム映画の逃避主義的でイリュージョン的な性質よりも、前もって存在している現実性を指標的に記録することの方を好む[二五]」デーファの監督たちがとった、新しい経路であった。この意味で、これらの映画は、大衆娯楽文化に対抗するものとしてオルタナティヴで示唆に富む映画を作ろうとする、一九五〇年代と六〇年代のヨーロッパのニュー・ウェイヴというより大きな文脈に入れられるものである。たとえば、ユルゲン・ベトヒャーの『四五年生まれ』（一九六五年）はフランスのヌーヴェル・ヴァーグの「態度と姿勢の映画」を連想させるし[二六]、『私はウサギ』はその映像とサウンドトラックにおいてほかのヨーロッパ諸国のニュー・ウェイヴとスタイルが近似している。『私はウサギ』にはまた、ほかのニュー・ウェイヴ映画に頻出する技法が使われており、それはたとえば、主人公によるヴォイスオーヴァーのナレーション、時間を行き来する断片的なストーリー展開、マリアが観客をまっすぐ見つめるといった異化効果などである。

おそらく、東ドイツのニュー・ウェイヴのひとつとしての『私はウサギ』に見られる最も目立った兆候は、カメラマンを務めたエーリヒ・グスコの仕事に現れている[二七]。デーファ初期のドキュメンタリー映画製作における重要人物のひとりだったグスコは、『私はウサギ』のリアリズムに寄与した。同時に、グスコのカメラワークは、この映画がいかにニュー・ウェイヴの映画において名高い手法と戯れているかを、あきらかに示している。しばしば手持ちカメラの使用が目に留まるが、手持ちカメラは、登場人物たちの態度や動きやミザンセンにおける位置を、彼らの心の状態のスケッチへと巧みに翻訳する。たとえば、体育館で、マリアと彼女の練習の補助をする体育教師をカメラが捉えるとき、マリアのヴォイスオーヴァーのナレーションがその後に続く彼らの性的関係について語る。この例では、カメラは、教師がマリアを跳び箱から連続した動きのうちに自分の寝室のベッドへと導くショットで、ヴォイスオーヴァーで予告された性行為を再現する。プロットが時間を跳び越えるとき、出来事を総括するマリアの意識の流れによって、われわれは彼女の記憶を洞察することができる。グスコは低速度撮影でのこの映像つなぎを『私はウサギ』を通してくりかえし利用している。ときにそれは、わずかに位置を変えられたカメラの映像（マリアとダイスターの午後の散歩を撮ったロングテイクのあいだに季節や服装にあわせて変化する）やジャンプカット（村での裁判の場面）に変わり、観客を動揺させる。

こうした時間的連続性における断絶がイリュージョンを破壊しようとするカメラの例であるとすれば、パンやズームを伴う固定カメラによるロングテイクの使用は、反対の効果を達成する。すなわちそれは、観客を巻きこもうとするのである。物語の序盤で、台所にいるマリアの姿が見える。彼女はパン粉をこね、近づいている学校の試験のために叔母は彼女にロシア語の語彙のテストをしている。カメラはこの会話を捉えるのにショット＝切り返しショットというパターンを使わず、観客が距離をおいて見られるようなツーショットを好んでいる。戸口のベルが鳴り、マリアがそれに応えるために部屋を出るとき、カメラは場所を保持したまま、一八〇度のすばやいパンでマリアを追い、ふたりの女性と同じ部屋にいる観察者の視線を模倣する。それに続く約九〇秒のノーカットのシークエンスでは、われわれは台所でふたりの秘密警察官が執りおこなうマリアの尋問の証人となる。手持ちカメラはぐるぐるとパンをし、話し手に焦点をあわせ、彼らを部分的な横顔で捉えながら、すばやい動きで警察官とマリアと彼女の叔母の会話を追い、観客をその場面の行為に統合しようとする。映画全体を通して、カメラは類似の動きを繰り返す。たとえば、ディーターが裁判所の建物に入っていくのをマリアが見るとき、カメラは首を素早く回す動作を模した三六〇度回転撮影を用いている。マリアが大声で彼の名を呼ぶと、カメラはふたたび一八〇度パンしてディーターの姿を映し、少しとどまって、それからズームインする。

この事例では、グスコはドキュメンタリー映画の手法を採用し、出来事のペースに歩調を合わせようとするカメラによって、人生の出来事を捉えている。同時に、ドキュメンタリー的な性格は絶えず妨害される。たとえば、もともと断片的な物語が映画の時間的連続性を跳び越えたり、アクションが中断して、出来事についてのマリアの内的独白がヴォイスオーヴァーのかたちで聞こえてきたりする場合である。この映画の重要な場面のひとつ――マリアに猟銃を向けるパウル・ダイスターの妻との対決――では、ミザンセンは活人画となって緊張を高め、現実というイリュージョンを破壊する（図８・１）。政治的メッセージに翻訳すれば、こうした絶え間ない断裂の目的は、観客に対するメーツィヒの激励であり、それは、東ドイツ社会を批判的な目で再考することを、また、その硬化した構造から自ら

図8・1　アクションが凝固し、ダイスター夫人とマリアの活人画となる。『私はウサギ』(1:18:38)（ドイツ版DVDからキャプチャー）。

を解放するという目標をもって社会主義から抜けだすという、危険を伴うが必要な一歩を踏みだすことを、観客に促すものであった。

われわれが知っているように、この希望は第一一回総会によって崩壊した。『私はウサギ』と『泣いてなんかいない』の後、一九六五年とそれに続く数年のあいだに製作された映画やほかの芸術作品は禁止されたり、ほんの短いあいだだけ東ドイツの映画館で公開されて、それから永遠に葬られたりした。一九六五年の批判的監督の何人かはデーファを去り、東ドイツのテレビの仕事をしたが、一九七〇年代後半から八〇年代にかけて帰還を許され、現代社会を描く新しい映画群に寄与した。デーファを解雇されて永久に東ドイツを去った監督もいた――彼らの国籍離脱要求を政府が認めるまで数年待ってから。

デーファ映画にとっては、その流れのなかで動きを止められた映画がもつ潜在力を考えれば、損失はさらに大きい。一九六五年以降は自己検閲が批判的創造力の多くを押さえつけてしまい、それは一九九〇年代に最後の世代である第四世代が

「転換映画」を製作するまで続く。(二八) 映画企画を事前検査し、多様なレヴェルの国家装置としてそれを承認する、もともとすぐれて効果的だったシステムは、芸術家の「内的検閲」が批判的な題材に取り組むことを自制させるようになった一九六五年以降、ますます効果的になった。(二九) この映画群は最終的には復活したが、それは統一数ヶ月前のことだった。東ドイツ映画製作者連合はかつてのデーファ映画の「毒物保管庫」を開け、三五年の禁止の後に「ウサギ映画」を公開した。最初は映画館で、それからしばらくしてＶＨＳが販売され、統一ドイツでベストセラーになった。それ以来、映画史家のあるグループは『私はウサギ』をドイツ映画のオールタイムベスト一〇〇のひとつに選出しており、「ウサギ映画」がまちがいなくデーファ映画製作の焦点であったことがあきらかになってきている。

9　寝返り映画、デーファ・ミュージカル、ジャンル映画――『暑い夏』（ヨーアヒム・ハスラー、一九六八年）

ジョージ・クーカーの『マイ・フェア・レディ』は、一九六七年一〇月八日に東ドイツで公開された。それはデーファのミュージカル映画『暑い夏』の一年足らず前のことであった。ヨーアヒム・ハスラーの夏のブロックバスターが東ドイツの映画館に登場したのは一九六八年六月二一日のことであり、二〇〇万人を超える観客を魅了して、ハリウッド映画『マイ・フェア・レディ』の約二二五万人という観客動員数に迫った。（二）便利な上映場所、ティーンエイジャーやヤングアダルトが自己同一化できるストーリー展開、東ドイツの音楽チャートからのヒット曲とその歌手たちの主演、視覚的に魅力ある祖国としての東ドイツの提示、こうしたことすべてがあわさって、『暑い夏』はカルト映画として成功し、東ドイツ映画の時代を超えた古典となった。

物語は、バルト海で休暇をすごすティーンエイジャーのふたつのグループの夏の冒険を追っている。ヒッチハイクをしながら海岸へ向かうカール・マルクス・シュタット（統一後にはケムニッツという名称に戻った）出身の一〇人の男の子たちは、浜辺で数週間すごそうと考えて同じ方角に向かっているライプツィヒ出身の一一人の女の子たちのグループに出会う。男の子のグループと女の子のグループは、どちらが先に目的地に到着するか賭けをする。旅の途中で彼らの経路は何度も接近し、互いに相手の進行を遅らせようとする。目的地に到着すると、男の子たちは浜辺にテントを張り、女の子たちは地方の農家を一時的に寮に改装した建物の会議室に入居する。それから何日にもわたって、ふたつのグループはお互いにいくつもの悪戯をする。たとえば男の子たちは、寮にネズミを放して、女の子たちを怖がらせようとする。仕返しに女の子たちは、男の子たちの年齢と未熟さとをくりかえしからかう（まだ男とはいえない男の子たちについての歌のかたちで）。しかし、しだいにカップルができはじめ、ティーンエイジャーたちは自分たちのグループの人とよりも相手のグループの人と時間をすごすようになる。こうした関係のひとつはブリットとふたりの男の子カイとヴォルフとのあいだの三角関係に発展する。ブリットはカイに惹かれているが、ほかの女の子たちに挑発されて、彼女は家畜小屋でヴォルフと夜をすごしてしまう。噂が立ち、カイとヴォルフがブリットのことで喧嘩になると、彼女は家に帰る決心をするが、ヴォルフとのあいだに何もなかったことを話して、とどまることになる。最後にはブリットとカイはカップルになって、映画はハッピーエンドで幕を閉じる。

一九六八年のそのころまで、東ドイツ人は幸福を切に求めていた。というのも、東ブロックでは現実がそれとはほど遠い様相を呈していたからである。一九六八年の前半、アレクサンデル・ドゥプチェクの下での「プラハの春」と呼ばれる政治改革運動に続いて、チェコスロヴァキアで軍事的葛藤が迫っていた。ドゥプチェクの政治改革運動は国家の民主化を約束するものだったが、その代わりに、（ソ連が主導する）ワルシャワ条約機構の軍隊の侵入を招いてしまった。ソ連の行動は、分離主義は許容されないという、衛星国家に対する明確な警告であった。東ドイツでは、前年の第七回党大会で国家元首ヴァルター・ウルブリヒトが、社会主義統一党の覇権を明文化し、ソ連との政治的協力を再確認する、新憲法の起草を要求していた。一九六八年には新憲法が批准され、東ドイツはもはや民主国家ではなく「ドイツ国民の社会主義国家」であると宣言した。〔二〕この新憲法の文言は、ソ連と東ドイツの市民の両方に向かって、東ドイツが忠実な同盟者にとどまり、民主主義理念や自由選挙や西ドイツとの親善は政治的課題ではないことを、知らしめるものであった。

それゆえ東ドイツ人は、政治的現実に対処する手段として、熱心に映画にすがった。彼らは、東ドイツの政治的展開や日常生活に批判的な映画を探したり、現状からすっかり逃避しようとする映画を求めて、ますます増加していたデーファのジャンル映画に向かったりした。〔三〕ジャンル映画の製作は、いくつかの出来事がデーファの映画製作に大きな影響を与えた後で可能になった。第一に、一九五八年の映画会議によって、一九五三年のスターリンの死以降に出現した批判的な映画ばかりでなく、戦前の美学の痕跡を残す時代遅れになっていたデーファでの映画製作スタイルにも終止符が打たれた。[四] 第二に、一九六一年のベルリンの壁建設以降、西側から東ドイツへの映画輸入がおよそ一〇年間にわたって休止した。第三に、一九六五年の第一一回総会は、荒涼とした日常生活を描いたその年の長編劇映画をほぼ全面的に禁止し、東ドイツのニュー・ウェイヴになりえたいくらかポピュラーな映画の出現を押しとどめてしまった。[五] 公式の政治方針によれば、映画製作は、労働階級の役割を描くことで、社会主義リアリズムの原理にもっと忠実であるべきだった。禁止の結果として、デーファ映画の観客数はだんだん減少し、観客を映画館に向かうように促すことがきわめて重要な課題となった。そのひとつの反応として、ジャンル映画――SF、西部劇、ミュージカル――の製作にますます焦点があわせられるようになった。

　ミュージカル映画はドイツ映画のなかで人気ある伝統であり続けた。[六]「レヴュー映画」はトーキー映画が導入された一九三〇年にすでに作られ始め、ナチ時代を通して継続した。とりわけ第二次世界大戦中には、銀幕上でうっとりさせるようなもうひとつの虚構の生活を創造して、戦争の現実からドイツ人の心を紛らわすために、大量のミュージカル映画が製作された。ナチに統制された中央集権的複合企業ウーファは、ミュージカル作品を次々に製作し、そうした豪華な作品でツァラ・レアンダーやマーリカ・レックといった有名な歌手に主役を演じさせることによって、政治的気晴らし戦術としてのミュージカル映画の手法を完成させた。こうした歴史的な理由のため、デーファは製作初期においてこのジャンルに手を出さず、瓦礫映画を作ることで、過去との根本的な訣別を表明し、新しいスタジオと形成途上の東ドイツ国民にとって同一化の要因となる反ファシズムの物語を確立した。[七] しかしながら、自分たちの作品の基礎となる資金を集めるために、デーファはたくさんのナチ時代の未完成レヴュー映画に頼らなければならなかった。[八] 一九四四年にナチ統制下のテラ映画社が製作に着手していた『こうもり』（ゲーザ・フォン・ボルヴァリー、一九四六年）をデーファが完成させた後、一連のいわゆる「寝返り映画」が、デーファの反ファシズム的見解を推進する映画を撮影するための財源を提供した。ここに、われわれはデーファの綱渡りを目の当たりにすることになる。すなわち、独自の映画製作スタイルを作りだそうと試みる一方で、主に娯楽や気晴らしの手段として映画に関心がある観客の要求も満たさなければならなかったのである。しばしばミュージカル映画は教訓的な瓦礫映画よりも多くの観客を引きつけた。

それゆえ、早くも一九四九年には、このスタジオはミュージカル映画を作る――あるいは少なくとも映画に音楽を含める――さまざまな戦略に乗りだし、『フィガロの結婚』（ゲオルク・ヴィルトハーゲン、一九四九年）、『ウィンザーの陽気な女房たち』（ゲオルク・ヴィルトハーゲン、一九五〇年）、『皇帝と大工』（ハンス・ミュラー、一九五六年）などのオペラ映画が製作された。最後のオペラ映画『さまよえるオランダ人』（ヨーアヒム・ヘルツ、一九六四年）の後は、東ドイツのテレビがこのジャンルを引き継いだ。東ドイツの批評家は階級意識を欠いた「大予算企画」[九]に眉をひそめたが、デーファは『騒々しいメロディ』（エーリヒ・ヴィルヘルム・フィードラー、一九五五年）（『こうもり』の映画化）や七〇ミリ技術を使った『地獄のオルフェ』（ホルスト・ボネット、一九七三年）（オッフェンバックのオペレッタの映画化）といったオペレッタにもとづくミュージカルを撮った[一〇]。

一九五〇年代後半になると、流行歌映画とミュージカルが、伝統的なオペラやオペレッタにしだいにとって代わった。レヴュー映画の現代版である流行歌映画とミュージカルは、映画のなかで流行歌を披露することで、圧倒的に若者が多い観客を楽しませようとした。こうした映画の皮切りとなった『妻は演奏家』（ハンス・ハインリヒ、一九五八年）の後、『真夜中のレヴュー』（ゴットフリート・コルディッツ、一九六二年）などが続いた。ミュージカル『愛しのおまわりさん』（ゴットフリート・コルディッツ、一九六四年）は、いまなおデーファで最も人気のある映画のひとつである。一九六八年に、ヨーアヒム・ハスラーは『暑い夏』でふたりの現役ポップスターであるフランク・シェーベル（カイ役）とクリス・デルク（シュトゥプシ役）を主役に起用して、大ヒットをとばした[一一]。このジャンルの作品が人気を博したにもかかわらず、デーファは「存在した四五年間にミュージカル映画をわずか一ダースほどしか」製作しなかった[一二]。この数は少なすぎるようにみえるかもしれないが、デーファがこのジャンルを軽視していたことはあきらかであり、そのことは、映画学校でミュージカルが公式に教えられることが少なかったことや[一三]、『暑い夏』の爆発的な成功を追う続編『インチキはなしよ』（ヨーアヒム・ハスラー、一九七二年）の製作が遅れたことが証明している。要するに、デーファが最後のミュージカル映画『ツィレと私』（ヴェルナー・ヴァルロート）を製作する一九八三年にいたるまで、ミュージカル映画はずっと問題含みだったのである。

デーファのミュージカル映画が問題含みだったのは、それが「曖昧な非政治的娯楽」という性格をもち、それゆえ政治方針とくりかえし衝突したからだろうか？（一四）答えは簡単ではない。古いナチの伝統の継続のようにみえたにもかかわらず、東ドイツのミュージカル映画は生きのびたからである。その後の一九五〇年代の映画の場合は、西ドイツの人気ジャンルである「郷土映画」の変種のようにみえたし、一九六〇年代には、西ドイツの映画作品のほぼ四分の一を占めていたポップ映画の翻案のようにみえた。（一五）実際、デーファにとってミュージカル映画は、偽装したかたちで社会主義の理念を東ドイツ人の若者に提供できる便利な方法であった。『暑い夏』でさえこのような解釈を誘う。というのも、プロットやほかの表徴が、この映画には東ドイツのティーンエイジャーたちの心を揺さぶることを意図したサブリミナル・メッセージが溢れていることを示しているからである。エスタブリッシング・ショットは、東ドイツを近代的で発展した国家として示すことで、この政治的メッセージを導入する。一九六五年に禁止された映画群が、不幸な人々が憂鬱な生活を送っている灰色のさえない国として東ドイツを描写していたのに対して、（一六）『暑い夏』が提示するのはその正反対のものである――それは快活な精神と幸福が溢れる牧歌的風景の国であり、若者たちにはあまたのチャンスが転がっている。この映画の大部分は、東ドイツ人の海の休暇の人気スポットであるバルト海で演じられる。少年たちと少女たちが出会うライプツィヒの都会的雰囲気の場面は、注目に値する。ビル、建築物、環境、インフラといった間接的な提示が、成功した住みやすい社会主義社会である東ドイツという概念をいかに伝えるかが、最もよくわかる場面だからである。東ドイツはいまや戦後の再建期を乗り越えて、独立した国家になったというのである。

『暑い夏』の冒頭で、最初は女の子たちの、次に男の子たちのティーンエイジャーのグループが、映画のタイトル曲を歌いながら、ライプツィヒの主だった公共空間を踊り抜ける。カメラはまず、好天の下、人々と交通で賑わう色鮮やかな広場を捉える。それから右にパンして広場の残りを映し、最後には噴水のところで止まる。カメラが市の新しい郵便局の正面に立つ若い女性にカットすると、伴奏のサウンドトラックがテーマ曲につながるビートを打ちだし、その女性、つまりシュトゥプシはテーマ曲を歌い始める。ジャンプカットの後、ふたりの若い女性が加わって次の一節を歌い、最後には一〇人になって、ライプツィヒのオペラ座の前で歌の一番が終わる。間奏の後、若い男性のグループが登場して、女性たちの振り付けを少し変えて踊りながら、歌の二番を歌う。この間にカメラはティルトアップし、ゆっくりパンして、市の中心部にある、表向きは最近改修されたことになっている保存状態のよい歴史的建造物を映す。

登場人物紹介に加えて、このシークエンスは、バルト海への旅の出発点として国際交易都市ライプツィヒを利用することで、東ドイツにとってショーケースの役割を果たしている。改修された建造物、いたるところを走る最新式の公共交通機関としての路面電車、かなりの数の自家用車からなる全体のミザンセンは、一九六八年には東ドイツは、国民に高いレヴェルの贅沢を提供できる近代的な社会主義社会となったことを示唆している。プロットはこの考えを後に夢のシークエンスでとりあげるが、そこでは、ティーンエイジャーのうちのふたりが東ベルリンの高級ダンスクラブ「モスクワ」の屋上で踊るのである。

バルト海への旅行は、東ドイツのティーンエイジャーの定番の娯楽であるようにみえる。つまりそれは、社会を標準化し、休暇に旅行をする自由をもっている西側諸国の市民と同等にするものである。こうして、その当時の東ドイツ人にとって、一九六一年にベルリンの壁が建設されて以来、旅行がきびしく制限されていたにもかかわらず、東ドイツのティーンエイジャーたちには世界が開かれているようにみえたのである。さらに言えば、外国へ旅行しなくても国内で同じように楽しめると、『暑い夏』は観客に提案しているのだ。夏の休暇を自国ですごす幸福な東ドイツの若い世代、というメッセージを伝えること自体が容易なものではないが、それをミュージカルのかたちに収めることは、さらに一筋縄ではいかないことだった。後にあきらかになったように、東ドイツの批評家たちのなかには、ミュージカル映画というジャンルを用いて社会主義の軽率な面を見せたこの映画を嫌う者もいた。その一方で、観客は心からこの映画を受けいれた。なぜなら、この映画は消化しやすく、とても愉快で——ほかの重々しいデーファ映画からの歓迎すべき小休止となったからである。

着手時から、『暑い夏』は、デーファ映画への観客の新しい同一化の達成を目標にしていた。この映画のためのマーケティングは早くから関心をかきたてた。この映画が映画館でヒットし、キャンプ場や野外フェスティヴァルで上映されるより前に、東ドイツのレーベル「アミーガ」が、フランク・シェーベルとクリス・デルクというこの国のふたりの大ポップスターが歌う映画音楽のレコードを発売していたためである。さらに彼らを主役として映画に登場させることで、おなじみのポップスターの顔とヒット中の曲とによって大衆を喜ばせようとしたのであり、偶然任せだったものは何もなく、この映画が東ドイツの夏のブロックバスターになるように目論まれていたことはあきらかである。

ゲルトとトーマスのナツィンスキー父子によって作曲された楽曲もまた、『暑い夏』が観客動員数の減少で停滞していたデーファ映画の回春剤として構想されていたことを示している。ゲルト・ナツィンスキーはまちがいなく最も著名な作曲家であり、覚えやすいメロディの曲で知られ、一九五〇年代以降はデーファの映画音楽を手掛けていた。東ドイツの政治構造にしっかりとりこまれていたこともあり、彼に新しいミュージカル映画を担当させるのは理にかなった選択であった〔一七〕。彼の息子トーマス・ナツィンスキーは、当時まだ、ベルリンにあるハンス・アイスラー音楽大学の作曲科の学生だったが、東ドイツの音楽シーンにすでに深くかかわっていた。トーマスはドイツ語ロックバンド「チーム４」の創設メンバーであり、西ドイツからやってくる英語の歌に対抗する国産の曲を演奏していた。一九六五年の文化的変革によってポップバンドやロックバンドが禁止され、厳しい認可手続きが要求されるようになると、「チーム４」は「トーマス・ナツィンスキーとその仲間」と改称し、公式に認可を受けた文化政策支持者としてライセンスを得た〔一八〕。したがってトーマス・ナツィンスキーとゲルト・ナツィンスキーは、一九六〇年代後半においてポピュラー音楽にかんして東ドイツが提供できる最高のコンビであった。政治的従順さが保証されていたうえに、上述した諸要素の組みあわせは、成功を間違いないものにしていたのである。

さらに、ヨーアヒム・ハスラーにこのミュージカル映画の監督を任せたことは、『暑い夏』が社会主義のメッセー

図9・1　モダンな東ドイツ——服装は慎み深い——における海辺へのヒッチハイク。『暑い夏』(0:04:20)（ドイツ版DVDからキャプチャー）。

ジを推進するものであったことを示している。もともと彼は、デーファの有名な社会主義監督であるクルト・メーツィヒのカメラマンとして働いていた。監督としてもハスラーは政治に同調する映画を作ったが、そのひとつ『ある殺人の記録』（一九六五年）によって彼は、西ドイツにおいて「反西ドイツ映画の専門家」[一九]だとみなされるようになった。『暑い夏』のために、ハスラーはミュージカル映画のジャンルを祖国としての東ドイツの描写で枠づけた。彼は歌と踊りと情熱的で喜びにあふれたティーンエイジャーたちとをたっぷりと取りいれたが、それは東ドイツ建設の長くて困難な時期がいまや完了したことのしるしであった。実際、バルト海へと旅行するティーンエイジャーたちは、戦後の社会主義東ドイツに生まれた最初の世代に属している。一九四九年に建国された東ドイツと同様に、ヤングアダルトとなった彼らは、戦争とファシズムの脅威から免れ、気ままに人生を楽しむことを許してくれる国家で、立派に成長したのである。同時に、社会主義社会のなかで自分の限界を試すことが、成長中の社会主義者の成熟にとって重要になった。ティーンエイジャーたちのあいだの会話は、集団の一部であることの価値についての彼らの感情を表している。彼らはまた、臆病者のように逃げだしたりしないようにお互いに訴える（おそらく、いまや西ドイツとの国境が閉じたことへの言及であろう）。集団のダンス場面で、彼らは「素朴な振り付け」[二〇]を披露しているのではなく、平等、相互尊重、リーダーシップの否定——デルクとシェーベルが演じる登場人物が最後に結ばれないのはこのためかもしれない——などを提示することで、映画を社会主義のミュージカルに変容させる。この映画に浸透しているムードは軽佻さであって、もはや戦後に子どもだった前の世代が示した反逆ではない（二二）。それどころか、ティーンエイジャーたちは農場や港で日々の雑用をこなし、一九六八年の西ドイツの若者たちのようにセックス革命に走ることもない（家畜小屋の夜も、詩の朗読をしただけだということがわかる）。そして彼らのモダンなファッションの選択（図９・１）も、親たちに不安を抱かせるようなものではない。『暑い夏』は理想的な東ドイツを提示している——それは、いまや休暇の海辺を舞台にした映画さえ簡単に成立するような国である。

10 さらなるジャンル映画、「赤い西部劇」、東ドイツにおけるスターの座――『アパッチ』（ゴットフリート・コルディッツ、一九七三年）

　怪しげな外観――初めて東ドイツの映画に遭遇した際の、たいていの人の第一印象――は、しばしば、その映画が予想に反して面白く、楽しめるものだったという承認に道を譲る。デーファが西部劇、すなわち、「アメリカ史とイデオロギー――そして西部劇ジャンルそれ自体――を反映し、詳細に吟味しうる、洗練された形式へと［……］成長してきた」映画ジャンルに取り組んだ流儀も、東ドイツの劇映画が共産党の政治的目標にどれほど深くかかわっていたかを、またもやあきらかにしている（一）。デーファにおいてジャンル映画は、しばらくは、ハリウッド流の映画製作との近接性のために、また、社会主義リアリズムや政治的教訓主義の欠如のために、疑わしいものと目されてきた（二）。冷戦絶頂期のいくつかの出来事が意識改革をもたらした。すなわち、一九六六年から一九七九年のあいだに、デーファは一ダースの西部劇を製作し、ブロックバスターとなったのだ。これらの映画とともに、ゴイコ・ミティチはスター俳優となり、一九七三年に彼の八作目の西部劇『アパッチ』を製作したころには、東ドイツ映画界で最も称讃すべき顔ぶれにランクされていた。おそらくさらに重要なことは、これらの物語とミティチという映画スターが、期待の大きい「インディアン映画」（アメリカ先住民についての映画）を見るために、観客を映画館に連れ戻したことである。「インディアン映画」はデーファの「赤い西部劇」として知られるようになり、そのうちの七本は三〇〇〇万枚以上のチケット売り上げを記録した（三）。

『アパッチ』は簡単にこの地点を越え、三八〇〇万枚のチケット売り上げで（東ドイツの人口はおよそ一七〇〇万人）、東ドイツのすべての西部劇の五位にランクしている。この偉業は、この映画が一九七三年に公開されたことを考慮すれば、ますます重要なものに思えてくる。それはすなわち、東ドイツの新しい国家元首であるエーリヒ・ホーネッカーが、芸術におけるタブーの題材の終了を宣言するとともに、非共産主義の国々から東ドイツの劇場への映画の輸入にかんしてより柔軟な政策を導入してから、二年後のことだった。(四)映画から観客を吸いとるテレビのマーケット・シェア拡大にもかかわらず、『アパッチ』の魅力的な質の高さと、アメリカ先住民の物語に対する観客一般の不滅の関心が、アパッチ族を扱った二部作の最初の作品であるこの映画の人気をあおり、東ドイツ国民を映画館へと呼び戻した。(五)

『アパッチ』は実話にもとづいている。それは、一八三七年にニューメキシコのサンタ・リタにある鉱山地域で起きた、ジョンソンによるアパッチ大虐殺である。(六)映画のプロットは、この大殺戮について伝説となっている次のような話にしたがっている。アパッチ族は、サンタ・リタでの歳の市に向かう準備をしている。彼らはそこで、メキシコ移住者に与えた銅山の権利との交換の支払いとして、肉(映画冒頭の酋長ナナの言葉によれば、柔らかいビーフステーキ)と袋に入った小麦粉を受けとることになっている。毎年、メキシコ人はこの権利の更新を祭りで祝うが、映画の観客は、飲み放題のメスカル酒によって、この祭りがアパッチの戦士たちが回復するのに何日もかかるような大酒宴となっていることを知る。ところが、この年は、地質学者でアメリカ企業の代理人であるジェイムス・ジョンソンが、この地帯で見つけられると彼が睨んでいる銀鉱に近づくために、祭りの期間にアパッチ部族を虐殺する計画を立てている。彼はサンタ・リタに大砲を運び、アパッチ族が市場の開かれる広場に集まって袋に入った小麦粉を分配しているあいだに、アメリカ人の共犯者と数人のメキシコ移住者とともに、アパッチ族に向けて大砲を発射する。彼らはまた、アメリカ原住民の頭皮にかけられていた報奨金で金儲けしようと、逃げだすアパッチをできるだけたくさん撃とうとする。若いアパッチのウルザナは、以前にアメリカ人に遭遇したことがあり、奇襲がありうることをナナに警告していたが、聞き入れられなかった。彼は、生き残った数人の戦士とともに、その場を脱出する。ウルザナは、サンタ・リタを襲撃することによって復讐を遂げ、メキシコ人たちを解雇させる。アパッチ族は捕虜にしたジョンソンを放置したままにして死なそうとする。しかし、合衆国軍がサンタ・リタに到着し、かろうじてジョンソンの命を救う。アパッチの攻撃への報復として、ジョンソンはウルザナを捕虜にし、彼を鞭で拷問する。アパッチの残党は、ウルザナを解放すると、建物に火を放ち、アメリカ人たちをその地域から追いだす。ウルザナは最後の戦いでジョンソンをナイフで刺し、建物に放置して焼死させる。かくして、少なくとも一時的に、この地域におけるアフリカ先住民の支配権が回復されるのである。

『アパッチ』が公開される六年前に、デーファはこの西部劇という新しいジャンルをいかに大衆化するかについて学んだが、その際に参照されたのは、『金星ロケット発信す』(クルト・メーツィヒ、一九六〇年)を生んだSFジャンルでの成功であった。最初の「インディアン映画」(七)のために、デーファは東ドイツの歴史家リーゼロッテ・ヴェルスコプフ＝ヘンリヒの人気小説『偉大な雌熊の息子たち』(一九五一年)を選んだ。ヴェルスコプフ＝ヘンリヒの物語の映画化は、その娯楽性によって、すぐに観客のあいだで成功を収めた。さらにこの映画は、教育的機能も満たしていた。というのも、アメリカ先住民大虐殺にいたることもあった合衆国(白)人の進歩観や貪欲さを、あからさまに批判していたからである。この耳障りなメッセージのために、「インディアン映画」は、第一一回総会での東ドイツの芸術をめぐる政治的議論の影響を受けずにすんだ。それどころか、「ウサギ映画」の禁止によって、一九六六年公開の『偉大な雌熊の息子たち』に、より多くの観客が集まることになったともいえよう(八)。

少なくともその成功の一因であり、おそらくは「インディアン映画」を見る際の最も強い魅力となっていたのは、主演男優のゴイコ・ミティチであった——彼は体格のよいセビリア人で、『偉大な雌熊の息子たち』の後、スターになった。映画ファンは、『アパッチ』において、この映画のふたりの脚本家であるコルディッツとミティチ自身が、いかにミティチのエキゾティシズムを視覚的快楽としてプロットに取りいれているかを見てとった(図10・1)。くりかえし現れるミティチのセミヌードとその頑強な肉体は、すでに以前の映画で刺激されていた観客のエロティックな期待を満たした。それに加えて、彼がかつて西ドイツで仕事していたこと、スタントを自分でこなすことへの彼のこだわり、彼のエキゾティックな(白人ではない)肉体が、東ドイツの「観客のお気に入り」システムのなかで彼を

図 10・1　ゴイコ・ミティチが演じる「デーファのインディアン酋長」のエキゾティックな身体は、東ドイツの観客に視覚的快楽をもたらした。『アパッチ』(1:13:12)（ドイツ版 DVD からキャプチャー）。

際立たせた。（九）「デーファのインディアン酋長」という彼の非公式のニックネームは、きわめて雄弁である。デーファは、ミティチを、東ドイツ映画の国際性を代表するフェティッシュな対象にしたのである。

ほかの「インディアン映画」と同様に、『アパッチ』は、西部劇のジャンル因襲のほとんどを保持している。すなわちそれは、ワイドスクリーンによるパノラマ的景観の美しいロングテイク、未開の荒野での生活の起伏を表現する音楽スコア、生き残りをかけてキャンプファイアーに集う武骨なカウボーイたち、カウボーイや合衆国軍やアメリカ先住民たちのあいだの銃撃戦や頻繁に起こる戦い、さらには、主人公と悪漢の決死の「撃ちあい」などである。白人（ゲイリー・クーパーやジョン・ウェインが演じる）を英雄にしたジョン・フォード流の「西部劇」とは対照的に、「インディアン映画」は先住民に有利な立場から物語を語りなおす。植民者から被植民者へと視点を移すことで、監督のゴットフリート・コルディッツ、彼の共同脚本執筆者であるゴイコ・ミティチ、そしてロータール・クライス芸術作業グループのほかのメンバーは、アメリカ先住民の文化や習慣により多くの注意を向けることが可能になり、西部劇にいきわたっている「赤い野蛮人」というイメージに異議申し立てを挑むような、バランスのとれた西部像を提供することになった。（一〇）『アパッチ』の最初の五分間は、アパッチ族と大地との調和的で平和な共存の描写に完全に専念している。われわれの目に映るのは、平原や丘陵や山地の数多くのパノラマ的ショットであり、そこに、馬に乗ったアパッチ戦士の一団、渓谷を流れる川、おそらく食料を得るために小さな罠を仕掛ける戦士――後にウルザナだとわかる――を映したシークエンスがはさまる。言葉は一言も発せられない。その代わりに、主にフルートとドラムによって演奏される、アメリカ先住民の音楽を想起させるスローな旋律が、アパッチ族がこの一帯の正当な住民である、というわれわれの感情を強化する。ウルザナが罠を仕掛ける場面では、アコースティック・ギターの伴奏による快活なフルートの音色が、われわれの感情をこの戦士に近づけ、彼は一連のクロースアップやロングショットでわれわれに紹介される。突然、白人移植者の到着を告げる、不協和音と乱れたメロディの速いテンポの音楽主題によって、この平和は中断される。このシークエンスにおいて、対立は明確に特徴づけられている。すなわち、『アパッチ』においては、アメリカ先住民は善であり、白人移植者は、この土地に対する正当な権利をもたない、悪しき侵入者である。ほかの「インディアン映画」と同様に、『アパッチ』は、たいていの西部劇の世界をひっくり返し、映画学者フェラ・ディーカが言うように、「文化的・歴史的に鳴り響くドイツ的要素と若干のアイロニーを含むアメリカ西部劇のコピーであり、純然たるパロディ」となっている（一一）。

東ドイツで生まれた最初の「インディアン映画」である『偉大な雌熊の息子たち』についての分析において、ディーカはインディアン西部劇を「再神話化」として読むことを提唱した。「すなわちそれは、歴史の特定の時代の時期の特定の人々にあわせて、新たな神話を語るための、既成のジャンル因襲の改革であり、ジャンルの形式と変奏のほとんど完全な再提示によって達成される（一二）。」実際、その表面下に存在する政治的意図の産物として『アパッチ』にアプローチすることもまた、意味のあることである。アンドレ・バザンが「最もアメリカ的なアメリカ映画」と呼んだジャンルをデーファが手中に収めたとき、アメリカ先住民をその西部劇の主人公とすることによって、パースペクティヴの転換が行なわれた（一三）。先住民とヨーロッパ人との葛藤を被抑圧者からの観点から語りなおすことで、（白人）北米入植者の覇権が疑問に付され、社会主義モラルの優越性をより一般的に納得させるための多くの機会がもたらされる。北米の帝国主義に同じように脅かされている存在として、東ドイツ人とほかの社会主義国民は、いまやアメリカ先住民の精神的兄弟となるのである（一四）。

『アパッチ』は、デーファとルーマニアのブフテアとソヴィエトのモスフィルムとの共同製作作品で、ドイツ人ではない多くの俳優を起用している。たとえば、ミティチとミラン・ベリ（ベリはアメリカの悪人ジョンソンを演じた）はユーゴスラヴィア人、ラモン役のレオン・ニムチクはポーランド人、ナナ役のコレア・ラウトゥはルーマニア人、さらに、ほかのルーマニア人俳優たちがアパッチ族を演じている。こうした国際色豊かなキャストを通して、「インディアン映画」は、内容（被抑圧者への共感）と制作環境の共有（ほかの社会主義国との共作）という点で、国際的連帯の手段へと転じた。『アパッチ』のロケ地の選択においても、デーファが連帯に関与していることが認められる（一五）。カラクム砂漠（トゥルクメニスタン）とサマルカンド（ウズベキスタン）をロケ地にすることで、風景や外観における既視感を確保し、これらの場所を社会主義国の人々になじみやすいものにしたのである（一六）。『アパッチ』のストーリーはニューメキシコで起こったものかもしれないが、デーファ「インディアン映画」の観客はユーゴスラヴィアやソヴィエト連邦の風景に非常に馴れ親しんでいたので、もしオリジナルの舞台の映像を用いれば、本物ではないと感じて低い評価を下しただろう（一七）。本質的に、「インディアン映画」は、東ドイツ人演じる登場人物、ヨーロッパとアジアでのロケ、そして「ひねりの効いた」プロットを、真正のものとして観客に受けいれさせることによって、成功を収めた（一八）。さらには、東欧諸国のスタジオや人員やロケーションとかかわることで、デーファ西部劇は、これらの国々に首尾よく輸出できるジャンルとなったのだ（一九）。

技術的細部へのこだわりもまた、デーファ西部劇を「真正の」ジャンル映画として受容させる手助けとなった。『アパッチ』はトータルヴィジョンで撮影されており、合衆国のシネマスコープ・レンズ・システムのライセンスを得るのを避けるために開発された、東ドイツ製のアナモルフィック・レンズが使用された（二〇）。そのころまでにパナヴィジョンが古いレンズに大部分とって代わっていた合衆国とは異なり、デーファは、七〇ミリフィルムでの撮影と国内の映画館の改造が高くつきすぎることがわかったため、財政的理由からトータルヴィジョンを使い続けた（二一）。どの西部劇もそうだが、『アパッチ』もまた、映画のアスペクト比から恩恵を受けており、それによって「西部の荒野」の風景の美しさを捉えるパノラマ・ショットが可能になっている（二二）。冒頭の五分間において、乏しい植物相、緩やかな丘陵、川の急流などの長回しが観客を魅了し、チワワ砂漠を馬で駆け抜けるアパッチ族の集団を追うためにしばしばゆっくりパンしながら、カメラは何度となくこの景観に戻ってくる。この土地の広大さを語るナナのヴォイス・オーヴァー（「アパッチの土地は広い」）に伴われて、カメラは極端なロングショットで馬上のアパッチ族を小さな点として捉える。そして、続く場面でいくらか近づいた後も、カメラは依然として戦士たちから十分な距離を保っており、広大な雰囲気が維持される。ほかの例を挙げると、アパッチ族がジョンソンを追跡したり、メキシコ人がサンタ・リタを去ったりするような場面では、カメラマンのヘルムート・ベルクマンは、馬の背に乗った者たちを追おうとパンしたときに、魅惑的な映像を内容のために犠牲にすることなく、広い地平線や山岳地帯を捉えられるような仕方でカメラを据えている。西部劇のための本当らしい舞台を作りだすことに加えて、こうしたパノラマ的景観は、一部の東ドイツ人たちにとって、旅行の代用品の役割を果たした。旅行制限によって、国外旅行は東ドイツ市民のうちでも信頼のおける市民とみなされた一部の者にのみ許されていたために――その場合でも行けたのは社会主義国のみ――、西部劇は、彼らの心のなかで、合衆国のような彼方にあって到達できない場所へと旅をする手段となったのだ。

「インディアン映画」の受容はまた、（西）ドイツの伝統や影響との二元的関係を通して解読されねばならない。ドイツのアメリカ・インディアン熱は、「インディアン映画」よりもずっと前から始まっていた。一九世紀後半、作家カール・マイは彼の分身の「西部の荒野」での冒険についての架空の物語を出版した[二三]。その大衆小説を書いている時点でいちどもその地に行ったことがなかったにもかかわらず、アパッチ族とその酋長ヴィネトゥの側に立って正義と人間性のために闘うドイツ人冒険家オールド・シャターハンドを描くマイの作品は、大規模なファンを獲得し、今日にいたるまでたくさんの読者が彼の物語を求めている[二四]。西ドイツの読者はマイの本を非常に大量に購入したので、西ドイツの映画会社リアルトは、最初の西部劇『シルバーレイクの待伏せ』（ハラルト・ラインル監督、一九六二年）を映画化した[二五]。これはマイの同名小説にもとづくもので、続編が次々に作られ、いずれも大ヒットした。しかし東ドイツでは、マイ作品は出版・販売されておらず、公共図書館は熱狂的愛国主義と人種主義を理由にマイの本を取り除いていた[二六]。さらに、東ドイツでは、マイの本は一九八二年に復活出版されるまでは印刷されず、この年の一二月まではマイ映画の上映も行なわれなかった(二七)。つまり、一九六〇年代前半には、アメリカ先住民の文化は東ドイツの銀幕では見られなかったのである。

それにもかかわらず、東ドイツ人は依然としてアメリカ先住民の文化をきわめて想像力豊かなやり方で讃美していた。たとえば、マイ映画を見るために、チェコスロヴァキアやほかの東欧諸国に旅行する者もいた(二八)。他方、自家製のテントに集まって週末をアメリカ先住民のようにしてすごす「部族」活動クラブを組織する者もおり、それは東ドイツ全土に広まった。ドレスデン近郊のラーデボイルの「オールド・マニト」（一九五八年創設）、マイセンの「ダコタ」（一九六一年）、マクデブルクの「ジーベン・ラーツフォイアー」（一九六三年）といったクラブは、東ドイツの文化団体とみなされ、国家が組織する公式なイヴェントやパレードや祝典で活動した(二九)。

それでも、ベルリンの壁建設によって西ドイツ映画の輸入が中止されており、リアルトが西部劇ブロックバスターを製作した時点では、こうした熱狂にとって空隙が生じていた(三〇)。いまやデーファが、輸入停止によって生じたギャップを埋める、社会主義的なポピュラー・ジャンルを供給すべき時期であった。クルト・メーツィヒ監督は、一九六〇年にジャンル映画を含めた社会主義の映画製作の再考を要求していた。それは、とりわけ、西ドイツのテレビが映画を放映して、ほとんどの東ドイツ市民がそれを家庭で見られるようになったいま、東ドイツの映画は、さまざまなジャンルのごった煮を発展させなければならない、というものであった(三一)。赤い西部劇はそのようなジャンルのひとつになった。そうした欠乏に対処し、あくまで「共産主義教育［……］と大衆組織の道具」という映画原理にしたがった社会主義志向の娯楽で地元の観客を魅了することが思い描かれたのである(三二)。

11　ジェンダー、階級、セクシュアリティ――『パウルとパウラの伝説』（ハイナー・カーロウ、一九七三年）におけるタブーの終焉

一九七一年、東ドイツの新国家元首エーリヒ・ホーネッカーは芸術におけるタブーの終焉を宣言し、社会主義に対する批判的アプローチの歓迎を表明した。この変化の前であれば、東ドイツの現代社会を痛烈に批判したハイナー・カーロウの『パウルとパウラの伝説』のような映画は、検閲を通過することはできなかっただろう。しかしながら、タブーの根絶のおかげで、この映画は一九七三年に公開されることになった。そのプロット――働くシングルマザーと社会主義統一党の将来有望な党員との大人の関係をめぐる、ときに視覚的に混乱させるようなラヴストーリー――は、誇張したパフォーマンス、難解な夢のシークエンス、象徴主義、ロックミュージックを結びあわせてできたごった煮で、新しいスタイルの映画へのデーファの出発を告げるものであった。超現実的な場面、私的な領域に国家が侵入していることの暴露、社会主義における偽善的ふるまいに対する執拗な挑発、スクリーン上でのセックス描写などによって、確実に観客を引きつけようとしている。いくつもの二分法を中心に構成された『パウルとパウラの伝説』は、ジェンダーと階級に対する東ドイツのアンビバレンスを示唆するラヴストーリーである。

パウルとパウラの物語は一連の不幸な関係からなる。彼らは近所に住む隣人どうしだが、ファーストネームがよく似ていること以外には、共通点はほとんどなさそうである。パウルはキャリアの階段を昇ろうとしている政府の小役人で、東ドイツの政治システムが用意した規範や境界にしたがって暮らしている。彼は、美しいが、浮気を繰り返す愚かな女性と結婚している。自分の地位ゆえに、彼は妻と離婚することができないし、別居することさえできない。

そんなことをすれば自分の評判ばかりでなく、党の評判に傷をつけることになるからだ。パウルが通りの向こうに住む隣人パウラにバーで会ったとき、パウラは多くの点でパウルと正反対であったにもかかわらず（あるいは、それだからこそ）、ふたりは恋に落ちる。ジェンダーの相違――東ドイツは建前ではジェンダーの相違を克服して女性解放を達成したことになっていたため、それはたしかにこの映画で中心的な役割を演じているのだが――はさておき、パウラは社会的に恵まれていない。彼女が住んでいるのは古びたアパートで、そこには、パウルが暮らす通りをひとつ隔てただけの近代的な新築アパートにある、セントラルヒーティングや浴室といった設備がない。彼女の仕事もパウルの仕事とはまったく対照的である。パウラは食料品店のレジ係という「典型的な」女性の職業に就いているのだ。家では、彼女は父親の異なるふたりの子どもの母親である。パウルとの数少ない類似点のひとつは、彼女が不幸な愛情生活を送っていることである。ふたり目の子どもを出産して病院から帰宅すると、恋人が別の女性とベッドにいるのを見て彼女は驚く。このときから、彼女はシングルマザーとして子どもたちを育てている。中年の裕福なビジネスマンであるザフト氏がプロポーズしてきたとき、最初のうちは子どもたちの将来のために彼女はこの申し出を受けようとする。それが変わるのは、パウルが彼女の人生に現れてからであり、ある一夜をふたりですごしてからは、彼女はパウルと一緒に暮らすことを希望するようになる。しかし、パウラのパウルへの愛が無条件のものであるのに、パウルは妻となかなか別れることができず、パウラは意気消沈する。彼女の子どものひとりが事故で死んでしまうと、パウラは自分を責め、パウルと別れる。このときになってパウルは、パウラとの将来のためなら自分がなんでもする気になっていることに気づく。彼は自分の持っている贅沢品をすべて投げうち、彼女の愛のために闘う。ついにパウラはパウルを取り戻し、パウラの体はもう出産に耐えられないと医師が警告したにもかかわらず、ふたりは子どもを産むことに決める――そして、パウラは出産後すぐに死んでしまい、パウルは子どもたち三人とともに残される。彼女の娘と、彼の息子と、彼らふたりの子どもである。パウルへの愛のために死の危険を冒す彼女の犠牲ゆえに、また、パウラや子どもたちと暮らすためにキャリアを捨てる彼の決心ゆえに、彼らの物語は伝説的なものとなる。

ある批評家によれば、『パウルとパウラの伝説』は「素朴な労働階級の女性と堅苦しい政府役人とのあいだの不幸な恋愛物語であり、東ドイツでカルトヒットとなった。[一]」東ドイツでの受容状況にかんしていえば、この映画は一九七三年という時代の琴線に触れ、公開一年目で三〇〇万人以上の観客を集め、多くの東ドイツ人が新しく生まれた娘を「パウラ」と名づけた。[二]それほど人気を博した理由のひとつはおそらく、この映画の感動的なラヴストーリーにあるだろう。現代の東ドイツの日常問題に取り組む当時のほかの映画（いわゆる「現代映画」）が、リアリズムのスタイルで厳粛な評価をすることで、対人関係の失敗を強調したのに対して、『パウルとパウラの伝説』はそれを覆し、諸関係の楽天的な展望を提示した。[三]しかしながら、この映画が指し示す幸福は、ひとりでにやってくるものではなく、献身、粘り強さ、そして一部にせよ個人主義の放棄さえをも要求する。最後にパウラが死ぬとき、苦しみや悲しみはまた至福をも伴うことが、観客にふたたびあきらかとなる。社会主義社会においても、人生の現実から逃げることはできないのである。

『パウルとパウラの伝説』はまた、東ドイツは女性解放を成し遂げたという公式見解に疑義をはさむことによって、新しい標準を打ちたてた。このタイプの批判は例がないわけではなかったが、同種のデーファ映画と違って、「不倫や死といった難しくて意気消沈させるような主題を扱う場合にも、楽天的で屈託がない」ことが、この映画が東ドイツのブロックバスターになった理由かもしれない。[四]カーロウのこの映画では、主人公たちは伝統的にジェンダーでコード化されてきた職業に就いている。パウルは妻が妊娠して家にいるあいだ、兵役を務めていた。後には彼は、毎朝、男性ばかりの相乗り乗用車で仕事に出かける。パウラはスーパーマーケットで働いている。いちどわれわれは、彼女がレジのカウンターで顧客のレジ打ちをしているところを目にする。また別の場面では、彼女は同じ職場でリサイクル瓶返却の受付をしている――キャリアの階段を昇っていくチャンスがない仕事である。初期デーファ映画には高学歴の女性たちが登場したが、彼女たちは東ドイツにおいて――少なくともスクリーン上では――いかに女性解放が達成されているかを体現していた。それに比べると、パウラの人生は伝統的なジェンダー階層への退行を示しているようにみえる。[五]『パウルとパウラの伝説』は職業におけるジェンダー・ステレオタイプを強化することによって、それまで伝えられてきた女性解放の観念を批判的に見ているため、一九七一年以前であればデーファはトラブルに巻きこまれていただろう。しかしながら、ホーネッカーによるタブーの終わりによって、この映画はむしろ、現実にはジェンダー差別はまだ存続しており、広く普及した真の女性解放は伝説にすぎないことを、示唆することになった。ハイナー・カーロウは『死が汝らを分かつまで』（一九七九年）でもふたたびこの主題に取り組んだが、このドラマでは、仕事を始めたいという妻を夫が殴る場面で、ジェンダーの亀裂がさらにはっきりと表現されている。ほかの監督による後の作品も、ジェンダーの矛盾を指摘している。[六]だが、たいていの場合、ジェンダーの不均衡と女性解放の不徹底は、東ドイツの統治に対して一般的な不支持の声をあげるために監督たち――カーロウも含めて――が用いる口実にすぎない。そうした不支持の声は、『パウルとパウラの伝説』では、パウラの部屋の前の階段の吹き抜けで寝泊まりするとき、パウルが党の機関紙「新ドイツ」を敷いて寝るところに、巧みに象徴化されている。

　この関係で特筆すべきなのは、パウラの（そして最終的にはまたパウルの）行動の背後にある推進力としての愛を、カーロウが「もっぱら私的な領域」に限定していることである。[七]ふたりの主人公は伝統的な社会主義社会に背を向け、もはや公的領域の生活儀式には参加しない。パウルは仕事を辞めて制服を脱ぐ（文字どおりには、服を脱いでパウラと寝るときに、象徴的には、パウラの部屋の向かいの階段でジーンズとセーター姿で待っているときに）。他方で、パウラは、社会的生活に参加したり、社会主義社会に関わったり、東ドイツが労働者に提供しているキャリアの機会を利用したりしたことがまったくなく、したがって、「当時のデーファ映画で宣伝されていた社会主義の女性の役割モデルにはほど遠い[八]。」この映画の政治的意味は西ドイツの同時代のフェミニストたちには通じず、彼らはこの映画を「感傷的な女性差別映画」であり、フェミニズムへの侮辱であると誤解した。[九]だが、東ドイツの観客は『パウルとパウラの伝説』を喜んで受けいれた。リアリズムとファンタジーを独自なやり方で結びつけたこの映画に、彼らは自分たちの生活の痕跡を認めたからである。ここにおいて、東ドイツの小説の「行間を読む」態度とも似た、デーファ映画を見るために必須の解読メカニズムが本格化し、東ドイツの観客にとって『パウルとパウラの伝説』は、巧妙なやり方で政治システムを揶揄した作品となったのである。

　とりわけ夢の場面と不条理な台詞は、東ドイツ人でない観客を混乱させた（そしていまなお混乱させる）ので、パ

図 11・1　目隠しをした東ドイツ秘密警察工作員が、愛の行為の最中に居あわせる。『パウルとパウラの伝説』(1:01:11)（ドイツ版 DVD からキャプチャー）。

ウルとパウラはドラッグを服用しているという解釈があるほどである（一〇）。しかしながら、一九七〇年代の東ドイツ人にとっては、幻覚的なセット、流れている「凧揚げ」という暗示的な歌、ポルノグラフィへの言及、高度に象徴化された動きなどは、当時の西側でのフラワー・パワー・ムーヴメントとはほとんど関係がなかった。パウルとパウラの性交渉を暗示するたんなる詩的な挿入という以上に、この「夢」のシークエンスの各部分は、東ドイツの政治に対する注意深く考えられたジャブになっている。前戯、性交、クライマックスという性行為に似せて巧みに作られたこのシークエンスは、東ドイツでの私生活についてのこの映画の中心的メッセージを伝えている。それはつねに政府の監視の下にあり、そのため最も私的なはずの瞬間でさえ、パウルとパウラはけっしてふたりきりではない。寝室で、セックスのために服を脱いだとき、パウルはミュージシャンのグループが突然ひとりずつカウチに現れ、登場したときにそれぞれ自分の楽器で現代曲の短い一節を演奏するのを目にする。パウルがパウラに自分たちは寝室にふたりきりなのかと聞いて、パウラがそうだと答えると、彼はカウチに座っているミュージシャンのことを尋ねる。パウルがミュージシャンのことに触れると、パウラは彼らの存在を一笑に付して、彼らは目が見えないからと言う――するとカメラがカットバックして、急に目隠しをつけたグループを映し、彼らは演奏を始める。今度は全員そろっての演奏だが、メロディはないも同然である（図11・1）。

　パウルが最初は西洋ナシのブランデーを飲みすぎたためだと自分を責めたように、酔っぱらったパウルの幻覚を示すばかげた場面のようにみえるものは、実際には、東ドイツの秘密警察であるシュタージへの痛烈な批判である。国内で盗聴窃視人民公社と呼ばれたシュタージの八万九〇〇〇人近い職員は、複雑で徹底した監視技術ネットワークと一七万五〇〇〇人にものぼるいわゆる非公式協力員を国じゅうにめぐらしていた。一九五〇年から一九八九年のあいだに、シュタージは東西ドイツの一六〇〇万人以上の人々を監視した[一一]。工作員はつねにひそかに活動したわけではなく、脅しをかけて東ドイツ人を政府の支配下に置いておくために、ときおり姿を現した。この三人のミュージシャンがスーツを着ていることは、シュタージ工作員の服装規定への連想を引き起こす。また、彼らが帽子をかぶっていることは、国じゅうに帽子好きで知られていたシュタージの長官エーリヒ・ミールケへのコミカルな言及になっている[一二]。三人の工作員が寝室でさえパウルとパウラを監視している様子を見せ、工作員が「盲目」であるとふたりに発言させることは、タブーが終わっていたとはいえ、監督のカーロウと脚本家ウルヒリ・プレンツドルフにとって間違いなく危険なことだった。カーロウとプレンツドルフは、体制へのこのジャブを複数の解釈を許容する――この場合は、シークエンスの（性行為の）クライマックスが終わるとベッドとともにしぼんでしまうような、夢、あるいは、アルコールによる幻覚としても解釈できる――短くアイロニカルな場面に限定したために、より伝統的なラヴストーリーとしての読みへの余地を残すことになった。

　さらに、スクリーン上での性的関係のあけっぴろげな描写が、党管轄下の新聞で大騒動を引き起こした。この映画が社会主義的価値観を推進せずに、個人的快楽の表現に傾いていると非難されたのである。東ドイツの指導者エーリヒ・ホーネッカーが自ら介入し、公開予定日の前日に『パウルとパウラの伝説』を鑑賞した。彼はこの映画に賛意を表明し、予定どおりに公開することを許可した。公的に表明された否定的批評――過去においては、通例、デーファ映画が公開されなかったり、ごく少数の映画館でしか上映されなかったりすることを意味した手続き――とホーネッカーの公式鑑賞との結びつきは、この映画の非公式の禁止を本質的に「差しとめ」、おそらくは販売キャンペーンとして機能して、この映画をいきなり一八四万枚ものチケットを売る大ヒットに導いた。[一三] 当時のこの映画の人気はまた、現実を描き、同時代の東ドイツ社会の諸問題をかなり率直に指摘することが許されたことに、多くの映画ファンが驚きを表明した、という事実にも起因している。支持を示すために、観客はこの映画の上映中に熱狂的に拍手し、この映画に否定的な新聞批評に文句を言った。

『パウルとパウラの伝説』が若い観客を引きつけた要因には、この映画が東ドイツの生活の現実だけでなく、女性がリードするセックスをスクリーンで描いていることがあった。若い観客を魅了することは実際に重要なことだった。というのも、カーロウとプレンツドルフは、この映画をデーファ映画の人気低下をとどめるためのブロックバスターにしようと考えていたからである。[一四] 彼らの戦略のひとつは、パウラをデーファ映画のそれまでのヒロインとは違って、初めてリアルな女性として導入したことであった。そのうえ、彼らは彼女の物語を伝説のかたち――通例、有名な人物の人生を語るためのジャンルである――で語り、過去の映画寓話で用いられていた公的領域や公益よりも、私的領域や個人の幸福が重要であることを訴えた。[一五] それまでのデーファ映画の構造を見てみると、それらの映画が、公的領域と私的領域を結びつける新たな方法を探ることで、社会主義と社会主義的人格のあいだの健康なバランスをとろうとしていたことがわかる。『パウルとパウラの伝説』において、カーロウとプレンツドルフはそれを覆し、ふたつの領域を区別することの必要性をはっきりと強調した。それぞれが自分自身の目標を追求することを認め、個人に自由を保証しなければならない、というのである。ここで監督と脚本家は、個人を守り、保護する方向に向かう一九七〇年代の東ドイツ文化における変化を、映画のスクリーンに投影しようとしたのだ。その方向性は基本的に、公的なものの影響に抗する「余暇の私有化」[一六] であり、後に「ニッチ社会」[一七] と呼ばれるようになったものである。社会主義における義務の遂行ではなく、理想的な社会主義的人格の概念と相反さえするような生き方によって幸福を見いだすことで、パウラはこの新しい理念を体現する。この意味で、彼女は啓蒙されたヒロインであり、新しいタイプの東ドイツ女性を代表している。パウラがいなければ、女性映画のジャンルは後のようには発展しなかっただろう。(一八)

公的領域と私的領域のあいだを区別するために、カーロウとプレンツドルフは対立物を用いて、映画の構成要素とした。ふたりの恋人の関係と環境とを弁証法的に解釈するならば、カーロウとプレンツドルフは、新しいタイプの社会主義についての自分たちの見解を、両極端にみえる対立物の相互作用として提示したといえる。『パウルとパウラの伝説』において、対立物は永久に衝突するようにみえるが、ふたりの主人公の愛においてありそうもない総合を見いだす。すでに指摘したように、彼らの生活は伝統的にジェンダー化された職業によって特徴づけられている。パウラはスーパーマーケットで働きながら、子どもの世話をしている。パウルは東ドイツの支配階級の一員で、兵役をこなし、それから事務の仕事をしている。しかしながら、ホワイトカラーのパウルが服を脱いで、ブルーカラーのパウラとベッドに入ったとき、彼らはこうした区別を忘れ、文字どおり一体となって、労働者と知識人との階級のない社会の象徴となる。長いセックス・シーンを映画の中心においたカーロウとプレンツドルフの意図は、不倫を強調することではなく、社会主義の理念の中核をなす概念を実際的で自然なやり方で提示することであった。

この映画における音楽の要素は、異なる領域の結合というこの考えを後押ししている。パウルと初めて夜をすごした後、パウラはスーパーマーケットで突然ドイツの民謡を歌いだす。すると、その歌を知っている何百人もの買い物客が歌に加わる。これと対照をなすのが、パウルとパウラがデートで訪れる野外クラシック・コンサートであり、それはパウラにとってあきらかに新しい分野の経験であった。音楽に強く心を打たれた彼女は、ベートーヴェンのヴァイオリン協奏曲の楽章のあいだに拍手をする――こうして、自分が教養文化の規則になじみのない人間であることをさらけだしてしまうのである。音楽に感動した彼女の純粋な感情の爆発（それに比べてパウルが見せるのは自制であり、それは彼にとって、「クラシックのコンサートに行くのは、彼のような地位の教養人がするべきこと」だからである）は、観衆に飛び火し、すぐにみんながソリストに喝采を浴びせかける。ソリストはスタンディングオベーションを受けたことに、嬉しそうな喜びの表情を浮かべる。(一九)映画の冒頭で、また、セックス・シーンの注釈的な伴奏として演奏される、ロックバンド「プーディース」による物語世界外音楽もまた、大衆的な娯楽と洗練された娯楽の弁証法を含んでいる。(二〇)作曲をしたペーター・ゴットハルトと作詞をしたウルリヒ・プレンツドルフは、若い世代に受ける覚えやすいポップなメロディに、一方で、聖書に触発された歌詞（「人が長く生きれば」）を、そしてもう一方で、性的に挑発するような歌詞（「彼女のところに行って凧を揚げろ」）を混ぜあわせて、偽善的な政治的含意のない映画を作りあげている。東ドイツの観客にとって、『パウルとパウラの伝説』は、それまでのデーファ映画が言わずにすませてきたことを、スクリーン上で表現してくれた作品であった。

ほかのデーファ映画にないほどに、『パウルとパウラの伝説』は芸術的刺激の源泉であり続けている。たとえば、建物を政治的サブテクストにする手法は、コンラート・ヴォルフの『ソロシンガー』（一九八〇年）やペーター・カハーネの『建築家たち』（一九九〇年）のモティーフとしても現れた。(二一)ジェンダー役割への異議申したてや女性解放の失敗への批判は、一九八〇年代後半を通して、女性映画の最も重要な主題のひとつになった。(二二)統一後でさえ、観客はこの映画を追い続けた。そして、オスタルギーの動きのなかで東ドイツの過去が再浮上したとき、レアンダー・ハウスマンの『サン・アレイ』（一九九九年）のなかに、引用されるかたちでパウルが姿を現した。『サン・アレイ』は東ドイツの過去に対するノスタルジーに取りくんだ最初の作品のひとつであり、やはり恋に悩む主人公ミシャがパウルに駆け寄ると、パウルは「パウルとパウラ」という表札がかかったドアの向こうに消えるのである。(二三)現代の観客にとっては、政治的サブコンテクストはもはや見えないものになっている。しかしながら、パウルとパウラの伝説として生き続ける、時代を超えたラヴストーリーは失われない――それは自己実現の予言なのだ。

12　デーファとホロコースト、反ファシズムの遺産、国際的称讃――『嘘つきヤコブ』（フランク・バイヤー、一九七四年）

　ナチ時代のファシズムへの反撥として、東ドイツは反ファシズムのドイツ国家という前提のもとに建国された。それゆえ、反ファシズムの物語は、最初から、そして、東ドイツが存在する全期間にわたって、諸芸術を動機づけていた。こうして、社会主義の文学と映画の大部分が迫害の物語――そしてまた、ナチ国家への敵対者に迫る死という観点からの英雄的レジスタンスの物語――を含むことになった。反ファシズムという東ドイツの創設理念が芸術と連動し、芸術に影響力をもっていたので、多くのデーファ映画がこの主題を中心にし、あるいは、少なくともファシズムやその痕跡と闘うという国家的使命に言及していたのは、不思議なことではない（一）。しかしながら、デーファはたんに多くの数の反ファシズム物語を製作しただけではなく、『嘘つきヤコブ』（フランク・バイヤー、一九七四年）のような国際的に評価され、賞も授与された映画も作りあげた。『嘘つきヤコブ』は、名望あるベルリン国際映画祭（ベルリナーレ）で受賞し、一九七七年のアカデミー賞最優秀外国語映画賞にノミネートされた。

　時はおそらく一九四四年、ドイツ占領下のポーランドの町ウッチにあるゲットー「リッツマンシュタット」を舞台にしたこの映画は、オープニング・クレジットの画面に重なる荒涼とした家屋の映像で始まる（二）。このショットは映画の最後を予告する枠装置としての役割を果たす。映画の最後では、退去命令によってゲットー住民は家屋を離れ、家屋は冒頭部で示されたのと同じように無人の状態となる。空虚さが支配する冒頭部に続いて、カメラはドアが開いて中年の男性が出てくる様子を捉える。彼がゲットーをさまよい歩いているあいだも、なぜ通りにほかに誰もいないのかはまだよくわからない――占領ナチ軍によって住民に強制された外出禁止令を破ったとして、彼が呼びとめられるまでは。自分の規則違反を報告するために地方警察署に送られたヤコブ・ハイムは、建物に入るときにもうひとつの違反を犯す。入り口のドアには「ユダヤ人立ち入り禁止」という大きな看板が貼られているのである。署内のドイツ語の表示が読めず、したがって状況の不合理さを理解できないヤコブは、報告に行くべき部屋を探して、玄関ホールをうろうろする。会話を聞けば担当者がわかるかもしれないと期待して、ヤコブは閉まったドアに耳を当てるが、そこで偶然にも、ソヴィエト赤軍が進行中、と報じるラジオ放送を立ち聞きしてしまう。ゲットーに戻ると（外出禁止令を破ったことに警告を受けた後で）、彼は鉄道の転轍機のところで働いている意気消沈した同僚たちとこのニュースを分けあい、いくらかの希望を与えることで、ゲットーのユダヤ人の自殺増加を阻もうとする。住民のなかにはヤコブの情報を疑う者もいたが、彼が禁制品であるラジオを所有していて情報を得ているふりをすると、疑いは治まる。そのときから、ニュースはゲットーじゅうに広まり、すぐにみんなが戦争の最新情報を求めるようになる。希望を蘇らせるために、ヤコブは戦争の終わりを約束するような話を次々にでっちあげる。ゲットーの自殺はなくなるが、それを達成するために嘘を重ねているという事実が、彼を道徳的に動揺させる。しかしながら、継続的にニュースを得られることをゲットーの全員が喜んでいるわけではない。ドイツ人がラジオの存在に気づいたら、自分たちの生命が危険にさらされる、と恐れる者たちもいる。退去が始まっても、ヤコブは最後の瞬間まで希望をつなぎとめるために全力を尽くし、作り話をし続ける。ユダヤ人たちが列車で運び去られる最中にも。

『嘘つきヤコブ』は、戦争の最後の日々にゲットーの住民がナチによる虐殺から救出されるようなハッピーエンドを提供していない。だが、この映画がこれほど真実性に満ち、人気を博し、成功を収めたのは、まさに進攻してきたソヴィエト軍によるそうした解放が描かれていないためであろう。「ビッグ・ブラザー」であるソ連の軍隊が救出に来るほかのデーファの反ファシズム映画に対して、『嘘つきヤコブ』はその視覚的不在によって区別される。それでもフランク・バイヤーは赤軍を肯定的にコード化し、でっちあげられたラジオニュースを通して、赤軍にファシズムからの解放という意味づけを与えている。それは結果としてゲットー住民の新しい出発を促すことになる出来事である。コンラート・ヴォルフの『僕は一九歳だった』（一九六八年）、ハイナー・カーロウの『ロシア軍が来る』（一九六八年）、バイヤーの『裸で狼の群のなかに』（一九六三年）は、赤軍支持の立場をはるかに強く打ちだし、ソ連がドイツ解放において中心的な役割を演じた証拠として、スクリーン上に赤軍の姿が現れた。こうした視覚的慣習を放棄することで、バイヤーは人間性、個人の罪、人間の苦悩のなかでの責任といったものを描くことができたのであり、それによってこの作品は信憑性を帯び、イデオロギーの境界を越えて普遍的な魅力を放ち、デーファが製作した一〇〇本もの反ファシズム映画のなかでいまなお際立っている。スクリーン上でソヴィエト軍に感謝するのを「忘れること」はまた、ほかの解釈も可能にした。それを映画のスクリーンではなく、サウンドトラックのみに押しこめることで（想像上のラジオニュースというかたちで）、バイヤーは実質的に、『嘘つきヤコブ』公開の数年前の一九六八年に起きたプラハの春におけるソ連の役割を批判しているのである。プラハの春では、チェコスロヴァキアの民主化運動に対して、ワルシャワ条約機構の軍隊が暴力で解決しようと首都に戦車を送りこみ、それを鎮圧した。〔三〕ある意味では、『嘘つきヤコブ』は、一九四四年にウッチのユダヤ人たちの命を救えなかった赤軍の可謬性を示すことでこうした出来事を再検討し、一九六八年のもうひとつの過ちを示唆しているのである。

しかしながら、なによりもまず『嘘つきヤコブ』は、反ファシズム映画という、最も多く作られたジャンルならぬ映画群の路線のなかでメッセージを発信することを意図した作品であり、「芸術的野心と政治的関与とこの有力な社会主義映画群の映画的感性とをほとんど理想的なかたちで集結していた。〔四〕」複数のサブジャンルと設定の多様さが、反ファシズム映画を定義しがたいものにしている。いくつかの映画はナチ政権の時代を舞台にして、ドイツがしだいに反ユダヤ社会に変容していくさまを描いている。この着想の例として、クルト・メーツィヒの初期のデーファ映画『日陰の結婚』（一九四七年）が挙げられる。この映画には、ゲシュタポ（ナチの秘密警察）による逮捕を逃れようとして自殺したメーツィヒ自身の母親と、ユダヤ人の妻と別れるように要求されてやはり自殺したドイツ人俳優ヨーアヒム・ゴットシャルクの人生というふたつの伝記的経験がとりいれられている。〔五〕反ファシズムのジャンルのもうひとつのかたちは、ドキュドラマ『グライヴィッツ事件』（一九六一年）のように、ドイツの権力を主張したり、保持したりするためにナチが用いた方法を扱うものであった。この映画は、ドイツのラジオ局グライヴィッツへの襲撃を再構成しているが、この襲撃は、第二次世界大戦の幕開けを告げるポーランド作戦を開始する口実を作るために、親衛隊の特別部隊によって——すなわち自らの主導で——企画されたものであった。

しかし、カタルシスやナチスへの抵抗の物語も好まれた主題となった。たとえば、ハイナー・カーロウの『ロシア軍が来る』は、幻滅した戦争捕虜として帰郷した一〇代の少年ギュンターを主人公としている。『君の見知らぬ兄弟』（ウルリヒ・ヴァイス、一九八二年）はレジスタンスの闘士たちの危機を陰鬱なまなざしで見つめているが、もう少し前の『KLKからPTXへ 赤い楽団』（ホルスト・ブラント、一九七一年）のような映画であれば、レジスタンスはまだ勇気ある運動として讃美されていた。(六) ドイツ人共産主義者のレジスタンス闘士がソヴィエトで訓練されてドイツに戻り、ナチスと闘って祖国を解放するというトポスは、『僕は一九歳だった』（コンラート・ヴォルフ、一九六八年）や『ママ、僕は生きてるよ』（コンラート・ヴォルフ、一九七七年）に取りいれられた。『裸で狼の群のなかに』や『嘘つきヤコブ』のようないくつかの映画は、強制収容所でナチスが行なった残虐行為を提示し、『殺人者は我々の中にいる』のような別のグループの映画は、ファシズムが戦後ドイツにもまだ存在していて、彼らの犯した戦争犯罪にもかかわらず、ナチスの残党が安楽に暮らしている様子を描いている。(七) 大部分のデーファの反ファシズム映画において、犠牲者はユダヤ人ではなく共産主義者であった。それらの物語は犠牲についての議論をホロコーストから遠ざけ、その代わりに、受難者として共産主義のレジスタンス闘士を導入したのだ。

『嘘つきヤコブ』はこのパターンを打ち破り、注意を共産主義者から逸らして、ユダヤ人とホロコーストに向け直した。そのようにしたデーファ映画は初めてではなかったが——コンラート・ヴォルフがすでに一九五九年に東ドイツとブルガリア合作の『星』で新境地を開いていた——、バイヤーはそれをさらに先へ進めた。一九五〇年代や一九六〇年代のデーファの反ファシズム映画と並べてみると、『嘘つきヤコブ』は社会主義国家にして反ファシズム国家という東ドイツの建国理念の一部として定着した慣習を批判していることがわかる。この映画は、むしろユダヤ人の戦争犠牲者に注意を向け、ナチスとの闘いにおいて殉教者となった英雄的な反ファシズム共産主義者を描いてきた従

図 12・1　フラッシュバックのシークエンスは、新しい反ファシズムの主人公の多元的な肖像を提供する道具となる。『嘘つきヤコブ』は従来のデーファの英雄的反ファシズム物語とは一線を画した作品であった。『嘘つきヤコブ』(0:03:51)（日本版 DVD からキャプチャー）。

来の物語に異論を唱えているのだ。『嘘つきヤコブ』の主人公たちは、こうした「社会主義者の元型」とは鋭い対照をなしている。「社会主義者の元型」の生活はしばしば彼らを一面的な人物に思わせる。私生活がなく、革命的社会主義のイデオロギーに完全に染められた彼らは、「血肉を備えた個人というよりも、不滅のシンボルとなった[八]。」『嘘つきヤコブ』のふたりの中心人物であるヤコブとコワルスキーについても、彼らの私生活を連想させるものはいっさい奪われているかもしれないが、しかし共産主義の英雄を扱った反ファシズム映画の場合とは違って、多面性の欠如という印象はゲットーにおける彼らの生活環境に関係している。映画の冒頭部で家から散歩に出るヤコブが口にするように、ドイツ軍のための食糧を貨車に積みこむ強制労働をこなすほかに、生活にはほとんど何もない。だが、占領以前の時代への数多くのフラッシュバックが、主人公たちに命を吹きこむ。ヤコブは街角の彼の小さなレストランで評判のポテト・パンケーキを焼き、理髪屋で髭を剃り、恋人と楽しい時間をすごす（図12・1）。この次元が加わることで、ゲットーの住民は人間味を与えられ、「下等人種」から、かつてそうであったような個性をもつ人間に変わる。ゲットーの茶色と灰色のトーンとくっきりと対照をなすように、色のスペクトラムを存分に利用した鮮やかな色彩をこのミザンセンに与えることによって、バイヤーは幸福な過去と暗い現在を明確に区別し、主人公たちに心理的深みを与えている。ゆえに、過去への追想を描く目的は、反ファシズムの英雄としての人生を歩むべく運命づけられた英雄的な人物としてではなく、武器や大衆を煽動するスピーチ以外の道具を使って日々の抵抗を行なう人間として、ヤコブを設定することであった。フランク・バイヤーがあるインタヴューで述べているように、この映画のテーマは、反ファシズムのレジスタンスを越えて（ヤコブは反ファシストであり、レジスタンスの闘士でもあるのだが）、真実と現実というより大きな問題に取り組むことであった。[九]

『嘘つきヤコブ』やほかの映画において、バイヤーは焦点をヒロイズムにあわせず、「罪や希望や個人的責任といった存在論的な問題を特権化した」――これは彼が一九八三年の反ファシズム映画『冤罪』でも反復したことであり、この映画では、ポーランドで投獄された戦争捕虜の若い青年が、ドイツに帰還後、第二次世界大戦の意味に疑問を抱くようになる。[一〇]『嘘つきヤコブ』をケーススタディとして理解させるために映画の冒頭に置かれた、「このようなことは起こらなかった――しかし起こったかもしれない」という免責字幕は、この物語の信憑性を強調し、デーファの反ファシズム映画によく見られる作られた英雄ものと区別しようとしている。『嘘つきヤコブ』においては平凡なものがユートピア的なものに対して勝利を収めているが、それは、ここでの英雄的行為がラジオの存在について嘘をつくことであるという点において証明されている。さらに、素朴な物語世界外音楽の使用も、大仰にならないこうした感覚を支えている。フラッシュバックによる夢のシークエンスで豊かなバックグラウンドミュージック――オーケストラが演奏するスラブ風のワルツなど――が使われるのを例外とすれば、一台のヴァイオリンによる素朴な「異国風」の旋律が唯一の音楽として映画のなかで頻繁にくりかえされる。色彩の使い方と同様に、バイヤーは音楽の選択においても鋭い対照を用いている――ばらばらの印象を生みだすためではなく、夢と現実、真実と嘘を混ぜあわせるとともに区別するような仲介的結合を作りだすために（一一）。

さらにこの映画のための俳優の選択は、『嘘つきヤコブ』がいかに英雄的反ファシズム物語から外れているかを示している。当初、フランク・バイヤーはヤコブ役として、友人であるチェコスロヴァキア人ヴラスチミル・ブロツキーか、西ドイツの人気俳優ハインツ・リューマンのいずれかを考えていた。しかしながら、バイヤーではなく、東ドイツの指導者エーリヒ・ホーネッカーが最終決定をし、政治的理由でブロツキーを選んで、デーファの危機の時代に異論のない東ドイツ映画を作ることを期待した（一二）。おそらくはリューマンの過去もこの決定に一役買っているだろう。何といおうと、彼はナチ支配期に製作された三五本以上の映画に出演したのであり、たとえナチの同調者だったにすぎないと分類されていたとしても、リューマンを起用すればかなりの議論を引き起こしていた可能性がある（一三）。リューマンを退けることでデーファはこの論争を回避し、国際的連帯にしたがうことができたのであり、それはブロツキーを起用することで強化されることになった。ブロツキーはあまりドイツ語ができず、吹き替えが必要になったにせよ（一四）。このように、ブロツキーを選んだのは芸術的な決定ではなく、政治的動機によるものであり、ファシズム映画を連想させる西ドイツの俳優と、反ファシズム映画と同義語になっていた東ドイツのふたりのスター（エルヴィン・ゲショネクとフリードリヒ・リヒター）とが、スクリーン上で競合するのを避けたのである。結局、リューマンを選ばなかったのは正解だったことがあきらかになった。ブロツキーの演技は一九七五年のベルリン国際映画祭の審査員に感銘を与え、彼は最優秀男優として銀熊賞を受賞したのである。それから『嘘つきヤコブ』は一九七七年のアカデミー賞にノミネートされた――東ドイツ映画としては唯一のことである。

こうした成功を考えると、『嘘つきヤコブ』がほとんど作られずに終わりそうだったことは想像しがたいだろう。一九六四年にすでに、東ドイツの作家ユーレク・ベッカーは「嘘つきヤコブ」という題名の原稿を携えて、デーファ・スタジオに話をもちかけていた。この脚本はベッカーが父親から聞いた話のひとつにもとづいたもので、もともとはウッチのゲットーで不法にラジオを所有していて、戦況を報告する男の話だった。このゲットーとザクセンハウゼン強制収容所からの生還者であるベッカーは、この話を脚本として書き改め、ラジオをもっているふりをして仲間たちを元気づけるために作り話のニュースを報告するゲットー住人の話にした。デーファはバイヤーを指名し、製作に備えてベッカーと共同で脚本を改定するように命じた。ポーランドのゲットーの存在、反ユダヤ主義、ナチスへのポーランド人の協力といったタブーの話題を扱う脚本だったために、デーファはポーランドでの撮影許可をもらえなかった。そのうちに、一九六五年の一連の「ウサギ映画」がバイヤーの経歴に影響をおよぼした。[一五]『石の痕跡』（一九六五年）を製作したために、彼はデーファで「好ましくない人物」となり、社会主義にとって有害な映画を作ったことを彼が認めようとしなかったので、彼はもう監督の任務を与えられなかった。『嘘つきヤコブ』の企画も棚上げにされた。脚本を返されたユーレク・ベッカーは、それを小説に書き換えて、一九六九年に東ドイツのアウフバウ出版社から刊行し、すぐに西ドイツでも出版した。この本が国際的な成功を収めたことで、脚本は新たな段階に進み、西ドイツの公共テレビ局ＺＤＦ（ドイツ第二テレビ）が脚本に関心を示すと、デーファはこの計画を再検討した。[一六]フランク・バイヤーが芸術家としての亡命状態から復帰したが、彼はこの間、一九六九年までドレスデンの劇場で舞台を演出し、それから東ドイツのテレビ局ＤＦＦで働いていた。デーファは『嘘つきヤコブ』をＤＦＦと共同製作して、バイヤーに名誉を回復させ、スタジオとしてはこの企画についての彼の知識を利用して体面を保った。『嘘つきヤコブ』は東ドイツのテレビで最初に放映され、それから国際的に最もよく知られたデーファ映画のひとつになった。[一七]一九九九年に、ハリウッドの監督ペテ・カソヴィッツが、ロビン・ウィリアムズをヤコブ役に起用して、『聖なる嘘つき』のタイトルでこの映画をリメイクした――そして、いまやアメリカ合衆国でもなじみの顔となったアルミン・ミュラー＝シュタールが、もうひとりのゲットー住民であるキルシュバウム博士を演じた。

　このリメイクは新聞のレヴューや多くの映画研究者の批評で評価が低かったが、それは結末をハッピーエンドに変えたためだった。[一八]そうすることで、ハリウッドのリメイクは、実際には、ベッカーの小説におけるオリジナルの結末にしたがったのであり、小説の最後では語り手が物語を「ホロコーストの支配の彼方に」[一九]移行させるのである。しかしながら、ドイツのファシズムの過去に取り組み、それを克服することは、デーファの反ファシズム映画の中心的特質であった。すでに一九四〇年代にナチ時代と対決し、それをドイツの遺産として受けいれることによって、デーファ（そして東ドイツ）は西ドイツ映画より何年も先に進んでいた。西ドイツでは、一九六二年にオーバーハウゼン宣言によって「パパの映画」の死が宣告された後に、ナチ時代の体系的検討がようやく始まった。[三〇]この古いタイプの映画は、緑の牧草地と青い空と美しい自然をたっぷりと見せるいわゆる「郷土映画」というかたちで現実逃避を賛美したが、それがいまや「若いドイツ映画」や、後にはニュー・ジャーマン・シネマの映画製作者たちによって激しく攻撃されたのである。彼らは両親たちの暗い過去を体系的に暴き、いくつもの「反郷土映画」を作った。『嘘つきヤコブ』においても、自然は新しい意味を帯び、希望と調和と平和をかきたてる。それはファシズムのない世界の象徴であり、西ドイツ映画のように意図された快適な無垢ではない。ゲットーに花も木もないのには理由がある。それは人間性を欠いた場所だからである。そして、貨物列車の上での最後の場面で、青い空と白い綿雲が列車に乗っている者たちの心を和らげ、観客にハッピーエンドを期待させるとき、機関車の汽笛がその希望を打ち砕き、カメラが捉えることのないものを告げる——それはすなわち、その列車の目的地である、強制収容所の門への到着である。

　この場面の視覚的効果だけでも、多くのデーファの反ファシズム映画の代表とみなすのに十分である。監督たちや芸術作業グループの最良のものを引きだしてきたのはこのジャンルならぬ映画群であり、このことは、反ファシズムが映画のみならず、東ドイツ社会全体にとって本当に中心的なテーマであったにちがいなかったことを示唆している。多くのジャンルと時代を横断する作品の多様性はその重要性を証明しており、すべてのスターがなんらかの反ファシズム映画に少なくとも一本は出演しているといってもいいほどである。共産主義者が犠牲者であり英雄であるという公式の論法をなぞるのではなく、異なるアプローチを用いて、ホロコーストとその影響に取り組んだことで、『嘘つきヤコブ』はデーファの反ファシズム映画の範例となっている。

13　女性映画、コンラート・ヴォルフ、「ビーアマン事件」後のデーファ――『ソロシンガー』(コンラート・ヴォルフ、一九八〇年)

社会主義国東ドイツのイデオロギー的基盤は、コンラート・ヴォルフの一九八〇年の映画『ソロシンガー』――集団に対する個人の勝利を描いた映画――において痛烈に攻撃されたが、しかし驚くべきことに、スキャンダルはいっさい生じなかった。この映画が突如として外国で人気を博したためである。西ベルリンで行なわれるベルリン国際映画祭（ベルリナーレ）の審査員がデーファから提出されたこの映画をコンペティション作品にノミネートし、サニーを演じたレナーテ・クレスナーに銀熊賞（最優秀女優賞）を授与したので、この映画を東ドイツの映画館のスクリーンから消し去ることは、もはやできなくなった。この映画はほとんど瞬く間にカルト映画となり、東ベルリンの映画館「インターナショナル」での一九週間連続上映のあいだチケットは連日完売状態で、一〇〇万人以上の人々がこの映画を見た。この映画は、サニーと同じように、決まりきった日常を抜けだし、個人の自由より順応を優先する社会のなかで私的領域を主張したいと望んでいた観客の、心の琴線に触れたのだ。彼らにとってサニーは、自分たちの夢をスクリーン上で実現する存在となり、ひとつの役割モデルとなった。

この時期のほかのどの映画にもまして、『ソロシンガー』は、一九七〇年代後半の東ドイツにおける生活の多重の層を表現している。この映画は東ベルリンのプレンツラウアー・ベルクで撮影されたが、この地区は社会主義支配の時代にほとんど改修が行なわれなかった。『ソロシンガー』は、脚本家ヴォルフガング・コールハーゼがこの地区の住民の「強く生きる」欲望と特徴づけた精神を捉えている。[一] 一九世紀に労働者のアパートとして設計された荒廃し

図 13・1　東ドイツの住環境のありのままの描写。プレンツラウアー・ベルクにあるサニーのアパートの建物。『ソロシンガー』（0:54:11）（ドイツ版 DVD からキャプチャー）。

た建物に東ドイツの芸術家たちが住みつき、プレンツラウアー・ベルクに居住することは芸術的でオータナティヴな生活をすることと同義語になった[三]。

この映画では、サニーとして知られるイングリッド・ゾマーは、トルネードズというバンドの二流シンガーであり、独身で、中庭に面したこうした典型的なベルリン・スタイルのアパートに暮らしている（図13・1）。仕事のために彼女は東ドイツじゅうを旅している。町の小さな祭りで開催されるちょっとしたヴァリエテ・ショーの一部に出演するためである。しかしながら、サニーは自分がいつかポップスターとして成功し、「ソロ」の歌手として生計がたてられることをひそかに夢みている。彼女は私生活においてもひとり（ソロ）であり、恒久的な関係を拒否している。たとえば、タクシーの運転手であるハリーが経済的安定を約束してプロポーズしてきても、彼女はそれを断る。むしろ彼女は、自分の人生に自分で責任をもち続けることを好む。このことを彼女は、映画の最後のシークエンスで自分について述べるところで、あらためて確認している。「私は気ままな女。寝たい男と寝るし、バカな奴にはバカと言う。トルネードズをクビになった女。私はサニー。」

この引用は冒頭場面のひとつを想起させる。そこでは、起床したばかりの彼女は、まだローブ姿で寝室のブラインドを開け、ベッドにいる若い男に向かって「朝食はなしよ」と言う。追いだされることに男が文句をつけると、彼女は「議論もなしよ」と返答する。彼女の独立心と支配力を示すやりとりである。二日酔いの場面でのこの男女役割の逆転において、サニーは意志の強い解放された若い女性として特徴づけられている。この場面は東ドイツにおけるジェンダー間の平等を強調しているようだが、その状況については本章の後の部分でさらに詳しく見ていくことにする。というのも、コンラート・ヴォルフが日常生活のなかで主に批判しているのが、まさにこの点だからである。サニーの同僚のミュージシャンであるノルベルトは、ある夜のショーの後、彼女をレイプしようとする。彼女のライフスタイルや外交的な性格から、彼女が誰とでも寝ると考えたのだ。彼女は彼をつきとばし、ハイヒールで彼の頭を蹴って怪我を負わせる。ところがこの出来事の後、バンドのメンバーは、彼女を支援するどころか、もっと若くておとなしそうなシンガーを彼女の代わりに雇うことにする。レイプ未遂の後、バンドのサックス奏者ラルフとの関係がこじれ、ソニーは友人の家で薬を故意に過剰摂取する。この映画は、彼女が新しいグループに加わるところで終わる。社会を喜ばせるために変わるのはいやだと感じた彼女は、新しいシンガーを募集しているあるバンドの広告に応じるのである。

西ドイツの映画批評家ハインツ・ケルステンは、サニーのぶっきらぼうな態度は彼女を役割モデルというよりもアンチヒロインにしていると指摘して、『ソロシンガー』をデーファが生んだ「型にはまらない人々を描く最も過激な映画」であるとし、サニーは東ドイツ映画の最も解放された女性であるとした。[三] 同様に、東ドイツの新聞は、「へこたれない強い女性」の非常に優れた例としてサニーを称讃する編集者宛の手紙を、何週間にもわたって掲載した。[四] だが、デーファ映画はそれまでに「意志が固い、不屈の」女性主人公をたくさん提供してきたのに、なぜヴォルフのこの映画は観客からも批評家からもこのような活発な反応を引き起こしたのだろうか？[五] この問題には後で取り組むが、男性監督と女性監督の違いについては議論しておく必要があろう。

この成功の理由が、男性監督が女性映画を作ったためではないことは間違いない。結局のところ、女性を主人公としてジェンダーの問題を扱うほとんどのデーファ映画は男性が監督したものだった。事実、デーファの四六年の歴史のなかで、大スクリーン用の長編劇映画を監督した女性は五人しかいない。ベルブル・ベルクマン、イングリット・レシュケ、ハンネローレ・ウンターベルクは児童映画を製作し、イーリス・グスナーとエヴェリーン・シュミットは東ドイツ女性が仕事と家庭生活のバランスをとろうとする映画を作った。

西ドイツの女性監督たちに比べればおそらく進んでおり、解放され、平等権を与えられていたとはいえ、デーファの女性監督たちはそれでも家族の世話と仕事という二重の負担に悪戦苦闘したのであり、それはイデオロギーと現実の著しい対照を示している[六]。雑誌「女性と映画」がヘルケ・ザンダーのような女性監督のフェミニズム的意図を宣伝した西ドイツとは違って、デーファの女性監督たちは、男性が支配するデーファ・スタジオのみならず、東ドイツの主要映画雑誌「映画とテレビ」を出版している批評家や同僚の言いなりになっていた[七]。社会主義統一党の管理下にあったこの雑誌はフェミニズムの問題を無視したが、それはこの雑誌が「働く女性に平等の機会を与えるために講じられてきた諸方策を［……］誇りにしており[八]」、デーファでのあからさまなフェミニズム運動を認めなかったからである。それゆえ、このスタジオは、『三人目の男』（エーゴン・ギュンター、一九七二年）、『パウルとパウラの伝説』（ハイナー・カーロウ、一九七三年）、『死が汝らを分かつまで』（ハイナー・カーロウ、一九七九年）、そして『ソロシンガー』のようなジェンダーの平等と解放をテーマにする映画を、たいてい男性監督に委託したのである。

それにもかかわらず、男性監督によるこれらの映画は、東ドイツ女性の職場における立場に焦点をあわせることで、解放の進行が遅れていることを指摘し、女性登場人物たちを「女性労働者の立場のより現実的な反映[九]」にしている。しかしながら、ジェンダー間のギャップを埋める政策が実現されていないことを示すこうした試みにもかかわらず、ジェンダー間の平等にかんして実際にはたいした変化は起こらなかった。フランク・バイヤーの『石の痕跡』に出てくるような工事現場を監督している女性技師は、一般的ではなかった。そうではなくて、女性たちは、『パウルとパウラの伝説』のパウラのように食料品店で働き、夫からは母親であり主婦であることだけが期待されていた――そして職場では少なくとも男性ほどは重視されていなかった――が、これはカーロウの『死が汝らを分かつまで』の主題である。女性監督による数少ない長編劇映画において、エヴェリーン・シュミットとイーリス・グスナーは、家庭でも職場でも成功しなければならない東ドイツ女性にのしかかる大きなプレッシャーの表現として自伝的要素をとりいれ、映画におけるジェンダー議論を拡大した。東ドイツ女性の現実は東ドイツ女性同盟（ＤＦＤ）の声明とはまったく異なっていた。東ドイツ女性同盟は、社会主義統一党の政策による恩恵を宣伝し、現代的な東ドイツ女性の公式像を確立した――それは、家庭の義務と仕事と政治参加とを難なくこなす、というものであり、女性を主人公として現代の問題を扱う五〇本にものぼる映画がそれを裏づけている（一〇）。行政の仕事に就いている女性を描いた映画は一本もないが、それは現実を正しく反映しており、政界には女性はほとんどいなかった（一一）。なるほど女性を主人公とする映画は数十年のうちにいくらか進歩を見せ、「職業と家庭という二重の負担を果敢に背負ってきた［……］東ドイツ女性（一二）」という認知から、こうした問題におけるジェンダー間のギャップへの意識を示す、よりニュアンスに富んだ肖像へと変化してきたが（一三）、社会全般を疑問視することで直接的にジェンダー秩序と対決した映画はなかった。コンラート・ヴォルフの『ソロシンガー』はこの点でほかの女性映画と異なり、ブルジョワ社会から外れることをあえて選んだ女性に焦点をあわせている。

『ソロシンガー』が多くの人々を驚かせたのは、型破りな女性映画であったばかりでなく、コンラート・ヴォルフにしては異例の映画であったためでもあった。この映画はそれまでの彼の芸術的経歴にまったく合致していなかった。デーファにおいて、コンラート・ヴォルフの名前は、「東ドイツにおける共産主義社会と文化の形成のために献身する（一四）」監督を表していた。彼の政治的信念は、一九六五年から一九八二年に亡くなるまで彼が東ドイツ芸術アカデミーの会長を務めた――つまり、国家機構のなかで地位の高い人物であった――ことを考慮に入れればあきらかであるし、彼の映画の主題を眺めてみてもそうである。たとえば、戦前や戦中の国民社会主義の批判的探求があり、そこには『僕は一九歳だった』（一九六八年）と『ママ、僕は生きてるよ』（一九七七年）という二本の自伝的映画が含まれる。また、『競技場の裸の男』（一九七三年）のように、社会主義社会における芸術家の役割を扱った映画もある。さらに、『太陽を探す人々』（一九五八年禁止、一九七二年公開）、『引き裂かれた空』（一九六四年）、そして生前に製作された最後の長編映画となった『ソロシンガー』のような作品では、現代の問題を扱っている（一五）。『太陽を探す人々』

が一九五八年に一時的に禁止されたにもかかわらず（冷戦中にウラン採掘という機密性の高い話題を扱っていたため、ソ連が禁止を要求した）[一六]、ヴォルフが東ドイツの政治に関与していたゆえに、彼の映画はときおりアンビヴァレントな捉え方をされた[一七]。しかしながら、ヴォルフが製作期限にかんしていくらか余裕をもらえていたにせよ、彼が東ドイツの生活の素朴なイメージを描いたと推測するなら、それは誤りであろう。彼の作品の多くはむしろ社会主義社会の個々の状況を批判的に考察しており、議論を呼ぶような話題にも尻込みすることがない。それはたとえば、『引き裂かれた空』におけるベルリンの壁の非人間的影響であり、『競技場の裸の男』における現代芸術の役割や、社会主義政治によって強制された制約と闘う芸術家である[一八]。この観点から見れば、『ソロシンガー』は、社会主義社会の暗部に光を当ててきたヴォルフの姿勢の継続と解釈できるかもしれない。

男性の影響から逃れた人間へと成長する『引き裂かれた空』のリタと同じように、ヴォルフはサニーを独立した人間として造形している。東ドイツの検閲にとって厄介だったのは、プロットが集団的なものに背を向けている点である。というのも、この映画は、私的幸福への訴えを父権社会における型破りで解放された女性の物語と結びつけることによって、社会主義の合法的通路としての個人的発展の場所をサニーに許容しているからである。観客は、この独特のアプローチと、直感的に捉えられたベルリンのプレンツラウアー・ベルクの生活の正確な描写が気に入った。多くの構成要素の相互作用が、そうした真に迫った描写を支えている。実在の人物の伝記にもとづいた物語展開と、プレンツラウアー・ベルクで話される方言を用いた説得力のある脚本と、中庭のあるアパートの圧迫的で、まるで罪滅ぼしでもしているかのような環境のただなかに観客を投げ込む撮影技法とが組みあわさっていなければ、コンラート・ヴォルフのような監督による『ソロシンガー』のような映画はできなかっただろう。それに加えて、一九七〇年代後半に多くの重要な芸術家の国外移住を引き起こすことになった、東ドイツの作家兼歌手ヴォルフ・ビーアマンの国籍剥奪に伴うデーファ・スタジオ内の変化も、このような映画が成立した原因のひとつである。この映画の計画を進める決定がなされたのは、文化省の副司令官で、「ビーアマン事件」に引き続いて国の芸術エリートを大量に辞職させる責任を担っていたクラウス・ヘプケが、名誉挽回の方法を探していたときであった。ヴォルフガング・コールハーゼが一九七〇年代半ばから手掛けていた社会規範から外れた女性を描く脚本を、ヘプケは承認した。コールハーゼは『ソロシンガー』の脚本を、これまでいくつもの映画を共同で作っていた監督であるコンラート・ヴォルフに見せた――最初、ヴォルフはこの計画を辞退したが、それはおそらく彼には自分がこのテーマに取り組むことが想像できなかったからかもしれない。だが、それから気が変わったのは、つねに自分を吟味し、社会のなかでの居場所を探し続ける女性の物語という、『ソロシンガー』の基本的前提のためであろう。そうであれば、彼のほかの作品とちょうど同じように、『ソロシンガー』は「認識や意識の問題、また、障害となる物質的・精神的な壁の問題」を問うものであった。（一九）そして実際、サニーの元の話は、彼女を拒絶する社会への返答として反逆や不服従へと逃避したはみだし者の物語である。（二〇）

実話は、東欧からの移民の娘として生まれたサニーイェ・トルカの物語であった。彼女は孤児院で、そして後には、社会主義者として更生させられるために少年院で育った。（二一）一九七六年に、彼女は自分の話を東ドイツのジャーナリストであるユッタ・フォイクトに語ったが、東ドイツの出版界で発表するには、サニーイェの人生の物語は社会主義の理念からいちじるしく逸脱していたために、フォイクトはこのインタヴューを刊行できずにいた。（二二）東ドイツの芸術家サークル「カモメ」でフォイクトをよく見かけていたコールハーゼは、サニーイェの人生の一時期にもとづいて脚本を書いたが、名前をサニーに変えた。それは、主人公イングリッド・ゾマー（ゾマーはドイツ語で夏の意味）の名前に由来するニックネームであるとともに、サニーイェをスキャンダルから守るためでもあった。（二三）サニーイェが精神的に耐え抜いていく秘訣は、歌手や芸人として働くことによって、また、個性を放棄することに激しく抵抗することによって、社会主義社会の限界を試すことであったように思われた。規則にしたがおうとしないこうした反逆者としてのサニーイェの個性や性格を、コールハーゼは保持することに決めた。この決定が、この映画の成功のひとつの理由となった。

そのような風変わりな女性を主人公とする映画を監督するには、ヴォルフのスタイルに変更が必要であり、それはスタッフの選択に反映されている。プレンツラウアー・ベルクの環境の一部としてサニーの独自の精神を捉えるために、ヴォルフはベルリンのこの地区と結びつきのある人材を選んだ。手始めに、ヴォルフはコールハーゼを共同監督にしたが、それは映画全体を通してベルリン方言についてのコールハーゼの知識が必要だったからである。ひとつ例を挙げれば、サニーはタクシー運転手のハリーが「君」のベルリン風の言い方（そして文法的には誤ったかたち）を使っていると指摘する。するとハリーはそれに文句を言い、サニーの正しいドイツ語をベルリン方言に直す。この場面はほとんど自嘲的な意味を帯びている。というのも、主演女優レナーテ・クレスナーの話し方は、映画全体を通して発音も語彙もあきらかにベルリン風だからである。実際、クレスナーはこの役にきわめてうってつけだと思われたので、歌手としての訓練を受けたことがなかったにもかかわらず、ヴォルフとコールハーゼは彼女にポップスターを演じさせた。東ドイツのジャズシンガーであるレナーテ・ドーバーシュッツが彼女の歌の代役を務め、いくつかの曲をギュンター・フィッシャーと共同で作曲した。(二四) ハリウッドでの仕事で国際的に賞賛を受けていたジャズ作曲家フィッシャーは、それまでヴォルフと組んだことがなかったが、映画のムードを非常によく捉えており、彼のサウンドトラックは「それまでの二〇年間にヴォルフが喚起してきたドラマトゥルギーに内在する本質」(二五) を再現していた。撮影陣の方でも同様に一体となったチームワークが機能した。もっとも、ヴォルフは、長年にわたって撮影監督を務め、それまでの彼のすべての映画を撮ってきたヴェルナー・ベルクマンではなく、若いエーバーハルト・ガイク――一流ドキュメンタリー映画カメラマンであるエーリヒ・グスコの弟子として訓練を積んでいた――をカメラマンに選んだ。(二六) ガイクは数十本のドキュメンタリー映画を撮り、「カメラをすばやく動かすエネルギッシュな撮影法」の採用によって、現実味のある表現で出来事を捉えてきた。そのカメラワークがドキュメンタリー様式を想起させ、『ソロシンガー』を東ドイツの日常の描写そのもののように見せている。(二七) ヴォルフがガイクを起用したのはまた、ガイクがプレンツラウアー・ベルクに住んでいて、この地区の真の姿を捉えるにはどのような視点やカメラ・アングルが必要なのかを熟知していたためでもあった。(二八) ガイクは東ドイツのドキュメンタリー的スナップショットを作りあげることに成功した。動いているタクシーやバンドの車のなかにおかれたカメラからの眺めは、ひとりの東ドイツ人の目から見たこの国の様子を映しだす。車窓を通りすぎる新住宅開発の未完成の工事現場。窓台にもたれて、雑草が生い茂った中庭で遊ぶ子どもたちを見つめる老女たち。建物の横に並んだごみ箱の列。そして、空港に近づく飛行機。『ソロシンガー』が成功したのは、必ずしもコンラート・ヴォルフが監督をしたからではなく、彼がリスクを冒して、この映画に現れたような自然主義的で型にはまらない新しいものの見方を提供できる人々と仕事をしたからである。

もしこの映画の公開のわずか一ヶ月後に癌で亡くならなかったら、ヴォルフは大スクリーン用にこのような調子の映画を作り続けたのだろうか？　ありのままに社会主義の現実を見せ、その欠陥を暴くことによって、この映画のあらゆる層が東ドイツへの挑発となっている。自分の命を投げだす覚悟があるなら、社会主義の問題はどこにでも転がっているのだと、この映画は示唆している(二九)。たとえばサニーは、自分の身体は自分のものであると主張したがために、父権システムであり制御システムでもある社会主義と衝突することになるのである(三〇)。

この映画の時代を超えた影響は、続編とみなすことができる映画において、最もよく認められる。それは、コールハーゼが脚本を書いた『サマー・イン・ベルリン』（アンドレアス・ドレーゼン、二〇〇五年）である。プロットはここでも現代のベルリンで展開するが、いまや統一後である。われわれはまたもやドイツ社会の周縁にいる女性の夢や失敗や日々の奮闘を目にすることになるが、今回はひとりではなくふたりである。しかしながら、批評家の多くは、この映画と『ソロシンガー』やコンラート・ヴォルフとの関係を、すなわち、この映画と東ドイツの過去との結びつきを見逃してしまった(三一)。

14　歴史に追い越されて　ディストピア、寓話、ブックエンド——『建築家たち』（ペーター・カハーネ、一九九〇年）

ペーター・カハーネの映画『建築家たち』が一九九〇年六月二一日にプレミアを迎えたとき、この映画はもはや存在していない国を描いていた。もしこの映画がすでに歴史的なものとなった時代を再考していたのならば、それはとくに注目すべきことではなかっただろう。しかしながら、カハーネの映画はほんの数年前の一九八〇年代後半の東ドイツを回顧しているだけなのだ。それなのにこの映画は、過去にとらわれ、若い世代に機会を提供できず、何十年にもわたって生活の質の向上が見られない、という印象を与える国の肖像を描いている。ほかのどのデーファ映画にもまして、『建築家たち』は多くの東ドイツ人たちの自分たちの国に対する憂鬱な気持ちや失望を反映している。その製作史を考えあわせるならば、この映画は、崩壊期の東ドイツがあらゆるレヴェルで絶望的な状態にあったことを示しているともいえる。ある意味では、この映画は、国民を窒息させるような東ドイツを清算しようとするカハーネの試みだともいえるし、瓦礫のなかで誕生し、いまや象徴的な瓦礫のなかで終わろうとしているデーファ映画にふさわしい結論だともいえる。(一)

『建築家たち』は、東ドイツの建築家ダニエル・ブレナーの人生を追っている。三〇代後半にしてすでに、ダニエルには自分の才能を試す機会が失われていた。彼の仕事は、バス待合所の設計とそれに類する小さな企画のみに限定されていたからである。若い世代の建築家ではなくて、古い世代が、依然として圧倒的多数の建築物を設計し、魅力のある大規模で重要な仕事をわがものにしていた。結果として、最新の開発地でさえ、既存の建築物の複製のようなものになっていた。それにもかかわらず、ダニエルはまだ楽観的で、いつの日か大きな企画の監督をする機会があると期待していた。ベルリン外れにある住宅地のためのショッピング文化センターの計画を依頼されたとき、ダニエルは、町広場やレストランや映画館を加え、住宅地を現代彫刻や庭園で飾ることによって、東ドイツのいたるところにある灰色のくすんだ開発地に異議を唱えられると夢想する。建築学校時代の仲間たちとともに、彼は快適で家族に優しい空間を設計する――しかし、その企画に注意を傾けすぎて、妻と幼い娘のことをおろそかにしてしまう。ベルリン辺境のまだ高層住宅のビルしかないこの新興住宅地に家族が引っ越してみると、彼らには娯楽の選択肢がなく、また、遠隔地であるために、かつての友人たちも都心に住んでいたときのようには訪ねてこなくなる。妻のヴァンダは環境の単調さのために鬱になり、それでもダニエルが都心に戻るのを延ばし続けていると、彼女は離婚の申請をしたと告げる。結局、ヴァンダと娘のヨハンナは東ドイツを離れてスイスに移住する。

映画のその後の展開でわかるように、ダニエルが仕事のために家族を犠牲にしたことは無意味であった。彼が野心的な開発計画を提出すると、当局は設計の変更を要求する。レストランや映画館といった経費のかかる施設を削れというのである。さらに当局は、ある彫刻の名前をもっと社会主義の綱領に沿うものに改めるよう求める。ダニエルは、自分の計画が実現されるためには、これらの要求をすべて呑まなければならないことに気づくが、修正をどんどん重ねていくうちに、結局はこの新しい住宅地も従来の開発地の複製にすぎないものになることがあきらかになっていく。象徴的な起工式の場で、彼は既成の指針にしたがうしかないことを運命だと思ってあきらめる。そして、家族を犠牲にしたことが無駄だったことを悟ると、ついに精神的に打ちのめされる。

映画全体を通じて感じられるのは、東ドイツに漂っている暗いムードと、主人公の人生を停滞させている状況についての苦悩である。ダニエルは、デーファに居場所がないと感じていたペーター・カハーネの、もうひとりの自分である。スタジオから最初の監督作品『エーテとアリ』（一九八五年）の契約をもらったとき、カハーネはすでに三六歳だった――このことは、最初のまともな企画の設計を任されるまで同じようにダニエルが待っていたというかたちで、映画で言及されている。(二) カハーネは、自分の感情、とりわけ、経歴のもっと早い段階で映画を作らせてくれなかったデーファの官僚制度への怒りと欲求不満とを、ダニエルという人物に投影したのだ。一九九三年のインタヴューで、彼はシステムに対するいらだちを認め、それがいかに自分の活動を阻止してきたかを語っている。「私はいつも、この国に私は不要なのだと感じていました。私は何が何でも東ドイツに参与したかったのです。最後には成功を収めたいと考えていました。[三]」だが、カハーネは特異な事例というわけではなく、むしろ彼の世代の運命を示す一例であった。実際、『建築家たち』の脚本は、カハーネの同時代人でデーファの脚本家であるトーマス・クナウフの手になる物語にもとづいてできあがった。一九八七年にクナウフは一〇人の建築家たちが「死んでいく」（一〇人の人々がひとりずつ死んでいく、ある童謡の基本前提にしたがって）物語を書いていたが、それは、自分の世代がデーファ映画の「失われた世代」になったという事実に取り組む象徴的な試みであった。[四]彼はその映画化のための脚本を書く契約をもらい、スタジオはこの企画の監督にペーター・カハーネを指名した。脚本についての議論のなかで、カハーネは、建築家たちのグループが携わる工事計画をひとつに絞って、彼らのより劇的な挫折を含むストーリー展開にすることを、クナウフに助言した。それから三ヶ月におよぶ話しあいを経て、クナウフは――「監督とは常に口論していた」ということだが――ついにひとつの工事計画だけを扱って日々の労働生活における持続的な苦闘を表現することに同意し、挑発的なシナリオを執筆した。[五]

その時点では、デーファと社会主義統一党がこのような物議を醸しかねない映画の撮影を許可するかどうか、はっきりしなかった――そしてまず、この脚本は通常の検閲討議にかけられた。[六]脚本は一九八八年に受理され、製作は一九八九年四月に始まる予定になった。[七]前任者ハンス・ディーター・メーデの後を継いだばかりのデーファの新しい最高責任者ゲルト・ゴルデとのさらなる討議と、問題になりそうな場面や会話についてのデーファのほかの幹部や社会主義統一党の役人との議論とを経て、クナウフが削除を命じられたのはたった一文だけだった。[八]技術的な困難やほかの作品で機材が使用中といった理由で、実際の開始は数ヶ月遅れ、撮影が始まったのはようやく一九八九年一〇月三日のことだった。全体として見れば、承認の過程においてスタジオからも文化省からもさらなる変更の要求が出されなかったことは注目に値する。しかしながら、いったん撮影が開始されると、ほかの要因が映画製作を複雑にすることがあきらかになった。

一例を挙げれば、ベルリンの壁の開放はこの映画を時代錯誤なものにした。数ヶ月前から、東ドイツでは民主主義を求める定期的な月曜デモが起こっていた。ハンガリー＝オーストリア間の開放された国境やプラハの西ドイツ大使館を経由して、この年すでに何万人もの東ドイツ人が西ドイツへと逃亡していた後では、東ドイツ内部に変化が現れることは明白だった。(九) 一九八九年一〇月に『建築家たち』を撮影しはじめたとき、およそ一ヶ月後にベルリンの壁が開放され、短くはあったが新しい民主主義的な東ドイツが出現するようになるとは、彼には予見できなかった。あるインタヴューでカハーネは、場面の撮影中に彼らがこの歴史的出来事をどのように経験したか（そしてある意味で「経験しなかったか」）を語っている。一九八九年一一月九日の夕方に彼らがベルリン・アレクサンダー広場で撮影していたとき、ショーウィンドウのテレビがついていて、夕方のニュースが放送されていた。そこで、社会主義統一党のメンバーであるギュンター・シャボウスキーは、東ドイツ議会でついさっきまで行なわれていた討議について報告した際に、歴史的な誤りを犯したのである。彼はメモの日付を見落とし、東ドイツ人は事前認可の必要なく旅行ができるという新決定はただちに有効である、と述べたのである（この情報が東ドイツのラジオで放送される際には、翌日と言う予定だったのだが）。西ドイツのメディアは数時間後に、「国境は開いた」と宣言した。(一〇) カハーネと彼のチームは、ショーウィンドウのテレビで放映されていた東ドイツの記者会見には注意を向けておらず、アメリカの報道チームが壁の開放についてインタヴューをしてきたときにはじめて、何か重要なことが起こったことに気づいた。(一一) 壁の開放とさまざまな変化によって、カハーネはしだいに、東ドイツ社会の欠陥を指摘しようとした彼の映画が、撮影中に時代遅れになったことに気づくようになった。

東西ドイツの（そして東西ベルリンの）あいだの国境開放に伴う生活の新しい前提条件はまた、物流上の課題を生みだした。国境が機能しなくなると、東ドイツ人はみんな、ヴィザも、そしてパスポートさえ必要とせずに、西ベルリンや西ドイツを訪れることができた。多くの人がこの状況を利用して、旅行のために東ドイツを離れたり、永遠に東ドイツを去ったりしたが、この映画のチームはみんな、週末が終わると戻ってきて、映画の完成のために集まった。

このことは、歴史的な変革にもかかわらず、彼らがこの企画に責任を感じ、この映画の意義を確信していたことを示唆している。壁が公式に開放される以前にも、フリードリヒ通りの国境地点（東ドイツを去って西ベルリンへ向かうヴァンダとヨハンナが、ダニエルに別れを告げる場所）で撮影された場面では、この映画のチームは、映画とは関係のない人々がますます大量に出国していく事態とかかわることになった。ハンガリーの開放された国境やプラハの西ドイツ大使館を経由して何万人もの東ドイツ人が西ドイツへと去ったことを受けて、多くの人々に出国ヴィザが与えられたのである。カハーネによれば、フリードリヒ通りを脚本に含めてよいという許可を得ていたので、移住の場面では、ヴァンダとヨハンナと雇われていたエキストラたちを撮るために、国境地点へと向かう人々の流れをスタッフが止めなければならなかった。心理的な試練にもかかわらず――映画がその史実性のために失敗に終わるのではないかという不安と、「よりよい場所」へ行ってしまおうという誘惑――、『建築家たち』製作開始時と同じメンバーが、一九九〇年はじめにこの映画を完成させた。

映画を完成させるためにとどまることをチームに決意させたもうひとつの誘因はおそらく、現実世界で日ごとに変化が起こっていたなかで、無傷のベルリンの壁がある分断されたベルリンを装い、壁に囲まれた絶望の雰囲気を捉えるという、しだいに野心的なものになった課題だっただろう。壁の開放後にはより自由な政策が実施され、カハーネはブランデンブルク門での場面を追加することを認められたが、撮影許可の日までにブランデンブルク門のところにある壁が取り払われてしまうのではないかと懸念された。壁はまだ健在だった、とカハーネはあるインタヴューで回想している。しかし、公式の撤去に備えて、多くのカメラチームがすでに照明塔やクレーンを設置して、歴史的出来事を記録しようとしていた。これまでのように何にも遮られずにベルリンの壁とブランデンブルク門を捉えるには、カメラの位置に工夫が必要だった――この映画は、家族を分断する非人間的な建築物として壁の存在を嘆いているのだから、こうした状況は皮肉なことだった。（一三）突然の変化のために方向を見失った東ドイツ人たちの苦悩を表現しようとして、カハーネは新しい場面をいくつか撮ったが、ほとんどが映画には取りいれられなかった。たとえば、東ベルリンのある教会の前で起こった本物の抗議行動の映像がたっぷり撮られたが、残ったのはいくつかの会話だけだった。

ほかになされた修正のひとつは最終場面であり、カハーネは「いくらか救いのあったオリジナルの終わり方を断念し、映画の最後で主人公を絶望の淵に追いこむことにした。（一三）」

見方によれば、『建築家たち』はデーファ映画のブックエンドとして機能しており、一九四六年に『殺人者は我々の中にいる』によって始まったデーファ映画という章を締めくくっている。ヴォルフガング・シュタウテの映画は、新しいよりよいドイツの出発のために再建されるのを待っている、ベルリンの破壊された建物の瓦礫を舞台にしていた。『建築家たち』では、瓦礫はその間に片づけられたが、開発は停滞し、元来は東ドイツの悲惨な住宅状況を打開するために建てられた建築物は、もはや進歩の象徴ではなく、匿名性と苦痛を表す記念碑のようになっていた。（一四）町はずれに建てられた高層ビルは避難所を提供し、都市部の住宅にはないような設備がついていたかもしれない（石炭暖房ではなくセントラルヒーティング、共同のトイレではなくバスルーム付き寝室など）。その一方で、そのようなモダンな衛星都市における生活の質はといえば、ほとんどないも同然だった。ダニエルは友人と車に乗っているときに、こう指摘する。「映画館もない、劇場もない、バーもない。[……] 僕たちのところにはもう誰も訪ねてこないよ。」ヴァンダは深い嫌悪感をより痛烈に表現して、「ここにいたら刺激がなさすぎて私は死んでしまう」と言い、都心に戻ろうとダニエルに嘆願する。

これらの会話にはさまれた場面で、『建築家たち』は、ダニエルに任された建築企画を紹介している。つまり、新しいショッピング施設やカルチャーセンターを付け加えることで、それまで住むだけだったビル群がどのように変わるのかという、彼の展望を提示するのである。後でひっきりなしに修正を命じられることになる図面や模型ではなく、土の丘陵で自転車を乗りまわすダニエルの子どもじみた喜びのなかに、われわれは巻きこまれる。彼は自分がもう新築の商業施設のただなかにいるつもりになる――八百屋の屋台をよけ、食料品店の客を轢かないように妻に頼み、レストランとカフェと郵便局の場所を示し、娘に想像上のアイスクリームを買ってやる。この映画は、ほんの束の間だがこの土地にもういちど戻ってくる。それは、ダニエルがこの企画のために建築家たちのチームを集め、彼らを現場である高層ビル群に連れていく場面である。この集団が土の丘陵地帯を歩いていくとき、カメラはパンして疑いの顔

図 14・1　郊外環境を革新する構想をイメージしようとして、現場で当惑する建築家たち。『建築家たち』（0:14:32）（ドイツ版 DVD からキャプチャー）。

の表情を捉える。将来の開発地を見渡すために建築家たちが小高い場所に集まったとき、見下ろす彼らはほとんど困惑した様子であり、それは彼らのひとりの頭を掻くしぐさによっても感じられる（図14・1）。彼らの経験は、先に見た即興的な家族のお祝いの経験とは大きく異なる。映画の残りの部分で、カハーネはもう現地を見せることはなく、建築家たちと政治家たちが模型と青写真について議論をしている会議へと観客を連れていく。最後には、革新的なアイデアや創造的な計画のほとんどは、党の役人の要求に応えるために変更されたり、縮小されたり、完全に削除されたりする。その過程をこと細かく示すことで、カハーネは、政治が東ドイツ人の生活のあらゆる局面に浸透していた方法を観客に垣間見せる。しばしば、それらの要求はただ、東ドイツの日常生活への政治の影響力を示すためだけのものである。たとえば、役人たちと建築家たちの会議で出される、ある彫刻の名前を「家族のストレス」から「家族と社会主義」へと変更しろという、ばかげた命令がそうである。

　このエピソードが、市民生活のほかの局面と同様に、東ドイツの建物がいかに画一化されてきたかを具体的に示すものだとすれば、それはまた、建築を東ドイツの基本的神話の一部であるとする、デーファ映画の長い伝統のなかにも位置づけられる。ナチス・ドイツの瓦礫のなかから建国された新しい国は、

「労働者と農民の国」となるべく構想された。そのため、東ドイツ映画は、自分たちの住まいとしての建物を建設する、という共通の目標を達成するために共同で働く（比喩的には、国家を建設するために働く）、建築労働者、技師、政府役人の物語を熱心に扱ってきた。社会主義の映画でこれまでほとんど無視されてきた建築家たちの話をとりあげることで、カハーネは、社会主義における創造性や自由の重要性に注意を向けさせ、この物語群を拡大した（一五）。陰鬱な失敗の物語は、『パウルとパウラの伝説』では刷新と進歩のしるしであった建築物の役割をふたたび変えることになる。この映画はむしろ、以前のある作品にすでに存在していた単調さや匿名性を継続したものである。それは、ベルリン・マルツァーンに実在する郊外を舞台にした、ヘルマン・チョッへの一九八三年の映画『白鳥の島』であり、こうした先行作品とあわせて考えるならば、『建築家たち』は、東ドイツの建築が行きづまっている様子は東ドイツの終焉を表す最も明確な象徴のひとつである、と告げているといえよう。

　より一般的な解釈をすれば、カハーネは建築家たちに東ドイツの芸術家を代表させようとしたのだ。絶え間ない統制や検閲や古い課題への回帰というかたちで強要された、命令や指示への抑圧的服従によって、芸術家たちの創造性や個性はつねに抑えこまれていた（一六）。カハーネはダニエルという人物にあらゆる葛藤を詰めこんだ。順応と不服従とのあいだの板挟み、過激で刺激的な変化の提示によって社会の進歩の役に立てるという希望、さらには、仕事で活躍する機会を得るために体制にとどまっている、という微妙な状況をうまく切り抜けていかなければならないこと。

　『建築家たち』では、設計企画を進める任務を受けたことをある役人から知らされた後、ダニエルは社会主義統一党に加入することを拒否するが、それが否定的な影響をおよぼしうることを、彼は承知しているようにみえる。このときには、ダニエルは不動の信念をもっている。しかしながら、後になって、企画が解約されかねない状況に直面すると、彼は自分の設計の変更に同意する。解約の決定を知らされた彼は、自由ドイツ青年団（指導者は大人だった）の大人の代表者たちと連絡をとり、自分のはじめての本格的な企画を救おうとする。協議の場では、彼は役人たちのあいだで広く用いられている言葉遣いで返事をすることで、党が決めた統制的な枠組みのなかで仕事をするつもりがあることを示そうとする。ほとんど無表情のまま、彼は企画中止の決定を受けいれる（イデオロギー上の理由を承認する）声明文を読みあげるが、未来の世代の成功を可能にするような措置を講じるように、委員会に訴える。服従のように見えるものは、実際にはその逆である――これが、彼が自分の個性を放棄し、党の路線との協力を表明するやり方である。

壁が崩壊すると、カハーネはもはや政治によって強制された諸規定にしたがう必要がなくなったために、『建築家たち』はふたつの体制の狭間に存在した芸術の遺言となり、一九六〇年代の感性から抜けだせないでいた一九八〇年代後半の東ドイツを映す拡大鏡となっている。しかしながら、公開された一九九〇年には、『建築家たち』は時代遅れであった。この映画は、創造性を抑圧し、家族を引き裂く野蛮な政治体制を描いていたが、その政治体制はその数ヶ月ほどのうちに消滅してしまっていたのだ。一九九〇年にチケットを買った人はわずか五三五四人であった。一年前であればチケット完売の映画館が続出したであろうこの映画にとって、残念ではあるが、予想できなくもなかった入場者数であった（一七）。カハーネはあるインタヴューでこう述べている。結局のところ、「歴史に踏みにじられた映画を、誰が見たいと思ったでしょうか？」この映画がドイツのテレビで放映されるまでには、およそ一五年かかった――ある地方テレビ局の深夜の時間帯であった。カハーネがしばしば指摘してきたように、『建築家たち』は、東ドイツの過去を美化するノスタルジックなテレビショーや長編劇映画とは対照的な作品だったのだが。この作品がついに日の目を見るのは、二〇〇五年にニューヨーク近代美術館で行なわれた回顧展「理由ある反抗」においてである。そこでこの映画は、二一本の東ドイツ映画のひとつとして国際的な観客の前で上映されたのだ。それ以来、『建築家たち』は、ひとつの時代の終わりともうひとつの時代の始まりを同時に告げた、東ドイツ映画の代表作のひとつとみなされている。

15 「転換映画」、イェルク・フォート、検閲制度後のデーファ――『ダ・ダ・エルの近況』（イェルク・フォート、一九九〇年）

一九八九年一一月九日は東ドイツにとって重要な日だった。民主主義と旅行の自由を求める大規模なデモが諸都市の通りで起こると、社会主義統一党はテレビの記者会見で旅行制限の中止を宣言した。数分後には、何千人もの東ベルリン市民が国境のチェックポイントに集まり、国境警察が門を開けるやいなや、西ベルリンに流れこんでいった。「転換」と呼ばれるこの歴史的事件は、東ドイツを永遠に変えることになった。一年もたたないうちに、東ドイツは五州からなる連邦国となり、自由で民主主義的な選挙を実施し、ついに一九九〇年一〇月三日には西ドイツ、すなわち、ドイツ連邦共和国と合併した。その四日後、イェルク・フォートの映画『ダ・ダ・エルの近況』が、すでに統一ドイツとなっていたベルリンの映画館「バビロン」でプレミアを迎えた。元来は、この日付――東ドイツ建国四一周年――に、風刺をこめて「妥協なく、行きづまって硬直した国の姿を見せる」ことが目論まれていたが、歴史は『ダ・ダ・エルの近況』を消滅した国の白鳥の歌に変えてしまった（一）。二〇年以上経過したいま、この映画を見ることは、現代のドイツ人や世界の観客にとってフラストレーションのたまる経験かもしれない。というのも、この映画に含まれている大量の視覚情報や辛辣な会話を解読するためには、見る者にある程度の背景知識が必要となるからである。

『ダ・ダ・エルの近況』はふたりの道化師メーとヴェー（東ドイツの有名なキャバレー芸人シュテフェン・メンシングとハンス＝エックハルト・ヴェンツェル）の冒険を追っている。彼らは混乱に満ちた土地を進んでいくが、それは混沌期の東ドイツである。道中で、道化師たちは東ドイツ人たちと交流し、壁の崩壊によって、多くの人々が資本主義を無批判に信奉し、避けがたい最終解決としてドイツ統一を待ち望んでいることを知る。メーとヴェーが自分たちのいる環境の意味を理解しようと努めるというかたちで、この映画の一〇話のエピソードは、独立した民主主義的な東ドイツが発展していくことを期待していた人々のあいだの不安や憤慨を伝えている。公開時には、この映画は分裂状態の東ドイツを記録する以上のことはできなかったが、それはもう少しこの国をなんとかしたいという国民の想いをよそに崩壊してしまった国家の最後の瞬間を捉えており、彼らが感じていた「空約束に心を張りつめていたことからくる疲労」を反映しているのである。[二]

「汚染と弾圧と拘禁と監視と協業の地図を描く」[三]ことによって、監督のイェルク・フォートは、一九九〇年という転換期において東ドイツの陰鬱な遺産となりうる諸要素を調停する。しかしながら、こうした諸要素は、まったく新しい政治的・歴史的・文化的構造への統合の準備をしているこの国に漂うお祭り気分とは、いちじるしい対照をなしている。『ダ・ダ・エルの近況』は、いくつもエピソード的な寸劇のなかで、この矛盾について省察している。たとえば、「ドイツのヴァルプルギスの夜」のエピソードでは、焚火をしている場所でのメーとヴェーの批判的な声が、赤旗を燃やし、花火を打ちあげることで自分たちの過去に別れを告げようとしている東ドイツ人たちの陶酔的な掛け声の合唱や踊りと並置される。酔った人々の顔の映像が、群衆のあいだをさまよい歩く道化師たちの上に重ねられ、対比のモザイクができあがる。役割の皮肉な逆転のうちに、集まった群衆に道化師たちが投げかけようとする注意深く考えられた発言は、喜びを歌う歌や飲酒やセックスと衝突する。警告の言葉を無視する人々もいれば、道化師たちに攻撃的に向かってくる人々もいる。後のエピソード「新時代」では、「道化師を撃て」と唱えながら通りで彼らを追いまわす群衆によって、道化師たちは命の危険にさらされさえする。メーとヴェーはかろうじて逃げのびる。しかし、映画のエピローグで、彼らが無事にアパートの建物の前に立ったとき、アパートはバルコニーから垂れさがるドイツ国旗で飾られ、ドイツ・シェパード犬がバルコニーから彼らに吠えかかる。こうして彼らは群衆が勝利したことを悟るのである。

この映画のドイツ語題名もまた、皮肉で自己省察的な注釈になっている。「Letztes」には、英語題名がそうであるように「最新」という意味だけではなく、「最後」という意味もある。したがって、この映画は、「ダ・ダ・エル」の最後の一連の出来事を眺めていると主張しているのだ。題名のこのもう一方の部分は、ドイツ語の混成語となっており、東ドイツを表すＤＤＲ（ドイツ民主共和国）の頭文字と、二〇世紀初期のヨーロッパにおけるダダ芸術運動とを混ぜあわせている。ダダという芸術形式はドイツでは一九二〇年代に現れたが、既成の体制を拒否したり、少なくともそれに異論を唱えたりすることを目指す政治的・社会的声明として芸術作品を用いることが多かった。そのため、『ダ・ダ・エルの近況』という題名の選択は、東ドイツはふざけた政治構想であり、真面目にとりすぎる必要はない、という期待をかきたてる。同時に、この題名はまた、この映画自体を茶化すものであり、表面的な解釈に逆らい、手軽な見る喜びを与えることのない、ふざけた作品であるという烙印を自らに押している。この映画の目標は、「一九八九年前後の政治展開に対する左翼的批判」だとまとめられるだろう(四)。

デーファの文脈のなかでは、『ダ・ダ・エルの近況』はスタジオ内部構造の変化に対する第三の意味を帯びており、それまで押さえこまれていた映画製作者の新しい世代である第四世代の声が、この映画とともに表に出ることになった。一九八八年に、若い監督のグループが、デーファ内の代替スタジオで映画を撮る機会を与えてほしい、と要求したが、却下された。一九九八年の春になって、スタジオ指導部は新しい製作グループ「ダ・ダ・エル」の結成を認めた。この製作グループがついに活動を開始したのは、一九九〇年一月一日のことであった(五)。民営化に移行しようとしているスタジオで、このグループの一二人の監督たち――全員がいわゆるデーファの第四世代に属している――は、デーファは統一ドイツにおいても存在し続けるという望みを抱いて、新しい映画計画にとりかかった(六)。当初、彼らの作品はたんに実験的なものを目指していたのではなく、硬直したデーファの構造においては不可能だったような企画を実現できる状況を生かして、むしろ新しい「芸術的主観性」を推進しようとしていた(七)。しかしながら、デーファが民営化され、売却されることがすぐにあきらかになり、この作業グループには各自一本の映画企画を完成させる許可しかおりなかった。それゆえ、これらの「転換映画」には、映画製作者たちの熱意とともに、同胞の東ドイツ人たちに対する彼らの失望が表現されていた。東ドイツ人たちは、西ドイツの通貨と新しい購買力とを受けいれて、群れをなして自分たちの国を去るか、民主主義的な東ドイツを建設する機会を摑もうともせずに統一を待ち望むかの、どちらかであった（八）。これらの映画を見ることは、分解・消失しつつあった東ドイツで経験した不安や苛立ちに触れられる、またとない機会となるだろう。

最初の「転換映画」である『ダ・ダ・エルの近況』のために、イェルク・フォートは、シュテフェン・メンシングとハンス＝エックハルト・ヴェンツェルが一連のキャバレー・ショーのために練りあげてきた作品のシナリオを採用した（九）。一九八二年から一九八九年のあいだに、このコンビは「ダ・ダ・エルのニュース」（一九八二年）、「ダ・ダ・エルの古いニュース」（一九八八年）、「ダ・ダ・エルの近況」（一九八九年）などと題された数多くの政治ショーを演じ、舞台上で東ドイツの政治構造を嘲笑し攻撃する彼らの辛辣なやりとりが、観客におおいに受けた。このコンビがショーを開始したのは、批判的な歌手で詩人のヴォルフ・ビーアマンが一九七六年に国籍を剝奪された後のことである（一〇）。一九八二年に、メンシングとヴェンツェルは、ライヴ・ステージで東ドイツの政治を風刺するために、メーとヴェーという道化師をきまって用いるようになる。それはちょうど、中世の宮廷道化師が、処罰を受ける恐れなく、支配者を批判することを許されていたのに似ている。テクストと道化師の演技とを組みあわせることによって、彼らは禁止を免れた。望んだ結果を達成するためには、また、東ドイツ人の観客には解読できた複雑なコードを作りだすためには、会話と、曖昧な詞の歌と、そして、それに伴う身ぶりや顔の表情の演技との相互作用が必要であった（一一）。舞台の演技の前にすべてのテクストが承認されなければならなかったが、検閲官にテクストの一節が曖昧だと難癖をつけられると、メンシングとヴェンツェルはそれを修正し、しばしばより批判性の強い難解な文言に書き換えることもあったにもかかわらず、それは検閲を通過した（一二）。メンシングとヴェンツェルが演じるショーに参加する楽しみは、したがって、ひとつには、うまく解読できることであり、東ドイツの秘密警察（シュタージ）に逮捕されずに道化師たちが真実を言えることを、観客は承知していたのである。もうひとつにはもちろん、道化師たちが芝居にもたらすユーモラスな感覚があった。

フォートは、すでに一九八九年の短編映画『チューバ・ヴァ・デュオ』で、メンシングとヴェンツェルの作品をいくつかとりいれていた。これは、チューバを用いて東ドイツの公式文体を嘲笑する一一分間のパロディであった（一三）。政治的展開への失望が大きくなると、フォートは、民主主義的な東ドイツを創りあげる機会を逃すことになったと、彼やほかの人たちが考えていることに、注意を促すための理想的な道具として、風刺的な道化師寸劇を映像化した。映画の寸劇には、メンシングとヴェンツェルが公衆の前で演じている舞台版がそのまま使われた。その台詞は、政治を痛烈に批判し、党の指導者たちや秘密警察を嘲弄し、車購入の待機リスト、食肉売り場の行列、盛んな物々交換文化を生みだすことになった日用品の慢性的不足といった、日常の問題を嘲るものだったのだが。長編映画を撮る機会が与えられたことで、監督のフォートとその脚本家であるメンシングとヴェンツェルは、一一曲の政治ソングをちりばめたプロットを作ることができた。これによって、『ダ・ダ・エルの近況』は一世紀におよぶドイツ・レヴュー映画の伝統に連なる音楽映画となり、「当時のデーファが示していた［……］音楽映画への抵抗（一四）」を打破する作品となった。『ダ・ダ・エルの近況』は、ヴェルナー・ヴァルロートの一九八三年の映画『ツィレと私』以来、久々の音楽映画となり、デーファの歴史のなかで初めて、政治的意図をもつ音楽映画が国家の政治指導部に批判の矛先を向けることになった（一五）。

『ダ・ダ・エルの近況』において、フォートは、歌詞が伝えるメッセージを補完するさまざまな舞台設定で歌を演出した。「アケロン」と題されたシナリオでは、メーとヴェーは川を渡ろうと奮闘するが、唯一の選択肢は彼らを冥府へと運ぶフェリーボートであることに気づく。（おそらくは、共産主義社会から民主主義社会への東ドイツの）「移行」の代わりに、そこにあるのは、ドイツ統一と西へ向かう東ドイツ人たちとによって引き起こされる東ドイツ社会の「転落」だけである。ここでも、歌の歌詞が道化師たちの会話をミザンセンの文脈のなかに位置づける手助けをする。メーとヴェーはまず造船所の労働者たちの歌を歌うが、その歌詞は、労働階級の語彙（売春宿、ラム酒、ものまね屋）から、西側へ移住した人々や（ビーレフェルト、エッセン、パーダーボルン、フランコニアといった一連の西ドイツの地名で示される）、壁の崩壊後に機会を利用して外国に出かけ、大西洋で泳いだり、ローマ見物をしたりし

図 15・1 道化師のメーとヴェーは失われたユートピアとしての東ドイツを象徴的に救助しようとする。『ダ・ダ・エルの近況』(0:26:30)（ドイツ版 DVD からキャプチャー）。

た人々のための音楽メッセージへと変わる。これらの歌詞からは、多くの東ドイツ人が祖国と社会改革のチャンスとを捨て、東ドイツという船が「ゼロから出航する」のを諦めた事実に対する、ほとんど苦々しいともいえる感情が聴きとれる。

「地獄」に到着すると、道化師たちはセルヴァンテスの小説『ドン・キホーテ』に出てくるドルシエア・エル・トボソ王女（ここでは東ドイツの幻想的イメージ）を探しはじめるが、廃業したセメント工場のどこにも見つかりそうにない。そこで道化師たちは、東ドイツの化学工場の名前である「ブナ」をバックコーラスに、「束の間の楽しいときとお金」への葬儀讃美歌を歌う——西ドイツの市場経済への移行に備えて会社が民営化されたり、閉鎖されたりして、東ドイツ経済がしだいに行きづまっていることを表す、もうひとつの象徴である。新しい東ドイツを探し求めても無駄だと気づくと、おそらく国家保安相エーリヒ・ミールケについて滑稽な寸劇を演じることはできなかっただろう過去何十年間の出来事を、メーとヴェーは回想する。[一六] それから彼らは、東ドイツを警察国家だと言いはじめ、恩知らずな世界を皮肉に嘆くもうひとつの歌を歌って、東ドイツの政治を数節で要約する。彼らは歌いながら、照明をあてられた共産主義の星のまわりで踊るが、その星は救命具で飾られており、独立国家として東ドイツを救出することが不毛な試みであることをほのめかしている（図15・1）。道化師たちが労働者たちといっしょに工場を去るとき――東ドイツが労働者と農民の国であることへの言及――、塀に囲まれた要塞のような路地を草に覆われた線路に沿って行進しながら、彼らはみんなで歌を歌う。細い路地は壁でしっかりと守られているが、その壁には有刺鉄線が施され、投光照明で照らされて、東西ドイツ間の国境の八五六マイル、および、西ベルリンをとり囲む九六マイルの距離のすべてを分離する、国境防御の「無人地帯」を不気味に想起させる。（一七）もうひとつの象徴的なショットでは、カメラは倒壊しかけた壁に沿って一八〇度パンして、行進する群衆から離れてなにもない空間を映し、同じように寒々としたわびしい環境を示すことで、不毛さを強調している。

映画の章の題名によれば、そのわずか「数秒後」に、われわれは東ドイツの末期の生活を収めた場面を目にする。ある劇場で、メーとヴェーが歌う「ありがとう」の歌が批判的に眺められている。最初は子どもたちの集団によって、次には黒いスーツとサングラスを身につけたシュタージのメンバーばかりからなる観客によって、そして最後には、ほとんど空っぽになった観客席に残っている東ドイツ人からなる雑多な観客によって。その後、道化師たちは監獄に戻って、不正に仕組まれた東ドイツの選挙の結果についての寸劇を演じる。メーが、自分が投票箱に入れた「失われた票」についてパントマイムをしている。（一八）しかし事態は変化し、翌日の朝食時には、女性看守は、東ドイツが終焉を迎えつつあるという事実を諦めの気持ちで受けいれ、彼女が映画の冒頭で発砲した銃に使う弾丸を分解しはじめる。

さらにあと三つの場面とエピローグにおいて、道化師たちは同様の話題を再検討し、日用品を手に入れるのに長く待たなければならないこと、人々が抵抗もせずに抑圧をがまんしていること（東ドイツ人を屠殺される牛に譬える食肉処理場の場面）、社会主義統一党が寡頭政治に向かったこと（動物園の動物を撃つ猟師のグループ）などを非難する。党のためではなく党を攻撃する武器としての政治ソングの普及は、この映画が皮切りとなったが、デーファ映画がもはや政治に統制されるのではなく、政治的な力を行使することができる権威へと発展したことを裏づけている。

このような発展は、この映画のプレミアのわずか一年前には考えられなかった。シュタージはメンシングとヴェンツェルを、東ドイツ建国四〇周年の一九八九年一〇月七日に予定されていた公演の前に、ホイエルスヴェルダで逮捕し、一晩のあいだ彼らを拘束した後、彼らを地域の外に輸送した。おそらくは、デモ参加者たちと警備隊とのあいだの緊張の高まりを回避するためであった（一九）。わずか数週間後には、このコンビは検閲もしっぺ返しの恐れもなくふたたび公演ができるようになり、その直後に、フォートと『ダ・ダ・エルの近況』の仕事を始めた。舞台のプログラムを移行中の東ドイツの新しい現実に適合させるために、三人はさまざまな場所を設定して新しい数節を書いたり、「演劇な場面と現実とを混ぜあわせるために（二〇）」、郵便配達人、ごみ収集車の作業員、女性看守といった人物を加えたりした。これらの登場人物の配役はかなり注目に値する。フォートは、『ダ・ダ・エルの近況』のために大物有名人を獲得することに成功した。東ドイツの作家クリストフ・ハインがごみ収集車の作業員、西ドイツの女優イルム・ヘルマン（ライナー・ヴェルナー・ファスビンダーとの仕事で世界的名声を得た）が女性看守「彼女」、東ドイツの人気スポーツ選手である自転車競技者テーヴェ・シュールが郵便配達人を、それぞれ演じたのである。この配役によって、『ダ・ダ・エルの近況』はより深い意味の層をさらに加えることになった。女性看守を演じるヘルマンは、東ドイツの寓話としてのこの映画の価値を高めている。西ドイツの化身として、彼女は道化師たちを「牢に入れ」、管理する。映画のエピローグで、われわれは墓地に立つ彼女の微笑みを目にするが、彼女の隣には「さよなら」と刻まれた墓石があり、これは映画の終わりを示しているだけではなく、統一後の東ドイツの「消滅」をも暗示しているのである。たとえば、テーヴェ・シュールのような有名人でさえ公的領域から姿を消し、平均的な市民となっている。新しい時代において、シュールは依然として自転車に乗ってはいるが、いまではドイツ郵便局の郵便配達人という新しい仕事で小包を配達している。この黙示録的なシナリオのなかで、彼は彼自身のおどけた複製に姿を変えて、東ドイツの文化的記憶の消失を示す。

よく似たやり方で、作家クリストフ・ハインは、フリードリヒ・ヘルダーリンの詩を朗読する、必要以上の教育を受けたごみ収集人として、『ダ・ダ・エルの近況』に登場する。ヘルダーリンは、フランス革命に続く時代に、ドイツや政治や芸術について書いた詩人である。「こちらこそ」というエピソードのなかで、トラックが芸術の「ごみ」

であるとしてメーとヴェーを処分するとき、ヘルダーリンの言葉はこの移行中のドイツの政治状況をほとんど気味が悪いほどぴったりと言い表しており、それによってフォートは、東ドイツの芸術の見通しについての見解を述べるマルチメディア的な場面を作りだしている。そのほとんどは歴史のゴミの山のなかに忘れ去られるだろう、というのが、ヘルダーリンの言葉である。象徴的な壊れたテレビとばらばらの紙とのあいだを這っていくメーとヴェーのように、芸術家は方向を見失ってさまよい歩く。メーとヴェーはついさっき、彼らが「芸術流行病《エピデミー》」に入会を認められたことを祝う公式式典で、たくさんの勲章で互いを飾りあったばかりなのだが。「芸術流行病《エピデミー》」は、芸術を代表し、芸術にかんする問題について政府に助言する機関である、東ドイツ芸術アカデミーをほのめかしている。

　このような場面は、東ドイツの批評家をいらだたせ、映画のより深い意味を見抜くことができない西ドイツの観客の理解力には負担となった。他方で、東ドイツの観客と西ドイツの批評家は、東ドイツの政治を丹念に精査するこの音楽風刺劇を称讃した（二一）。しかしながら、ものの数ヶ月のうちに、この映画やほかの「転換映画」は、批判精神をもつ東ドイツ人という、ターゲットとしていた観客のほとんどを失ってしまった。これらの映画は公共の議論から姿を消し、約二〇年間にわたってほとんど無視された（二二）。フォートが『ダ・ダ・エルの近況』を携えてアメリカ合衆国を巡業し、二〇〇九年にアメリカで「転換映画」がＤＶＤ発売されて成功を収めてはじめて、これらの映画がドイツでも復権した（二三）。公開から二〇年後にようやく、「転換」という騒然とした時代を映画的に説明したこれらの映画は、製作グループ「ダ・ダ・エル」が一九九〇年に望んでいたような支持者を見いだそうとしている。

補　遺

デーファ映画を見る（合法的に）

東ドイツ映画について読むことは素敵なことだが、自力で映画を見ることができないならその喜びは半分でしかない。幸運なことに、書かれた言葉に頼る必要はない。デーファ映画を見るのは簡単だ。ドイツ語の知識がほとんどない人々にとっても、この本の第二部で議論された映画はすべて字幕付きで、デーファ映画ライブラリー（https://defafilmlibrary.com/）の便利なデーファ・ボックスで視聴できる。

マサチューセッツ大学アマースト校のデーファ映画ライブラリーは、アメリカ合衆国とカナダでのデーファ映画の配給権を所有しているだけではなく、この二国でのデーファ映画のＤＶＤ販売も引き受けている。本書出版の時点で、一〇〇本以上のデーファ映画に字幕がつけられ、ウェブサイトで販売されている。デーファ映画ライブラリーはまた、家庭用、公共図書館、教育機関、非商業上映などのために、ますますたくさんの映画を英語字幕付きで定期的に公開している。さらにこのライブラリーは、他所では販売されていない一六ミリや三五ミリの貴重なプリントの貸し出しをしている。この本の印刷時点では、公式のストリーミングサービスはまだない。

デーファ映画ライブラリーでまだ視聴できない映画を見ようとするならば、ドイツ語の習得と、ヨーロッパのディスクを再生できるＤＶＤ／ブルーレイプレーヤーの入手が必要になる。その用意がある視聴者は、アイスストーム・エンタテイメントのウェブサイト（www.icestorm.de/）やほかのオンラインプラットフォームや実店舗で、何百本にもおよぶ驚くべき数の映画を購入する機会がある。ドイツのＩＰアドレスとドイツの住所をもつ観客に対しては、アイスストームがアイスストームＴＶ（www.icestorm.tv）というかたちで、ビデオ・オン・デマンドのライブラリーをますます充実させている。ライセンスの問題で、このサービスはほかの地域では受けられない。ストリーミング・ビデオにはどれも、ＤＶＤにもまれにしか、英語字幕はついていない。童話映画のなかには吹き替え版があるものもある。ＶＨＳデッキ、できればマルチシステムの機械、をもっている人は、オークションや中古ビデオを販売している場所でデーファ映画を探してみると、宝が見つかるかもしれない。一九九〇年代にＶＨＳとして発売されただけで、ＤＶＤ化されていない映画もあるからだ。

注

序論

一　たとえば以下のものが挙げられる。Sabine Hake, *German National Cinema*, 2nd ed. (New York: Routledge, 2008)〔ザビーネ・ハーケ『ドイツ映画』山本佳樹訳、鳥影社、二〇一〇年〕; Tim Bergfelder, Erica Carter, and Deniz Göktürk, eds. *The German Cinema Book* (London: British Film Institute, 2002); Stephen Brockmann, *A Critical History of German Film* (Rochester, NY: Camden House, 2010); Terri Ginsberg and Andrea Mensch, eds. *A Companion to German Cinema* (Chichester: Wiley-Blackwell, 2012); Jennifer Kapczynski and Michael Richardson, eds. *A New History of German Cinema* (Rochester, NY: Camden House, 2012).

二　入門的な本をいくつか挙げておく。Seán Allan and John Sandford, eds., *DEFA: East German Cinema 1946-1992* (New York and Oxford: Berghahn, 1999); Leonie Naughton, *That Was the Wild East: Film Culture, Unification, and the "New" Germany* (Ann Arbor: University of Michigan Press, 2002); Joshua Feinstein, *The Triumph of the Ordinary: Depictions of Daily Life in the East German Cinema, 1949-1989* (Chapel Hill: University of North Carolina Press, 2002); Daniela Berghahn, *Hollywood Behind the Wall: The Cinema of East Germany* (Manchester: Manchester University Press, 2005); Anke Pinkert, *Film and Memory in the East Germany* (Bloomington: Indiana University Press, 2008).

三　デーファのドキュメンタリー・ジャンルを扱ったドイツ語文献を二冊挙げる。Günter Jordan and Ralf Schenk, *Schwarzweiß und Farbe: DEFA-Dokumentarfilme 1946-1992* (Berlin: Jovis, 1996); Tobias Ebbrecht, Hilde Hoffmann, and Jörg Schweinitz, eds., *DDR—Erinnern, Vergessen: Das visuelle Gadächtnis des Dokmentarfilms* (Marburg, Germany: Schüren, 2009).

四　Ralf Forster and Volker Petzold, *Im Schatten der DEFA: Private Filmproduzenten in der DDR* (Konstanz: UVK, 2010).

五　このジャンルへの優れた入門書として、以下を挙げる。Nora Alter, *Projecting History: German Nonfiction Cinema 1967-2000* (Ann Arbor: University of Michigan Press, 2003). こうしたドキュメンタリー映画のいくつかは、特典映像として見ることができる。また、単独のＤＶＤとして、マサチューセッツ大学アマースト校のデーファ映画ライブラリーから発売されているものもある。

六　以下のＤＶＤで、デーファのアニメーション映画の選集を見ることができる。*Red Cartoons—Animated Films from East Germany* (First Run Features, 2010).

七　以下を参照。Ralf Schenk and Sabine Hake, *Die Trick-Fabrik: DEFA-Animationsfilme, 1955-1990* (Berlin: Bertz + Fischer, 2003).

1　国家機関としての東ドイツ映画

一　Seán Allan, "DEFA: An Historical Overview," in *DEFA: East German Cinema, 1946-1992*, ed. Seán Allan and John Sandford (New York and Oxford: Berghahn, 1999), 2.

二　Ibid., 3.

三　同上より引用。

四　戦後最初のドイツ映画『殺人者は我々の中にいる』の解釈については、本書第４章も参照。

五　Christiane Mückenberger, "Zeit der Hoffnungen 1946 bis 1949," in *Das zweite Leben der Filmstadt Babelsberg: DEFA 1946-1992*, ed. Ralf Schenk (Berlin: Henschel, 1994), 8-49.

六　Günter Jordan, *Film in der DDR: Daten Fakten Strukturen* (Potsdam: Filmmuseum Potsdam 2009), 33-34.

七　たとえば、自由ドイツ労働組合同盟（ＦＤＢＧ）、自由ドイツ青年団（ＦＤＪ）、東ドイツ文化連盟（ＫＢ）。以下を参照。Jordan, *Film in der DDR*, 33-34.

八　こうしたデータについては、以下を参照。Jordan, *Film in der DDR*.

九　Allan and Sandford, "DEFA: An Historical," 8.

一〇　映画企画の運命を決定づけた製作ヒエラルヒーの説明については、本書第２章を参照。

一一　デーファのスターに対しても容赦はなかった。東ドイツで最も著名なスターのひとりであったマンフレート・クルークは、ブラックリストに載せられ、それから国籍を剥奪された自分の経験を日記のかたちで出版している。Manfred Krug, *Abgehauen: Ein Mitschnitt und ein Tagebuch* (Düsseldorf: Econ, 1996).

一二　一九五〇年一〇月三日のデーファ委員会。ドイツ連邦公文書館内のドイツ民主共和国の政党および大衆組織の文書財団（SAPMO）、Ⅳ二／九〇六／二〇八。この映画については、さらに以下を参照。Deborah Vietor-Engländer, "Arnold Zweig, Lion Feuchtwanger und der Film *Das Beil von Wandsbek*: Was darf die Kunst und was darf der Präsident der Akademie der Künste? Ein politisches Lehrstück aus der DDR," in *Feuchtwanger und Film*, ed. Ian Wallace (New York: Peter Lang, 2009), 297-314.

一三　Ralf Schenk, "Mitten im Kalten Krieg 1950 bis 1960," in *Das zweite Leben der Filmstadt Babelsberg: DEFA 1946-1992*, ed. Ralf Schenk (Berlin: Henschel, 1994), 50-157, quote on 70.

一四　Jordan, *Film in der DDR*, 230-231.

一五　以下を参照。Schenk, "Mitten im Kalten," 86-99.

一六　本書第6章での『ベルリン シェーンハウザーの街角』についての議論も参照。中央委員会の政治的決定にもとづいて東ドイツ文化には「氷結」の時期と「雪解け」の時期が存在するという考え方は、映画と政体の複雑な構造や相互作用をあまりにも単純化しているように見えるかもしれない。しかし、批判的な映画が、検閲を受けるにもかかわらず「雪解け」の時代には製作でき、それが「氷結」の時代になると、厳しい検閲の結果として結局は禁止される、といった事態を説明するには役立つ概念である。

一七　Schenk, "Mitten im Kalten, 132-138.

一八　『最高の美女』の運命については、さらに以下の拙稿を参照。Sebastian Heiduschke, "GDR Cinema as Commodity: Marketing DEFA Films since Unification," *German Studies Review* 36, no. 1 (2003): 61-78.『カジノ事件』については、以下も参照。"Die gefährliche Farbe," *Der Spiegel* (44), 58-61.

一九　Dagmar Schittly, *Zwischen Regie und Regime: Die Filmpolitik der SED im Spiegel der DEFA-Productionen* (Berlin: Links, 2002), 93-94.

二〇　Schenk, "Mitten im Kalten, " 151.

二一　地域間の映画「ツーリズム」については、さらに『ベルリン　シェーンハウザーの街角』を扱った本書第6章、デーファ映画と西ドイツ映画との競争の一般的な情報については、本書第2章を参照。また、東ドイツの観客の人口統計学的情報については、以下を参照。Elizabeth Prommer, *Kinobesuch im Lebenslauf* (Konstanz: UVK, 1999).

二二　Dirk Jungnickel, "Produktionsbedingngen bei der Herstellung von Kinospielfilmen und Fernsehfilmen," in *Filmland DDR: Ein Reander zu Geschichte, Funktion, und Wirkung der DEFA*, ed. Harry Blunk and Dirk Jungnickel (Cologne: Wissenschaft und Politik, 1990), 47-58. 芸術作業グループについては、さらに本書第2章を参照。

二三　本書第8章での『私はウサギ』についての議論を参照。

二四　本書第7章、第9章、第10章でとりあげる『金星ロケット発進す』、『暑い夏』、『アパッチ』は、デーファのジャンル映画の三つの例である。

二五　この映画のコピーを妻のエヴェリーン・カーロウが保管していて、一九八七年に修復された。

二六　デーファのスターについては、さらに本書第2章を参照。

二七　八〇年代のデーファ映画については、とりわけ以下を参照。Hans Joachim Meurer, *Cinema and National Identity in a Divided Germany, 1979-1989: The Split Screen* (Lewiston, NY: Edwin Mellen Press, 2000).

二八　Sabine Hake, *German National Cinema*, 2nd ed. (New York: Routledge, 2008)〔ザビーネ・ハーケ『ドイツ映画』山本佳樹訳、鳥影社、二〇一〇年〕.

二九　本書第13章での『ソロシンガー』についての議論も参照。

三〇　Bärbel Dalichow, "Das letzte Kapitel 1989 bis 1993," in *Das zweite Leben der Filmstadt Babelsberg: DEFA 1946-1992*, ed. Ralf Schenk (Berlin: Henschel, 1994), 329.

三一　「転換映画」については、さらに本書第14章、第15章での『建築家たち』と『ダ・ダ・エルの近況』にかんする議論を参照。

三二　検閲については、さらに本書第2章を参照。

三三　児童映画と童話映画への融資にかんするさらなる情報については、『小さなムックの物語』を扱った本書第5章を参照。

2　相互関係と緊張――デーファと東ドイツ娯楽産業

一　以下を参照。Ute Poiger, *Jazz, Rock, and Rebels: Cold War Politics and American Culture in a Divided Germany* (Berkeley: University of California Press, 2000), 85.

二　以下を参照。Wolfgang Kohlhaase and Gerhard Klein, "DEFA: A Personal View," in *DEFA: East German Cinema 1946-1992*, ed. Seán Allan and John Sandford (New York and Oxford: Berghahn, 1999), 117-130.

三　Elizabeth Prommer, *Kinobesuch im Lebenslauf* (Konstanz: UVK Medien, 1999), 131-135.

四　Heinz Kersten, "Von Karl May bis Clara Zetkin: Was 1984 aus eigenen und fremden Ateliers in DDR-Kinos kommt," *Deutschland-Arciv* 3 (1984): 233.

五　東ドイツにおけるメディア調査の問題については、以下を参照。Dieter Wiedemann, "Von den Schwierigkeiten der Medienforschung mit der Realität," *Funk und Fernsehen* 3 (1990): 343-356.

六　Prommer, *Kinobesuch*, 134.

七　以下を参照。Rosemary Stott, *Crossing the Wall: The Western Feature Film Import in East Germany* (Oxford: Peter Lang, 2012).

八　この委員会については、さらに以下を参照。Andreas Kötzing, "Zensur von DEFA Filmen in der Bundesrepublik," *Aus Politik und Zeitgeschichte*, 1-2 (2009): 33-39.

九　デーファ童話映画については本書第5章を、ドイツ統一後におけるこうした映画の意義については本書第3章を、さらに参照。

一〇　ダニエラ・ベルクハーンの以下の未刊行論文を参照。Daniela Berghahn, "Ein Gruselmärchen aus Europa. Zur Rezeption von 'Das singende klingende Bäumchen' (1957) in Großbritannien," presented at the conference Grenzen und Grenzüberschreitungen. Transnationale Filmbeziehungen der DEFA vor und nach dem Mauerbau (Potsdam, November 2011). この論文は以下の本に収録予定である。Michael Wedel et al., eds., *DEFA international: Grenzüberschreitende Filmbeziehungen vor und nach dem Mauerbau* (Wiesbaden, Germany: Springer VS, 2013).

一一　マリアナ・イヴァノヴァの以下の未刊行論文を参照。Mariana Ivanova, "*Gemeinschaftsproduktionen* (Un)Wanted: Transnational Strategies for Negotiation of East/West German Film Co-Productions during the Cold War," presented at the conference Cold War Cultures: Transnational and Interdisciplinary Perspective (The University of Texas at Austin, September 2010). この論文は以下の本に収録予定である。Michael Wedel et al., *DEFA international*.

一二　以下を参照。Ralf Schenk, "Ich fürchte mich vor gar nichts mehr," *Berliner Zeitung*, August 19, 2010, last accessed March 26, 2013, http://www.berliner-zeitung.de/arciv/ralf-schenk-ueber-den-berliner-filmkaufmann-erich-mehl-sein-husarenstueck-und-die-liebe-zum-untertan-ich-fuerchte-mich-vor-gar-nichts-mehr,10810590,10737218.html.

一三　以下を参照。Wolfgang Mühl-Benninghaus, ed., *Drei mal auf Anfang: Fernsehunterhaltung in Deutschland* (Berlin: Vistas, 2006).

一四　Prommer, *Kinobesuch*, 352.

一五　以下を参照。Günter Schulz, *Ausländer Spiel: Und abendfüllende Dokumentarfilme in den Kinos der SBZ/DDR 1945-1966* (Berlin: Bundesarchiv-Filmarchiv, 2001).

一六　以下の資料によればテレビ受像機は六〇台であった。"Kaum Fernseher zum Sendesart," DDR Fernsehen, last modified January 21, 2011, last accessed March 26, 2013, http://www.ddr-fernsehen.de/deutscher-fernsehfunk/kaum-fernseher-zum-sendesart.html. また、リューディガー・シュタインメッツとラインホルト・フィーホフは七五台としている。Rüdiger Steinmetz and Reinhold Viehoff, *Deutsches Fernsehn Ost: Eine Programgeschichte des DDR-Fernsehens* (Berlin: VBB, 2008), 67.

一七　Steinmetz and Viehoff, *Deutsches Fernsehn Ost*, 121.

一八　放映された映画をいくつか挙げる。『1―2―3コロナ』（ハンス・ミュラー、一九四八年）、『陽気な人々のボート』（ハンス・ハインリヒ、一九五〇年）、『ウィンザーの陽気な女房たち』（ゲオルク・ヴィルトハーゲン、一九五〇年）。

一九　Steinmetz and Viehoff, *Deutsches Fernsehn Ost*, 91.

二〇　以下を参照。Ralf Schenk, "Kino in der DDR," *Filmportal*, last accessed March 26, 2013, http://www.filmportal.de/thema/kino-in-der-ddr.

二一　以下を参照。Johannes Klingsporn, "Zur Lage der deutschen Kinowirtschaft," *Media Perspektiven* 12 (1991): 793-805.

二二　Steinmetz and Viehoff, *Deutsches Fernsehn Ost*, 15-16.

二三　本書第10章も参照。

二四　シュタウテについては、さらに本書第４章、第５章を参照。

二五　Sabine Hake, *German National Cinema*, 2nd ed. (New York: Routledge, 2008)〔ザビーネ・ハーケ『ドイツ映画』山本佳樹訳、鳥影社、二〇一〇年〕; Hans Joachim Meurer, *Cinema and National Identity in a Divided Germany, 1979-1989: The Split Screen* (Lewiston, NY: Edwin Mellen Press, 2000); John Davidson and Sabine Hake, eds., *Take Two: Fifties Cinema in a Divided Germany* (New York and Oxford: Berghahn, 2007).

二六　Katie Trumpener, "DEFA: Moving Germany into Eastern Europa," in *Moving Images of East Germany: Past and Future of DEFA Film*, ed. Barton Byg and Betheny Moore (Washington DC: American Institute for Contemporary German Studies, 2002), 85-104.

二七　たとえば以下を参照。Dina Iordanova, *Cinema of the Other Europa* (London: Wallflower, 2003); Mette Hjort and Duncan Petrie, *The Cinema of Small Nations* (Bloomington: Indiana University Press, 2007).

二八　イーヴァン・トルナーによる、ヴェトナムの映画スタジオとの国際的共同製作についてのデーファの監督イェルク・フォートのインタヴューを参照。http://guyintheblackhat.wordpress.com/2011/09/22/apocalypse-hanoi-an-interview-with-jorg-foth-about-dschungelzeit-1988/.

二九　Trumpener, "DEFA," 99. 本書第８章での『私はウサギ』についての議論も参照。

三〇　Wieland Becker and Volker Petzold, *Tarkowski trifft King Kong* (Berlin: Vistas, 2001).

三一　Mariana Ivanova, "DEFA and East European Cinemas: Co-Productions, Transnational Exchange and Artistic Collaborations," PhD diss. (Austin: University of Texas, 2011), 18.

三二　たとえば、本書第７章、第10章での合作映画『金星ロケット発進す』と『アパッチ』についての議論を参照。

三三　デーファが製作した映画の所有権は、かつての監督たちではなく、デーファ財団にある。

三四　製作構造の変化の詳細については、さらに以下を参照。http://www.defa.de/cms/DesktopDefault.aspx?TabID=1012.

三五　製作集団は後に「芸術作業グループ」（ＫＡＧｓ）と改称された。芸術作業グループはスタジオ内で独立したグループになるはずだったが、この決定はわずか二年後の一九六六年にはとり消された。映画監督ではなく文芸員に率いられた四つの芸術作業グループだけが残った。

三六　Dagmar Schittly, *Zwischen Regie und Regime: Die Filmpolitik der SED im Spiegel der DEFA-Produktionen* (Berlin: Links, 2002).

三七　David Bathrick, *The Power of Speech* (Lincoln: University of Nebraska Press, 1995), 37.

三八　何人かの監督のとりわけ一九六五年以前に製作された映画、あるいは、主題が社会主義リアリズムの教条と一致していた監督の映画は、作家主義的と理解できる。そうしたデーファの「作家」といえる映画監督は、クルト・メーツィヒ、ゲルハルト・クライン、スラタン・ドゥードフ、ヴォルフガング・シュタウテなどである。

三九　とりわけ、本書第8章での『私はウサギ』についての議論を参照。

四〇　Prommer, *Kinobesuch*, 122-151.

四一　Richard Dyer, *Heavenly Bodies: Film Stars and Society* (London: British Film Institute, 1986).

四二　Harry Blunk and Dirk Jungnickel, "Aus Gesprächen der Herausgeber mit Armin Mueller-Stahl," in *Filmland DDR: Ein Reader zu Geschichte, Funktion und Wirkung der DEFA*, ed. Harry Blunk and Dirk Jungnickel (Cologne: Wissenschaft und Politik, 1990), 63.

四三　以下を参照。Ingrid Poss and Peter Warnecke, *Spur der Filme: Zeitzeugen über die DEFA* (Berlin: Links, 2006), 171.

四四　シュテファン・ゾルドヴィエリは、一九六二年の東ドイツの本『われわれの映画スター』(*Unsere Filmsterne*, (Berlin: Junge Welt, 1962)) を手がかりに、以下の論文でこのことについて考察している。Stefan Soldovieri, "The Politics of the Popular: *Trace of the Stones* (1966/89) and the discourse on stardom in the GDR Cinema," in *Light Motives: German Popular Film in Perspective*, ed. Randal Halle and Margaret McCarthy (Detroit, MI: Wayne State University Press, 2003), 224.

四五　一九五〇年代と一九六〇年代初期においては、デーファはまだ西側のスターが自分たちの作品にかかわることに前向きであり、彼らの参加を大々的に宣伝した。たとえば、シュテファン・ゾルドヴィエリは、フランスのパテ社の協力で、パテとデーファの合作『サレムの魔女』(レイモン・ルーロー、一九五七年) にイヴ・モンタンとシモーヌ・シニョレが出演した経緯を説明している。シモーヌ・シニョレはこの役で英国アカデミー賞主演女優賞を獲得した。Stefan Soldovieri, "Managing Stars: Manfred Krug and the Politics of Entertainment in GDR Cinema," in *Moving Images of East Germany: Past and Future of*

DEFA Film, ed. Barton Byg and Betheny Moore (Washington DC: American Institute for Contemporary German Studies, 2002), 59.

四六　二〇〇六年以降に、アイスストーム・エンタテイメントと雑誌「ズーパーイル」が、雑誌の付録としてＤＶＤをつけ、俳優についてのそれにまつわるエピソードを雑誌に掲載するというかたちで、デーファ映画のマーケティングを始めたのも、類似のアプローチだといえる。

四七　Soldovieri, "Managing Stars," 58.

四八　以下のサイトにこうした絵葉書のリストがある。http://www.filmstadt-quedlinburg.de/starpostkarten.php

四九　Claudia Fellmer, "Armin Mueller-Stahl: From East Germany to the West Coast," in *The German Cinema Book*, ed. Tim Bergfelder, Erica Carter, and Deniz Göktürk, (London: British Film Institute, 2002), 96.

五〇　Soldovieri, "Managing Stars," 58-59.

五一　Fellmer, "Armin Mueller-Stahl," 91.

五二　Soldovieri, "Managing Stars," 63.

五三　Harry Blunk, *Die DDR in ihren Spielfilmen* (Munich: Profil, 1984), 124.

五四　Fellmer, "Armin Mueller-Stahl," 92.

五五　Claudia Fellmer, "The Communist Who Rarely Played a Communist: The Case of DEFA Star Erwin Geschoneck," in *Millennial Essays on Film and Other German Studies*, ed. Daniela Berghahn and Alan Bance (Oxford: Peter Lang, 2002), 41-62.

五六　ジーモン、および、かつて共産主義指導者エルンスト・テールマンを演じたことが一九六〇年のＳＦ映画『金星ロケット発進す』での彼の役におよぼした影響の詳細については、さらに本書第7章を参照。

五七　ドキュメンタリー映画『赤いエルヴィス』（レオポルト・グリューン、二〇〇七年）も参照。

五八　赤い西部劇の歴史とゴイコ・ミティチについては、さらに本書第10章での『アパッチ』の分析を参照。

五九　"Die DEFA Indianerfilm," Filmportal, last accessed March 26, 2013, http://www.filmportal.de/thema/die-defa-indianerfilme.

六〇　Horst Claus, "DEFA–State, Studio, Style, Identity," in *The German Cinema Book*, ed. Tim Bergfelder, Erica Carter, and Deniz Göktürk, (London: British Film Institute, 2002), 139-147.

3　ひとつの文化遺産――デーファの余生

一　この章のアイデアの一部は、以下のふたつの拙稿での研究にもとづいている。Sebastian Heiduschke, "Emerging from the Nische: DEFA's Afterlife in Unified Germany," forthcoming in *Monatshefte* 105, no. 4 (Winter 2013); Sebastian Heiduschke, "GDR Cinema as Commodity: Marketing DEFA Films since Unification," *German Studies Review* 36, no. 1 (2013): 61-78.

二　Stefan Haupt, *Urheberrecht und DEFA-Film* (Berlin: DEFA-Stiftung, 2005).

三　創られた伝統という概念については、エリック・ホブズボウムがさまざまな文脈からとり組んでいる。以下を参照。Eric Hobsbawm and Terence Ranger, eds., *The Invention of Tradition* (Cambridge: Cambridge University Press, 1983)〔エリック・ホブズボウム／テレンス・レンジャー（編）『創られた伝統』前川啓治／梶原景昭訳、紀伊國屋書店、一九九二年〕.

四　"Filmpark Babelsberg," http://www.filmpark-babelsberg.de.

五　『小さなムックの物語』とデーファ映画にとってのその重要性にかんする議論については、本書第5章を参照。

六　この映画博物館はいまでは映画テレビ大学「コンラート・ヴォルフ」（旧東ドイツ映画学校）の一部となっている。映画博物館の場所は大学の近くではなく、ポツダム中心部の歴史的な厩舎の建物のなかにある。

七　この映画博物館の歴史の簡単な年表は、たとえば以下で見られる。http://www/filmmuseum-potsdam.de/en/372-0.htm

八　VHSの再生・録画装置は、禁制品となりうる番組が無秩序に流布するのを防ぐために、しだいに東ドイツ市民の手に入らなくなった。

九　二〇一二年にこの契約はふたたび、スタジオ・ハンブルクとの配給権争いに勝利を収めたプログレス（現在では、デーファ・ホームビデオの配給社であるアイスストーム・エンタテイメントが所有している）のものになった。

一〇　二〇〇六年から二〇一二年にかけて、デーファ財団は子会社デーファ・スペクトルムも経営していた。デーファ・スペクトルムは、デーファ財団の資金援助によるデーファ映画の修復版や東ドイツ映画に関連する新作の配給をした。

一一　Dina Iordanova, *Cinema of the Other Europa* (London: Wallflower, 2003), 143-146.

一二　Torsten Wahl, "DEFA-Filme als Renner der Videothek?" *Berliner Zeitung*, June 30, 1995, http://www.berliner-zeitung.de/archiv/bis- zum-jahrtausende-soll-progress-filmverleih-verkauft-sein-jubilaeumsnacht-im-kino-boerse-defa-filme-als-renner-der-videothek-,10810590,8971612.html.

一三　注七参照。

一四　デーファのジャンル映画の分析については、本書第7章、第9章、第10章を参照。

一五　クルト・メーツィヒとデーファにおける彼の役割については、さらに本書第7章、第8章を参照。

一六　Susan Sontag, "Notes on 'Camp'," in *Against Interpretation and Other Essays*, ed. Susan Sontag (New York: Farrar, 1967), 275-292〔スーザン・ソンタグ『反解釈』高橋康也ほか訳、ちくま学芸文庫、一九九六年、四三一―四六二ページ〕.

一七　Erich Hobsbawm, "Introduction: Inventing Traditions," in *The Invention of Tradition*, ed. Eric Hobsbawm and Terence Ranger (Cambridge: Cambridge University Press, 1983) 4〔エリック・ホブズボウム／テレンス・レンジャー（編）『創られた伝統』前川啓治／梶原景昭訳、紀伊國屋書店、一九九二年、一三ページ〕.

一八　マーニャ・マイスターが著者に宛てた二〇一一年八月二日付のメール。入場者数といくつかの統計を提供していただいた。マイスターはいまでは存在しないデーファ・スペクトルムの元最高経営責任者であった。

一九　"60 Jahre PROGRESS Film-Verleih: Daten und Fakten," http://www.progress-film.de/de/progress/geschichte/documents/datenfakten.pdf.

二〇　Benedict Anderson, *Imagined Communities: Reflections on the Origin and Spread of Nationalism* (London: Verso, 2006). ベネディクト・アンダーソン『定本 想像の共同体 ナショナリズムの起源と流行』白石隆／白石さや訳、書籍工房早山、二〇〇七年、二四ページ〕.

二一　「盗用」（poaching）の概念については、以下を参照。Henry Jenkins, *Textual Poachers: Television Fans and Participatory Culture*, updated ed. (New York: Routledge, 2013). ウェブ二・〇の効果を探ったヴィジュアル・アーティストであるマティアス・フリッチュの詳細については、さらに以下を参照。http://www.hfg-karlsruhe.de/~mfritsch/works/installation/technoviking-archiv/technoviking-archive.html. オリジナルの『テクノヴァイキング』ビデオ、および、『暑い夏』を用いた、フリッシュベートンによるそれへのビデオでの反応については、それぞれ以下を参照。http://www.youtube.com/watch?v=_1nzEFMjkI4; http://www.youtube.com/watch?v=48dTH_pWtFA.

二二　『暑い夏』の分析については、本書第9章を参照。

二三　このファンサイトについては、以下を参照。http://www.dreihaselnuessefueraschenbroedel.de/.

二四　ルートガー・フォルマーのこのオペラの詳細については、以下も参照。http://www.operundtanz.de/archiv/2004/03/berichte-nordhausen.shtml.

第二部　氷結と雪解け——デーファの規範集

一　Frank-Burkhard Habel, *Das große Lexikon der DEFA-Spielfilme: Die vollständige Dokumentation aller DEFA-Spielfilme von 1946 bis 1993* (Berlin: Schwarzkopf & Schwarzkopf, 2001).

二　この標語は、DVD配給社ファースト・ランが「赤い西部劇」のマーケティングで用いたものである。http://firstrunfeatures.com/defawesterns.html.

4　瓦礫映画、ヴォルフガング・シュタウテ、戦後ドイツ映画——『殺人者は我々の中にいる』（ヴォルフガング・シュタウテ、一九四六年）

一　Kinematheksverbund, ed. *Die deutschen Filme. Deutsche Filmografie 1895-1998. The Top 100*, CD-Rom (Frankfurt am Main: Deutsches Filminstitut, 1999).

二　映画はこの点について言明していない。映画研究者ローベルト・シャンドリーの指摘によれば、オリジナル脚本は父親が共産党に入党していたことを理由に挙げている。Robert Shandley, *Rubble Films: German Cinema in the Shadow of the Third Reich* (Philadelphia, PA: Temple University Press, 2001), 134.

三　戦後期、連合国の尋問によってドイツ人は、加害者、傍観者、犠牲者に分類された。「いい子ぶる」は、この文脈においては、ナチ体制で活動していたことが無罪放免になっていることを意味する。

四　Peter Meyers, "Der DEFA-Film: *Die Mörder sind unter uns*," in *Nationalsozialismus und Judenverfolgung in DDR-Medien* (Berlin: Bundeszentrale für politische Bildung, 1997), 74.

五　以下を参照。http://www.umass.edu/defa/filmtour/sjmurder.shtml#Commentary.

六　フィルム・アクティーフの情報については、さらに本書第一章を参照。

七　以下を参照。Christiane Mückenberger, “The Anti-Fascist Past in DEFA-Film,” in *DEFA: East German Cinema 1946-1992*, ed. Seán Allan and John Sandford (New York and Oxford: Berghahn, 1999), 60.

八　アティーナ・グロスマンは、以下の本で、ソヴィエトがいかに躍起になって業務の回復を示そうとしていたかを書きとめている。

九　それゆえ、クリスティアーネ・ミュッケンベルガーの「芸術家たちは検閲の恐れなく、アイデアを展開することができた」(Christinane Mückenberger, “The Anti-Fascist Past in DEFA-Films,” 60) という発言は、注意深く読まなければならない。

一〇　ソヴィエトの軍政府のプロパガンダ部長官だったセルゲイ・トゥルパノフ大佐は、一九四六年五月に行なわれたデーファの公式セレモニーで、こうした目標について述べている。以下を参照。Seán Allan, “DEFA: An Historical Overview,” in *DEFA: East German Cinema 1946-1992*, ed. Seán Allan and John Sandford, (New York and Oxford: Berghahn, 1999), 3.

一一　『嘘つきヤコブ』の詳細については、本書第12章も参照。

一二　以下を参照。http://www.insidekino.de/DJahr?/DDRAlltimeDeutsch.htm.

一三　前に進むために必要な要素としての「悲哀」の理念は、アレクサンダー・ミッチャーリッヒとマルガレーテ・ミッチャーリッヒが以下の本で提出したものである。Alexander and Margarete Mitscherlich, *The Inability to Mourn: Principles of Collective Behavior* (New York: Grove, 1975), 3〔アレクサンダー・ミッチャーリッヒ／マルガレーテ・ミッチャーリッヒ『喪われた悲哀ファシズムの精神構造』林峻一郎／馬場謙一訳、河出書房新社、一九八四年、九ページ〕.

一四　Christiane Mückenberger, “Die ersten antifaschistischen DEFA-Filme der Nachkriegsjahre,” in *Nationalsozialismus und Judenverfolgung in DDR-Medien*, ed. Bundeszentrale für politische Bildung (Bonn: Bundeszentrale für politische Bildung, 1977), 16.

一五　ドイツの瓦礫映画については、以下を参照。Shandley, *Rubble Films*; Wilfried Wilms and William Rasch, eds. *German Postwar Films: Life and Love in Ruins* (New York: Macmillan, 2008).

一六　たとえば以下を参照。Stefan Soldovieri, “Finding Navigable Waters: Inter-German Film Relations and Modernization in Two DEFA

Barge Films of the 1950s," *Film History* 18, no. 1 (2006): 59-72.

一七 "Des Müllers Lust," *Der Spiegel* Issue 50 (December 1951): 35.

一八 撮影中に、東ドイツの国家元首ヴァルター・ウルブリヒトは、文化相ヨハネス・R・ベッヒャー、デーファの最高責任者アルベルト・ヴィルケニング、そして監督のシュタウテに、主演女優ヘレーネ・ヴァイグルを交代させるよう要求した。以下を参照。"Mutter Blamage," *Der Spiegel* Issue 48 (November 1955): 54-55.

5 永遠のブロックバスターとしての童話映画と児童映画――『小さなムックの物語』（ヴォルフガング・シュタウテ、一九五三年）

一 以下のサイトによれば、『小さなムックの物語』は東ドイツで最も成功したデーファ映画である。http://www.insidekino.de/DJahr/DDRAlltimeDeutsch.htm 西ドイツにおける東ドイツ映画の輸入禁止については、本書第2章を参照。

二 第一作は『冷たい心臓』（パウル・フェアヘーフェン、一九五〇年）であった。

三 Marc Silberman, "The First DEFA Fairy Tales: Cold War Fantasies of the 1950s," in *Take Two: Fifties Cinema in Divided Germany*, ed. John Davidson and Sabine Hake (New York and Oxford: Berghahn, 2007), 107.

四 Ibid., 108.

五 西ドイツがテレビを頼りにした理由については、同上参照。マーク・シルバーマンはまた、一九五〇年代のテレビ番組についての研究を、以下の文献から引用している。Bernhard Merkelbach, Dirk Stötzel, "Das Kinderfernsehen in der ARD in den 50er Jahren: Quantitative und qualitative Ergebnisse zum Programmangebot für Kinder," in *Fernsehen für Kinder: Vom Experiment zum Konzept. Programmstrukturen—Produkte—Präsentationsformen*, ed. Hans Dieter Erlinger, Bernhard Merkelbach and Dirk Stötzel (Siegen: University of Siegen, 1990), 25.

六 Silberman, "The First DEFA Fairy Tales," 109.

七 以下を参照。Joachim Giera, *Gedanken zu DEFA-Kinderfilmen* (Berlin: Betriebsakademie des VEB DEFA Studio für Spielfilme, 1982).

八 東西ドイツ間の輸出入が問題になる際の複雑な政治状況、グレーゾーン、映画配給社の創意工夫などの詳細については、さらに本書第2章を参照。

九　西ドイツにおける東ドイツ映画の検閲については、さらに以下を参照。Andreas Kotzing, “Zensur von DEFA Filmen in der Bundesrepublik,” *Aus Politik und Zeitgeschichte*, nos. 1-2 (2009): 33-39.

一〇　シュタウテは、本書第4章で議論されているデーファ最初の長編劇映画『殺人者は我々の中にいる』をはじめ、評価の高い作品をたくさん監督している。

一一　製作中止になったこの企画（『肝っ玉おっ母とその子どもたち』）については、さらに以下を参照。Werner Hecht, “Staudte verfilmt Brecht,” in *Apropos: Film 2003*, ed. Ralf Schenk and Erika Richter (Berlin: Bertz, 2003), 8-23.

一二　Sonja Fritzsche, “Keep the Home Fires Burning’: Fairy Tale Heroes and Heroines in an East German *Heimat*,” *German Politics and Society* 30, no. 4 (2012): 50.

一三　デーファの国際的関係や共同製作については、さらに本書第2章を参照。

一四　Silberman, „The First DEFA Fairy Tales,“ 107.

一五　Qinna Shen, “Barometers of GDR Cultural Politics: Contextualizing the DEFA Grimm Adaptations,” *Marvel & Tales: Journal of Fairy Tale Studies* 25, no. 1 (2011): 70.

一六　デーファの童話映画・児童映画の教育的局面については、以下を参照。Benita Blessing, “Happily Socialist Ever After? East German Children’s Films and the Education of a Fairy Tale Land,” *Oxford Review of Education* 36, no. 2 (2010): 233-248.

一七　David Bathrick, *The Powers of Speech: The Politics of Culture in the GDR* (Lincoln: University of Nebraska Press, 1995), 167.

一八　Jack Zipes, *The Enchanted Screen: The Unknown History of Fairy Tale Films* (New York: Routledge, 2010).

一九　シルバーマンは、『小さなムックの物語』の詳細な解釈のなかで、デーファがいかに映画の要素を一九五〇年代の政治状況に合うように変化させたかを示している。

二〇　Ingelore König, Dieter Wiedemann, and Lothar Wolf, *Zwischen Marx und Muck* (Berlin: Henschel, 1996), 97.

二一　Blessing, “Happily Socialist Ever After?” 240.

二二　以下を参照。Rosemary Creeser, “Cocteau for Kids: Rediscovering *The Singing, Ringing Tree*,” in *Cinema and the Realms of Enchantment:*

Lectures, Seminars, and Essays by Marina Warner and Others, ed. Duncan Petrie (London: British Film Institute, 1993), 111-124; http://3hfa.jimdo.com/; Jim Morton's blog http://eastgermancinema.com/2011/12/23/the-golden-goose/.

6 「現代映画」、敵対する他者としての西ベルリン、祖国としての東ドイツ——反逆者の映画『ベルリン シェーンハウザーの街角』（ゲルハルト・クライン、一九五七年）

一 本書第1章も参照。

二 本書第2章も参照。

三 以下を参照。Horst Claus, "Rebels with a Cause: The Development of the '*Berlin-Filme*' by Gerhard Klein and Wolfgang Kohlhaase," in *DEFA: East German Cinema 1946-1992*, ed. Seán Allan and John Sandford (New York and Oxford: Berghahn, 1999).

四 三本の映画とは、『サーカスでの警報』（一九五四年）、『ベルリンのロマンス』（一九五六年）、『ベルリンの街角』（一九六五年）である。

五 ヴォルフガング・コールハーゼは、こうした映画を西ベルリンへ見に行った自分自身とクラインの経験について述べている。以下を参照。Wolfgang Kohlhaase and Gerhard Klein, "DEFA: A Personal View," in *DEFA: East German Cinema 1946-1992*, ed. Seán Allan and John Sandford, (New York and Oxford: Berghahn, 1999), 117-130.

六 Matthias Judt, ed., *DDR-Geschichte in Dokumenten* (Berlin: Links, 1997), 545-546.

七 Ralf Schenk, ed., *Das zweite Leben der Filmstadt Babelsberg: DEFA 1946-1992* (Berlin: Henschel, 1994), 127.

八 一九五三年六月一七日の歴史的出来事については、さらに本書第1章を参照。

九 これらの反乱の詳細については、以下を参照。Ute Poiger, *Jazz, Rock, and Rebels: Cold War Politics and American Culture in a Divided Germany* (Berkeley: University of California Press, 2000).

一〇 自転車はまた、戦前のプロレタリア映画ジャンルへの言及でもある。とりわけ、スラタン・ドゥードフの『クウレ・ワムペ』（一九三二年）では、自転車が労働者運動のシンボルになっている。

7 デーファ・ジャンル映画の誕生、東ドイツのＳＦ映画、新しい技術、東欧との共同製作──『金星ロケット発進す』（クルト・メーツィヒ、一九六〇年）

一 Stefan Soldovieri, "Socialists in Outer Space: East German Film's Venusian Adventure," *Film History* 10 (1998): 382-398.

二 Kurt Maetzig, *Filmarbeit. Gespräche, Reden, Schriften*, ed. Günter Agde (Berlin: Henschel, 1987), 124.

三 Stanislav Lem, *Astronauci* (Warsaw: Czytelnik, 1951)〔スタニスワフ・レム『金星応答なし』沼野充義訳、ハヤカワ文庫、一九八一年〕.

四 Soldovieri, "Socialists in Outer Space," 393.

五 "Bemerkungen zur Bearbeitung des Drehbuchs *Planet des Todes*," February 13, 1958, SAPMO: DR 117 1927, qtd. In Soldovieri, "Socialists in Outer Space," 393.

六 Michael Grisko. "Zwischen Sozialphilosophie und Actionfilm: Grenzen und Möglichkeiten des Science-Fiction Genres bei der DEFA," in *Apropos: Film 2002: Das Jahrbuch der DEFA-Stiftung*, ed. Ralf Schenk and Erika Richter (Berlin: Bertz, 2002), 112.「現代映画」というジャンルについては、本書第６章も参照。

七 シュテファン・ゾルドヴィエリは、前述の論文（"Socialists in Outer Space"）で、こうした共同製作の展開を細かく研究し、記録している。

八 デトレフ・カナピンは、国際的連帯こそがデーファＳＦ映画の中心課題であったと見ている。以下を参照。Detlef Kannapin, "'Peace in Space': Die DEFA im Weltraum. Anmerkungen zu Fortschrit und Utopie im Filmschaffen der DDR," in *Zukunft im Film. Sozialwissenschaftliche Studien zu "Star Trek" und anderer Science Fiction*, ed. Frank Hörnlein and Herbert Heinicke (Magdeburg: Scriptum, 2000), 55-70.

九 ゾルドヴィエリが引用した、メーツィヒの脚本についての所見を参照。Soldovieri, "Socialists in Outer Space," 386.

一〇 Mariana Ivanova, "DEFA and East-European Cinemas: Co-Productions, Transnational Exchange and Artistic Collaborations," PhD diss., (The University of Texas at Austin, 2011), 117.

一一 Soldovieri, "Socialists in Outer Space," 383.

一二　デーファは現在と過去を舞台にしたSF映画を数本製作した。たとえば、『コスマトムへの旅』（マンフレート・グスマン／ヤーヌス・シュタール、一九六一年）や『目的をもつ男』（フランク・フォーゲル、一九六一年）である。デーファ・フトゥルムのさらなる情報については、以下を参照。Sonja Fritzsche, "East Germany's *Werkstatt Zukunft*: Futurology and the Science Fiction Films of *defa-futurum*," *German Studies Review* 29, no. 2 (2006): 367-386.

一三　デーファのジャンル映画については、さらに以下を参照。Daniela Berghahn, *Hollywood Behind the Wall: The Cinema of East Germany* (Manchester: Manchester University Press, 2005), 39-43.

一四　シュテファン・ゾルドヴィエリは誤って指摘しているが（"Socialists in Outer Space," 382）、この映画は七〇ミリで撮られてはおらず、東ドイツ製のトータルヴィジョン・レンズを用いて三五ミリで撮られている。デーファが七〇ミリのフォーマットで製作した映画はわずか七本である。『金星ロケット発進す』はそこに含まれておらず、SF映画では『エオロメア』と『シグナル 宇宙冒険』がそれにあたる。（以下を参照。http://www.defa.de/cms/film-und-videoausgangsformate.）実際、一九六二年には、このフォーマットで上映できる映画館がふたつしかなかったので、七〇ミリで映画を撮ることはあまり実際的ではなかった。以下を参照。http://www.arsenal-berlin.de/de/kino-arsenal/programmarchiv/einzelansicht/article/590/2804//archive/2006/july.html.

一五　貿易省は一九六〇年にはまだ、貿易およびドイツ間交易のための省と呼ばれていた。以下を参照。"Innerzonenhandel: Rein und Raus," *Der Spiegel* 50 (December 7, 1960): 23-25.『金星ロケット発進す』の場合については、以下を参照。Soldovieri, "Socialists in Outer Space," 386.

一六　Soldovieri, "Socialists in Outer Space," 387.

一七　本書第1章を参照。

一八　インターヴィジョン、正式名称「国際ラジオテレビ組織」（OIRT）は、西ヨーロッパのユーロヴィジョンへの対抗組織として存在していた。以下を参照。Kenneth Harwood, "An Association of Soviet-Sphere Broadcasters: The International Radio and Television Organization," *Journal of Broadcasting and Electronic Media* 5, no. 1 (1960): 61-72.

一九　Grisko, "Zwischen Sozialphilosophie," 112.

二〇　ソーニャ・フリッチェは、デーファのSF映画が祖国としての東ドイツという理念をいかに利用しているかについて述べている。Sonja Fritzsche, "A Natural and Artifical Homeland: East German Science-Fiction Film Responds to Kubrick and Tarkovsky," *Film & History: An Interdisciplinary Journal of Film and Television Studies* 40, no. 2 (Fall 2010): 80-101.

二一　Frederic Jameson. "Science Fiction and the German Democratic Republic," *Science Fiction Studies* 11, no. 2 (July 1984): 194-199.

二二　『エルンスト・テールマン 階級の息子』（クルト・メーツィヒ、一九五四年）と『エルンスト・テールマン 階級の指導者』（クルト・メーツィヒ、一九五五年）のことである。

二三　たとえば、メーツィヒの一九四六年のドキュメンタリー『社会党と共産党の統一』は、社会主義統一党を成立させた二政党の合併についての、きわめて歪んだ見方を示している。

二四　以下も参照。Maetzig, *Filmarbeit*. また、本書第8章でのメーツィヒの映画『私はウサギ』についての議論も参照。

二五　Soldovieri, "Socialists in Outer Space," 386.

二六　Berghahn, *Hollywood Behind the Wall*, 41.

二七　Soldovieri, "Socialists in Outer Space," 394

二八　Burkhard Ciesla, "Droht der Menschheit Vernichtung?" *Der schweigende Stern / First Spaceship on Venus*: Ein Vergleich," in *Apropos: Film 2002: Das Jahrbuch der DEFA-Stiftung*, ed. Ralf Schenk and Erika Richter (Berlin: Bertz, 2002), 121-136.

二九　以下の拙稿を参照。Sebastian Heiduschke, "Communists and Cosmonauts in Mystery Science Theater 3000: De-Camping *First Spaceship on Venus / Silent Star*," in *The Peanut Gallery with Mystery Science Theater 3000: Essays on Film, Fandom, Technology and the Culture of Riffing*, ed. Robert Weiner and Shelley Barbra (Jefferson, NC: McFarlanf, 2011), 40-45.

三〇　「ニューヨークタイムズ」の以下のＤＶＤレヴューを参照。http://www.nytimes.com/2005/12/30/movies/30dvd.html?pagewanted=print&_r=0.

8　映画検閲、東ドイツの「ヌーヴェル・ヴァーグ」、「ウサギ映画」――『私はウサギ』（クルト・メーツィヒ、一九六五年）

一　このインタヴューは、ファースト・ラン・フィーチャーズから発売された『私はウサギ』のアメリカ版ＤＶＤに収められている。

二　コンラート・ヴォルフの『太陽を探す人々』の場合にかんしては、本書第13章での『ソロシンガー』についての議論を参照。

三　本書第15章での『ダ・ダ・エルの近況』についての議論を参照。

四　Katie Trumpener, "La guerre est finie: New Waves, Historical Contingency, and the GDR *Kaninchenfilme*," in *The Power of Intellectuals in Germany*, ed. Michael Geyer (Chicago: University of Chicago Press, 2001), 116.

五　西ドイツの「ヌーヴェル・ヴァーグ」については、さらにたとえば以下を参照。Thomas Elsaesser, *New German Cinema: A History* (Basingstoke: Macmillan / British Film Institute, 1989) and Julia Knight, *New German Cinema: The Images of a Generation* (London: Wallflower, 2004).

六　Trumpener, "La guerre est finie," 126.

七　Günter Agde, ed., *Kahlschlag. Das 11. Plenum des ZK der SED. Studien und Dokumente*, 2nd ed. (Berlin: Aufbau, 2000).

八　メーツィヒの弁明の書簡については、同上三〇三—三〇九ページを参照。

九　デーファ映画の基本理念のひとつとしての社会主義リアリズムの詳細な議論については、本書第1章を参照。

一〇　たとえば以下を参照。Dagmar Schittly, *Zwischen Regie und Regime: Die Filmpolitik der SED im Spiegel der DEFA-Produktionen* (Berlin: Links, 2002), 129-132.

一一　Joshua Feinstein, *The Triumph of the Ordinary: Depictions of Daily Life in the East German Cinema, 1949-1989* (Chapel Hill: University of North Carolina Press, 2002), 163.

一二　Stefan Soldovieri, "Censorship and the Law: The Case of *Das Kaninchen bin ich (I am the Rabbit)*," in *DEFA: East German Cinema 1946-1992*, ed. Seán Allan and John Sandford, (New York and Oxford: Berghahn, 1999), 146-163.

一三　一九六四年にソヴィエト連邦で、レオニード・ブレジネフが自由主義的改革政策の多くを破棄し、抑圧的な政策に回帰すると、東ドイツもそれに倣った。東ドイツにおけるソヴィエトの政策の模倣については、本書第1章も参照。

一四　Soldovieri, "Censorship and the Law," 150-151.

一五　Christiane Mückenberger, ed., *Prädikat: Besonders schädlich: Filmtexte* (Berlin: Henschel, 1990).

一六　この小説は東ドイツでは刊行されなかった。ビーラーは、まずプラハに、それから西ドイツに移住した後、『マリア・モルツェク、あるいは、私はウサギ』というオリジナルタイトルで、この小説を出版した。

一七　『私はウサギ』のアメリカ版ＤＶＤ所収のメーツィヒとのインタヴューを参照。

一八　一九六〇年代における東欧の影響については、さらに本書第2章を参照。

一九　『金星ロケット発進す』、『暑い夏』、『アパッチ』といったジャンル映画をとりあげた本書第7章、第9章、第10章を参照。そもそもこうした作品が可能になった理由のひとつは、壁の建設であった。

二〇　Erika Richter, "Zwischen Mauerbau und Kahlschlag: 1961 bis 1965," in *Das zweite Leben der Filmstadt Babelsberg*, ed. Ralf Schenk (Berlin: Henschel, 1994), 171.

二一　東ドイツ国家元首ヴァルター・ウルブリヒトのスピーチの抜粋の英訳については、以下を参照。http://germanhistorydocs.ghi-dc.org/sub_document.cfm?document_id=927.

二二　以下も参照。Feinstein, *The Triumph of the Ordinary*, 154-155.

二三　Soldovieri, "Censorship and the Law," 150.

二四　以下を参照。Walter Ulbricht, "Schlußwort auf der 11. Tagung des ZK der SED 1965," in *Kahlschlag. Das 11. Plenum des ZK der SED. Studien und Dokumente*, 2nd ed., ed. Günter Agde (Berlin: Aufbau, 2000), 266-281.

二五　Anke Pinkert, *Film and Memory in the East Germany* (Bloomington: Indiana University Press, 2008), 180.

二六　Gilles Deleuze, *Cinema 2: The Time-Image* (Minneapolis: University of Minnesota Press, 1989), 192-194〔ジル・ドゥルーズ『シネマ2＊時間イメージ』宇野邦一ほか訳、法政大学出版局、二〇〇六年、二六九―二七二ページ〕.

二七　本書第13章での『ソロシンガー』についての分析も参照。

二八　本書第15章での『ダ・ダ・エルの近況』についての議論を参照。

二九　Daniela Berghahn, *Hollywood Behind the Wall: The Cinema of East Germany* (Manchester: Manchester University Press, 2005), 134-141.

三〇　本書第3章を参照。

9 寝返り映画、デーファ・ミュージカル、ジャンル映画——『暑い夏』（ヨーアヒム・ハスラー、一九六八年）

一 アメリカ映画や西ドイツ映画の輸入の詳細については、さらに本書第2章も参照。ほかの興味深い情報源としては、たとえば以下のものが挙げられる。Hans Joachim Meurer, *Cinema and National Identity in a Divided Germany, 1979-1989: The Split Screen* (Lewiston, NY: Edwin Mellen Press, 2000); Rosemary Stott, *Crossing the Wall: The Western Feature Film Import in East Germany* (Oxford: Peter Lang, 2012).

二 この憲法の抜粋の英語訳については以下を参照。http://germanhistorydocs.ghi-dc.org/sub_document.cfm?document_id=79. 憲法全文（ドイツ語）は以下の本に復刻されている。Volker Gransow and Konrad Jarausch, eds. *Die Deutsche Vereinigung: Dokumente zu Bürgerbewegung, Annäherung und Beitritt* (Cologne: Verlag Wissenschaft und Politik, 1991), 40-41.

三 本書の『金星ロケット発進す』と『アパッチ』についての議論も参照。

四 ウーファのスタイルがデーファに存在し続けたことについての詳細は、本書第1章を参照。

五 本書第8章での『私はウサギ』についての議論を参照。

六 Helga Balach. *Wir tanzen um die Welt: Deutsche Revuefilme 1933-1945* (Munich: Hanser, 1979).

七 本書第4章での『殺人者は我々の中にいる』についての議論も参照。

八 これらの映画については、さらに本書第2章を参照。

九 Mary Wauchope, “The Other ‘German’ Cinema,” in *Framing the Fifties: Cinema in a Divided Germany*, ed. John Davidson and Sabine Hake (New York and Oxford: Berghahn, 2007), 220.

一〇 デーファにおける七〇ミリフォーマットについては、さらに本書第7章での『金星ロケット発進す』についての議論を参照。

一一 『暑い夏』は観客を魅了し続けている。数えきれないほどの評論が書かれ、たとえば以下のような多くのブログに登場している。Classic Forever, http://classicforever.blogspot.com/2010/12/east-germanys-heier-sommer-aka.html; East German Cinema, http://eastgermancinema.com/2011/12/29/hot-summer/.

一二　Andrea Rinke, "Eastside Stories: Singing and Dancing for Socialism," *Film History* 18 (2006): 73.

一三　『イースト・サイド・ストーリー』（ダナ・ランダ、一九九七年）。

一四　Andrea Rinke, "Film Musicals in the GDR," in *Film's Musical Moments*, ed. Ian Conrich and Estelle Tincknell (Edinburgh: Edinburgh University Press, 2006), 190.

一五　ヨハネス・フォン・モルトケは、「郷土映画」という概念がデーファ映画にも適応されうることを、説得力をもって示している。以下の本のとりわけ第七章「地方の集団化——一九五〇年代におけるデーファと故郷の問題」を参照。Johannes von Moltke, *No Place Like Home: Locations of Heimat in German Cinema* (Berkeley: University of California Press, 2005), 170-202.

一六　たとえば、本書第8章での『私はウサギ』についての議論を参照。

一七　ゲルト・ナツィンスキーについては、さらにたとえば以下を参照。Manfred Haedler, "Der weiße Fleck: Musikfilm: Gespräche mit dem Regisseur Horst Bonnet und dem Komponisten Gerd Natschinski," in *Kino—und Fernseh-Almanach: Prisma 07*, ed. Horst Knietzsch (Berlin: Henschel, 1976), 64-80.

一八　東ドイツにおける音楽の役割、一九六四年の「若者たちのドイツ会談」、一九六五年以降にバンドの認可手続きが要求されるようになったことに伴う「ビート音楽」の禁止などについては、たとえば以下を参照。Michael Rauhut, *Rock in der DDR* (Bonn: Bundeszentrale für politische Bildung, 2002).

一九　Hans Helmut Prinzler, qtd. on http://www.hhprinzler.de/1965/06/findet-der-deutsche-film-bei-der-defa-statt/.

二〇　Rinke, "Film Musicals," 191.

二一　本書第6章での『ベルリン シェーンハウザーの街角』についての議論を参照。

10　さらなるジャンル映画、「赤い西部劇」、東ドイツにおけるスターの座——『アパッチ』（ゴットフリート・コルディッツ、一九七三年）

一　Thomas Schatz, *Hollywood Genres* (New York: Random House, 1981), 64.

二　Daniela Berghahn, *Hollywood Behind the Wall: The Cinema of East Germany* (Manchester: Manchester University Press, 2005), 39.

三　以下のサイトにまとめられている統計を参照。http://www.insidekino.de/DJahr/DDRAlltimeDeutsch.htm.

四　本書第1章も参照。

五　アパッチ部族とその酋長についての物語は、『ウルザナ』（ゴットフリート・コルディッツ、一九七四年）において決着がつけられる。

六　Rex Strickland, "The Birth and Death of a Legend: The Johnson Massacre of 1837," *Arizona and the West* 18, no. 3 (1976): 257-286.

七　本書第7章での『金星ロケット発進す』についての分析を参照。ヴェルスコプフ＝ヘンリヒと東ドイツにおける彼女の重要性とについては、さらに以下を参照。Glenn Penny, "Red Power: Liselotte Welskopf-Henrich and Indian Activist Networks in East and West Germany," *Central European History* 41 (2008): 447-476.

八　本書第8章での『私はウサギ』についての分析も参照。

九　Berghahn, *Hollywood behind the Wall*, 39.

一〇　当時、デーファは芸術作業グループ（ＫＡＧｓ）から構成されていた。それぞれのグループが、監督、文芸員、技術スタッフなどの要員を抱えており、映画のプロデューサーの役割を演じた。デーファ内部での芸術作業グループの地位と責任は、スタジオ史を通じて何度も変化した。ローター・クライスは、芸術作業グループが主任文芸員に統率されるようになった一九六七年の変革の後にも存続した、四つのグループのひとつである。芸術作業グループのさらに詳細な説明については、以下を参照。Mariana Ivanova, "DEFA and East European Cinemas: Co-Productions, Transnational Exchange and Artistic Collaborations," PhD diss. (Austin: University of Texas, 2011), 93-95.

一一　Vera Dika, "An East German *Indianerfilm:* The Bear in Sheep's Clothing," *Jump Cut* 50 (2008), http://www.ejumpcut.org/archive/jc50.2008/Dika-indianer/index.html.

一二　Ibid.

一三　Andre Bazin. "The Western: Or the American Film Par Excellence," in *What is Cinema?* vol. 2, ed. and trans. Hugh Gray (Berkeley: University of California Press, 1971), 140〔アンドレ・バザン『映画とは何かI その社会的考察』小海永二訳、美術出版社、一九六七年、一八二ページ〕.

一四　映画研究者カティ・トゥルムペナーは、以下の論文で、デーファと東欧映画とのあいだの近接性について重要な論証をしている。Katie Trumpener, "DEFA: Moving Germany into Eastern Europe," in *Moving Images of East Germany: Past and Future of DEFA Film*, ed. Barton Byg and Betheny Moore (Washington DC: American Institute for Contemporary German Studies, 2002), 85-104.

一五　ベルリンの壁の建設後は、自分たちも——アメリカ先住民と同じように——保留地に住んでいるようなものだ、と皮肉をこめて言う東ドイツ人たちもいた。Friedrich von Borries and Jens-Uwe Fischer, *Sozialistische Cowboys: Der Wilde Western Ostdeutschlands* (Frankfurt am Main: Suhrkamp, 2008), 28.

一六　Ivanova, "DEFA and East-European Cinemas," 126-127.

一七　サンフランシスコで行なわれた二〇一二年の「ベルリン・ビヨンド映画祭」の質疑応答セッションで、ドイツの映画製作者ファイト・ヘルマーは、以下のように述べた。自分はユーゴスラヴィアで撮影された西ドイツ製西部劇を見て育ったが、合衆国の「本物の」土地へと旅行してみて、それが映画で知っている風景とまったく違っていることを知り、ひどくがっかりした、と。

一八　「ひねりの効いた」という語は、ファースト・ラン・フィーチャーズ販売の「インディアン映画」三枚組ＤＶＤボックス（アメリカ版）から借用した。「伝統的な［……］カウボーイ映画を転倒させる」、「ひねりの効いた西部劇」などが、このＤＶＤセットを宣伝するキャッチフレーズであった。

一九　Trumpener, "DEFA," 96.

二〇　以下を参照。Les Paul Robley, http://www.in70mm.com/news/2010/widescreen/index.htm.

二一　以下を参照。"Eine Frage des Formats: DEFA 70," http://www.arsenal-berlin.de/kino-arsenal/programmarchiv/einzelansicht/article/590/2804//archive/2006/july.html.

二二　Charles Barr, "CinemaScope: Before and After," *Film Quarterly* 16, no. 4 (1963): 4-24.

二三　たとえば以下を参照。Peter Uwe Hohendahl, "Von der Rothaut zum Edelmenschen. Karl Mays Amerikaromane," in *Amerika in der deutschen Literatur: Neue Welt, Nordamerika, USA*, ed. Sigrid Bauschinger, Horst Denkler, and Winfried Malsch (Stuttgart: Reclam, 1975), 229-245.

二四　Jeffrey Sammons, *Ideology, Nemesis, Fantasy: Charles Sealsfield, Friedrich Gerstäcker, Karl May, and Other German Novelists of America* (Chapel Hill: University of North Carolina Press, 1998).

二五　一九七〇年にトービス映画が設立されるまで、リアルトは統計をとっていなかったので、正確なチケット売り上げ数を確定することは難しい。以下の文献によれば、この映画の収益はおよそ六五〇万ドイツマルクであった。Michael Petzel, *Karl May Filmbuch* (Bamberg: Karl-May-Verlag, 1998), 403.

二六　Christian Heermann, *Old Shatterhand ritt nicht im Auftrag der Arbeiterklasse* (Dessau: Anhaltische Verlagsgesellschaft, 1995).

二七　Borries and Fischer, *Sozialistische Cowboy*, 26.

二八　Gerd Gemünden, "Between Karl May and Karl Marx. The DEFA Indianerfilme 1965-1983," in *Germans and Indians: Fantasies, Encounters, Projections*, ed. Collin Calloway, Gert Gemünden, and Susanne Zantop (Lincoln: University of Nebraska Press, 2002), 244.

二九　Borries and Fischer, *Sozialistische Cowboy*, 34.

三〇　一九六〇年代における空白の概念については、以下を参照。Rosemary Stott, "Entertained by the Class Enemy: Cinema Programming Policy in the German Democratic Republic," in *100 Years of European Cinema: Entertainment or Ideology?*, ed. Diana Holmes and Alison Smith (Manchester: Manchester University Press, 2000), 27-39.

三一　Günter Agde, ed., *Kurt Maetzig—Filmarbeit. Gespräche, Reden, Schriften* (Berlin: Henschel, 1987), 285.

三二　Peter Kenez, *Cinema and Soviet Society: From the Revolution to the Death of Stalin* (London: I. B. Tauris, 2001), 93.

11　ジェンダー、階級、セクシュアリティ——『パウルとパウラの伝説』（ハイナー・カーロウ、一九七三年）におけるタブーの終焉

一　Zoe Ingalls, "Tender? Playful? Reflective? East German Cinema Comes to Light in Massachusetts," *The Chronicle of Higher Education* 46, no. 12 (November 12, 1999), B2.

二　Daniela Berghahn, *Hollywood Behind the Wall: The Cinema of East Germany* (Manchester: Manchester University Press, 2005), 200-201.

三　「現代映画」についてはさらに、本書第8章での『私はウサギ』、本書第13章での『ソロシンガー』についての議論をそれ

ぞれ参照。いずれも対人関係の失敗を描いた例である。

四　Stephen Brockmann, *A Critical History of German Film* (Rochester, NY: Camden House, 2010), 263.

五　たとえば、フランク・バイヤーの『石の痕跡』には、カティ・クレー演じる女性技師が登場する。

六　デーファの女性映画ジャンルについては、さらに本書第13章で扱う『ソロシンガー』も参照。

七　Berghahn, *Hollywood Behind the Wall*, 194.

八　Ibid., 195.

九　Helke Sander and Renée Schlesier, "*Die Legende von Paul und Paula*: Eine frauenverachtende Schnulze aus der DDR," *Frauen und Film* 2 (1974), 8-47.

一〇　スティーヴン・ブロックマンはベッドシーンをＬＳＤによるトリップに譬えているが、その後で、この場面の政治的次元をあきらかにしている。Brockmann, *A Critical History*, 266.

一一　以下を参照。http://www.spiegel.de/politik/deutschland/stichwort-veb-horch-und-guck-alias-stasi-a-78264.html. 最近の映画の『善き人のためのソナタ』（フローリアン・ヘンケル・フォン・ドナースマルク、二〇〇六年）と『東ベルリンから来た女』（クリスティアン・ペツォールト、二〇一二年）は、虚構の物語をとおして、シュタージがいかに東ドイツの生活の隅々にまで入りこみ、生活を支配していたかを示している。

一二　Karin Hartewig, *Das Auge der Partei: Fotografie und Staatssicherheit* (Berlin: Links, 2004), 93.

一三　Joshua Feinstein, *The Triumph of the Ordinary: Depictions of Daily Life in the East German Cinema, 1949-1989* (Chapel Hill: University of North Carolina Press, 2002), 211-212.

一四　Berghahn, *Hollywood Behind the Wall*, 197.

一五　本書第13章での『ソロシンガー』についての議論を参照。

一六　Paul Betts, *Within Walls: Private Life in the German Democratic Republic* (New York: Oxford University Press, 2010), 109.

一七　Günter Gaus, *Wo Deutschland liegt. Eine Ortsbestimmung* (Hamburg: Hoffman und Campe, 1986), 119.

一八　東ドイツ映画におけるヒロインの役割については、さらに以下を参照。Andrea Rinke, "Models or Misfits? The Role of Screen

"Heroines in GDR Cinema," in *Triangulated Visions: Woman in Recent German Cinema*, ed. Ingeborg Majer O'Sickey and Ingeborg von Zadow (Albany: State University of New York Press, 1998), 207-218.

一九　Andrea Rinke, "Sex und Subversion in GDR Cinema: *The Legend of Paul und Paula* (1973)" in *100 Years of European Cinema: Entertainment or Ideology?*, ed. Diana Holmes and Alison Smith (Manchester: Manchester University Press, 2000), 58-59.

二〇　この映画はプーディーズの出世作となった。このバンドは、主にディープ・パープルやユーライア・ヒープといった西側のロック・バンドのカヴァーをしていたが、ラジオで放送されたり、コンサートの要求に応えたりするためには、ドイツ語の歌詞で歌う必要があった。『パウルとパウラの伝説』によって、プーディーズは東ドイツで有名になり、国外でコンサートツアーを行なうことを許可された。彼らは統一後も生き残り、二〇一三年現在でもドイツでツアーを続けて、多くの観客を集めている（二〇一六年に活動停止）。

二一　本書第13章、第14章でのこのふたつの映画（『ソロシンガー』と『建築家たち』）についての議論を参照。

二二　そのころまでには、パウラとパウルを演じたふたりの俳優（アンゲリカ・ドムレーゼとヴィンフリート・グラツェダー）は、同僚のヴォルフ・ビーアマンの国籍剥奪に抗議して、東ドイツを去っていた。

二三　本書第3章を参照。

12　デーファとホロコースト、反ファシズムの遺産、国際的称讃——『嘘つきヤコブ』（フランク・バイヤー、一九七四年）

一　以下の文献は、やや大雑把なところもあるが、反ファシズム的なデーファ映画について簡潔な概観を与えてくれる。Christiane Mückenberger, "The Antifascist Past in DEFA Films," in *DEFA: East German Cinema 1946-1992*, ed. Seán Allan and John Sandford (New York and Oxford: Berghahn, 1999), 58-76. 有益な概説としては、ほかに以下のものがある。Barton Byg, "The Antifascist Tradition and GDR Film," *Proceedings, Purdue University Fifth Annual Conference on Film* (West Lafayette, IN: Purdue University Press, 1980), 115-124.

二　このゲットーの歴史の詳細については、以下を参照。Lucjan Dobroszycki, ed., *The Chronicle of the Lodz Ghetto, 1941-1944* (New

Haven, CT: Yale University Press, 1987).

三　こうした歴史的事件とデーファ映画にとってのその意味については、本書第1章を参照。

四　Sabine Hake, "Political Affects: Antifascism and the Second World War in Frank Beyer and Konrad Wolf," in *Screening War. Perspectives on German Suffering*, ed. Paul Cooke and Marc Silberman (Rochester, NY: Camden House, 2010), 103.

五　以下も参照。Joshua Feinstein, *The Triumph of the Ordinary: Depictions of Daily Life in the East German Cinema 1949-1989* (Chapel Hill: University of North Carolina Press, 2002), 26.

六　映画『赤い楽団』（シュテファン・ロロフ、二〇〇四年）は、この楽団について歴史的によりバランスのとれた描写をしている。

七　本書第4章での『殺人者は我々の中にいる』についての議論を参照。

八　Russel Lemmons, "'Great Truths and Minor Truths': Kurt Maetzig's Ernst Thälmann Films, the Antifascism Myth, and the Politics of Biography in the German Democratic Republic," in *Take Two: Fifties Cinema in Divided Germany*, ed. John Davidson and Sabine Hake (New York and New York and Oxford: Berghahn, 2007), 92.

九　Klaus Wischnewski, "Über Jakob und andere," *Film und Fernsehen* 2 (February 1975): 18-24.

一〇　以下も参照。Hake, "Political Affects," 119.

一一　コンラート・ヴォルフの『ママ、僕は生きてるよ』についての研究のなかで、ラーソン・パウエルは、デーファ映画におけるフラッシュバックを重視し、間メディア性、とりわけ、音と映像の相互作用を指摘している。Larson Powell, "*Mama, ich lebe*: Konrad Wolf's Intermedial Parable of Antifascism," in *Contested Legacies: Constructions of Cultural Heritage in the GDR*, ed. Matthew Philpotts and Sabine Rolle (Rochester, NY: Camden House, 2009), 63-75.

一二　Frank Beyer, *Wenn der Wind sich dreht* (Munich: Econ, 2001), 189. 一九七〇年代における輸入映画やテレビとのデーファの競争については、本書第1章も参照。

一三　戦後におけるリューマンの役割についての興味深い記事として、以下のものがある。"Ballade vom Mitläufer," *SPIEGEL* December 1960, 60-61. 戦前・戦中・戦後を通してこの俳優を扱ったものとして、さらに以下のものがある。Stephen Lowry,

"Heinz Rühmann: The Archetypal German," in *The German Cinema Book*, ed. Tim Bergfelder, Erica Carter, and Deniz Göktürk, (London: British Film Institute, 2002), 81-89.

一四　映画批評家ジョン・シモンは、映画評のなかでブロツキーの台詞の吹き替えについて不満を漏らしている。John Simon, "Well-intentioned, Ill-conceived," *New York Magazine*, May 9, 1977, 71-72.

一五　本書第8章での『私はウサギ』についての議論を参照。

一六　Ralf Schenk, "Damit Lebe ich bis heute: Ein Gespräch mit Frank Beyer," in *Regie: Frank Beyer*, ed. Ralf Schenk (Berlin: Hentrich, 1995), 72-75.

一七　『嘘つきヤコブ』のプレミアはDFF1でのテレビ放映であった。このチャンネルは当時、徐々にフルカラーチャンネルへの移行を図っていた。ただし、多くの番組はまだ白黒であり、東ドイツのテレビのほとんどはカラー映像に対応していなかった。東ドイツ第二チャンネルDFF2は、すでに数年前からカラー放送を始めていた。カラーテレビ受像機は手に入らなくはなかったが、かなり高価で、しばしば労働者の年収に匹敵する値段だった。

一八　以下を参照。Jennifer Bjornstad, "From East Berlin to Hollywood: Literary Resistance in Jurek Becker's *Jakob der Lügner*," *Journal of the Midwest Modern Language Association* 41, no. 1 (2008): 56-66.

一九　Ibid., 56.

二〇　Sabine Hake, *German National Cinema*, 2nd ed. (New York: Routledge, 2008), 153〔ザビーネ・ハーケ『ドイツ映画』山本佳樹訳、鳥影社、二〇一〇年、二二九ページ〕.

13　女性映画、コンラート・ヴォルフ、「ビーアマン事件」後のデーファ――『ソロシンガー』（コンラート・ヴォルフ、一九八〇年）

一　この映画にかんするコールハーゼの発言については、以下を参照。http://www.progress-film.de/film_doks/sonstige_pdfs/f-solosunny-sp.pdf.

二　Alexander Haeder and Ulrich Wüst, *Prenzlauer Berg: Besichtigung einer Legende* (Berlin: Edition Q, 1994).

三　Heinz Kersten, "Der Tagesspiegel," March 3, 1980, accessed October 2, 2012, qtd. In *Solo Sunny* (n. d.), *Progress Film-Verleih*, http://www.progress-film.de/film_doks/sonstige_pdfs/f-solosunny-sp.pdf.

四　Andrea Rinke, "From Models to Misfits: Women in DEFA Films of the 1970s and 1980s," in *DEFA: East German Cinema, 1946-1992*, ed. Seán Allan and John Sandford (New York and Oxford: Berghahn, 1999), 201.

五　Ibid.

六　Christiane Lemke, "Social Change and Women's Issues in the GDR: Problems of Leadership Positions," in *Studies in GDR Culture and Society 2*, ed. Christiane Cosentino et al. (Washington DC: University Press of America, 1982), 252.

七　Miriam Hansen, "*Frauen und Film* and Feminist Film Culture in West Germany," in *Gender and German Cinema: Feminist Interventions. Volume II; German Film History / German History on Film*, ed. Sandra Frieden et al. (Oxford: Berg, 1993), 293-298.

八　Rosemary Stott, "'Letting the Genie out the Bottle': DEFA Film-Makers and *Film und Fernsehen*," in *DEFA: East German Cinema 1946-1992*, ed. Seán Allan and John Sandford (New York and Oxford: Berghahn, 1999), 49.

九　Rinke, "From Models to Misfits," 185.

一〇　たとえば以下を参照。Barbara Holland-Cunz, *Die alte neue Frauenfrage* (Frankfurt am Main: Suhrkamp, 2003); Herta Kuhrig, "*Mit den Frauen—Für die Frauen*: Frauenpolitik und Frauenbewegung in der DDR," in *Geschichte der deutschen Frauenbewegung*, 5th ed. ed. Florence Hervé (Cologne: PapzRossa, 1995), 209-248.

一一　東ドイツの議会における女性政治家の比率は、たいていわずか二四—三二パーセント程度であり、社会主義統一党の政治局で指導的な働きをするような女性はひとりもいなかった。

一二　Joshua Feinstein, *The Triumph of the Ordinary: Depictions of Daily Life in the East German Cinema, 1949-1989* (Chapel Hill: University of North Carolina Press, 2002), 220.

一三　Gisela Bahr, "Film and Consciousness: The Depiction of Women in East German Movies," in *Gender and German Cinema: Feminist Interventions. Volume. I, Gender and Representation in New German Cinema*, ed. Sandra Frieden et al. (Providence, RI: Berg, 1993), 125-140.

一四　Anthony Coulson, "Paths of Discovery: The Films of Konrad Wolf," in *DEFA: East German Cinema 1946-1992*, ed. Seán Allan and John

Sandford (New York and Oxford: Berghahn, 1999), 164.

一五　アンソニー・クールソンは、ファシズム興隆を探求するグループと、戦時を描くグループとに、ヴォルフの映画を二分している（Coulson, “Paths of Discovery,” 164-165）。マーク・シルバーマンはまったく異なるカテゴリー分けをしている。Marc Silberman, “Remembering History: The Filmmaker Konrad Wolf,” *New German Critique* 49 (Winter 1990): 163-191.

一六　Barton Byg, “Generational Conflect and Historical Contiunity in GDR Film,” in *Framing the Past: The Historiography of German Cinema and Television*, ed. Bruce Murray and Christpher J. Wickham (Carbondale: Southern Illinois University Press, 1992), 200.

一七　Silberman, “Remembering History,” 165-166.

一八　以下も参照。Seán Allan, “‘Ich denke, sie machen meistens nackte Weiber’: Kunst und Künstler in Konrad Wolfs *Goya* (1971) und *Der nackte Mann auf dem Sportplatz* (1974),” in *Von der Vision zur Realität: Film im Sozialismus—die DEFA*, ed. Frank Stern and Barbara Eichinger (Vienna: Mandelbaum, 2009), 342-367.

一九　Coulson, “Paths of Discovery,” 165.

二〇　以下のドキュメンタリー映画を参照。*Solo für Sanie: Die wahre Geschichte der “Solo Sunny”*, Alexandra Czok, 2008.

二一　少年院での生活を題材にしたデーファ映画に、ヘルムート・ジウバの『ヤーナとヤン』（一九九二年）がある。この映画のアメリカ版ＤＶＤの特典資料所収の以下の拙稿も参照。Sebastian Heiduschke, “Love behind Double Walls: Helmut Dziuba’s *Jana und Jan* about Youth Love in an East German Workshop for Juvenile Delinquents” (Amherst, MA: DEFA Film Library, 2009).

二二　タマラ・バルトリッツがアレクサンドラ・チョックに行なったインタヴューの記録を参照。http://www.ad-hoc-news.de/sanije-ddp-wortlautinterview-wiederholung-vom-samstag-/de/Politik/20494122.

二三　しかしながら、ユッタ・フォイクトは「顧問」として映画のクレジットに名前が挙げられている。

二四　以下を参照。“Solo Sunny,” Filmtipp, date accessed October 2, 2012, http://www.dieterwunderlich.de/Wolf-solo-Sunny.htm.

二五　Silberman, “Remembering History,” 183.

二六　ガイクのフィルモグラフィについては以下を参照。http://www.filmportal.de/en/node/1086391.

二七　Silberman, “Remembering History,” 183.

二八　ヴォルフガング・コールハーゼは、クリストフ・ヴェンデが二〇〇三年に製作したドキュメンタリー映画『《ソロシンガー》とコンラート・ヴォルフを求めて』で、このことを指摘している。

二九　以下を参照。"Sunnys Solo—anregend wie am ersten Tag," *bloggesang* (blog), last modified October 2, 2012, http://www.bloggesang.de/2012/03/10/sunnys-solo-anregend-wie-am-ersten-tag.

三〇　Stefan Zahlmann, "Vom Wir zum Ich: Körper und Konfliktkultur im Spielfilm der DDR seit den 1960er Jahren," in *Körper mit Geschichte: Der menschliche Körper als Ort der Selbst—und Weltdeutung*, ed. Clemens Wischermann and Stefan Haas (Stuttgart: Franz Steiner, 2000), 309-336.

三一　以下のサイトにおける主要な批評家のリストを参照。http://www.metacritic.com/movie/summer-in-berlin/critic-reviews. この結びつきに気づくために必要な映画的知識をもっていた批評家は、ドイツにおいてさえ、ごくわずかであった。

14　歴史に追い越されて　ディストピア、寓話、ブックエンド——『建築家たち』（ペーター・カハーネ、一九九〇年）

一　本書第4章での『殺人者は我々の中にいる』についての議論も参照。

二　カハーネのデビュー作『女性支配』（一九八三年）は、彼が三〇歳を過ぎてから製作されたテレビ映画であった。

三　Peter Kahane, "Interview 1993," in *DEFA NOVA: Nach wie vor? Versuch einer Spurensicherung*, ed. Dietmar Hochmuth (Berlin: Freunde der deutschen Kinemathek, 1993), 115.

四　Ingrid Poss and Peter Warnecke, *Spur der Filme: Zeitzeugen über die DEFA* (Berlin: Links, 2006), 462.

五　Ibid.

六　デーファの検閲機構については、さらに本書第2章も参照。

七　Laura McGee, "'Ich wollte ewig einen richtigen Film machen! Und als es soweit war, konnte ich's nicht!' The End Phase of GDR in Films by DEFA Nachwuchsregisseure," *German Studies Review* 26, no. 2 (May 2003): 323.

八　一九八九年五月五日に行なわれた、東ドイツ文化相ホルスト・ペーネルト、ゴルデ、その共同代表者ルードルフ・ユルシクとの、脚本（ベルリンのドイツ連邦公文書館保管）についての議論の議事録を参照。BArch DR 117 (III) 3391.

九　この時期について書かれた多くの本のなかの一冊を挙げておく。Mary Fulbrook, *Anatomy of a Dictatorship: Inside the GDR, 1949-89* (Oxford: Oxford University Press, 1995).

一〇　"Laßt die Leute raus.' Die Nacht in der die Berliner Mauer brach," *Der Spiegel* 46 (November 1989), 28-30.

一一　ローラ・マギーは、この未刊行のペーター・カハーネのインタヴューについて、以下で言及している。McGee, "Ich wollte," 324.

一二　アメリカ版ＤＶＤでのラルフ・シェンクによるカハーネのインタヴューも参照。

一三　McGee, "Ich wollte," 323.

一四　進歩の象徴としての建築物にかんしては、さらに本書第11章での『パウルとパウラの伝説』についての議論も参照。

一五　ショーン・アランは、以下の論文で、ローター・ヴァルネケの『われらの短い人生』（一九八一年）にも建築の構想に挫折する女性建築家が登場することを指摘している。Seán Allan, "1989 and the *Wende* in East German Cinema: Peter Kahane's *Die Architekten* (1990), Egon Günther's *Stein* (1991) and Jörg Foth's *Letztes aus der DaDaeR* (1990)".

一六　アメリカ版ＤＶＤでのシェンクによるインタヴューで、カハーネは建築家と映画製作者を比較している。

一七　以下に引用された、ドイツ映画振興協会（ＦＦＡ）のデータによる。Richard Oehmig, *"Überholt" von der Geschichte? Drei Defa-Spielfilme im Blickpunkt*, Masters Thesis, Humboldt University Berlin, 2008, 58.

一八　ＤＶＤでのシェンクによるインタヴュー。

15　「転換映画」、イェルク・フォート、検閲制度後のデーファ——『ダ・ダ・エルの近況』（イェルク・フォート、一九九〇年）

一　Reinhild Steingröver, "On Fools and Clowns: Generational Farewell in Two Final DEFA Films: Egon Günther's *Stein* and Jörg Foth's *Letztes aus der DaDaeR*," *German Quarterly* 78. No. 4 (2005): 458.

二　Ibid., 445.

三　Ibid.

四　Seán Allan, "1989 and the *Wende* in East German Cinema: Peter Kahane's *Die Architekten* (1990), Egon Günther's *Stein* (1991) and Jörg Foth's *Letztes aus der DaDaeR* (1990)," in *1949/1989: Cultural Perspectives on Divisions in East and West*, ed. Clare Flanagan and Stuart Taberner (Amsterdam: Rodopi, 2000), 242.

五　以下を参照。Reihhild Steingröver, "2 February 1988: Last Generation of DEFA Directors Calls in Vain for Reform," in *A New History of German Cinema*, ed. Jennifer Kapczynski and Michael Richardson, (Rochester, NY: Camden House, 2012), 497-501.

六　デーファの第四世代についての詳しい説明については、以下を参照。Laura McGee, "Revolution in the Studio? The DEFA's Fourth Generation of Film Directors and Their Reform Efforts in the Last Decade of the GDR," *Film History* 15 (2003): 444-464.

七　以下を参照。Jörg Foth, "Forever Young," in *Filmland DDR*, ed. Harry Blunck and Dirk Jungnickel (Cologne: Wissenschaft und Politik, 1990), 97.

八　「転換映画」という用語は、デーファ映画ライブラリーがこれらの映画を発売する企画を引き受けた際に、合衆国で作られたものである。

九　ヴェンツェルとメンシングのキャバレー・ショーの詳細な分析については、以下を参照。David Robb, *Zwei Clowns im Lande des verlorenen Lachens: Das Liedertheater Wenzel & Mensching* (Berlin: Links, 1998).

一〇　ビーアマンの追放が東ドイツの文化風景に与えた影響にかんするさらなる情報については、本書第1章を参照。

一一　Robb, *Zwei Clowns*, 7.

一二　Ibid., 159-160.

一三　この短編映画は、『ダ・ダ・エルの近況』のアメリカ版ＤＶＤの特典映像に収められている。

一四　Hiltrud Schulz, interview with Jörg Foth, *Latest from the Da-Da-eR* (Amherst, MA: DEFA Film Library, 2009), 11. DVD.

一五　デーファにおけるミュージカル映画の伝統にかんする情報は、さらに本書第9章での『暑い夏』についての議論を参照。

一六　Robb, *Zwei Clowns*, 48-49.

一七　たとえば以下を参照。Gordon Rottman, *The Berlin Wall and the Intra-German Border 1961-89* (New York: Osprey, 2008).

一八　ドイツ語のStimmeは「声」と「票」の両方の意味で使われる。東ドイツの選挙は、社会主義統一党の指導下で国民戦線を形成する政党連合や諸団体を、国民が承認するというものだった。投票者は「賛成」か「反対」しか選べなかった。公式の結果報告によれば、賛成がつねに一〇〇パーセント近くを占めており、それはこの選挙に参加することが無意味であることを示唆していた。

一九　デイヴィッド・ロブによる以下の導入的なエッセイを参照。David Robb, "Wenzel, Mensching and the *Latest from the Da-Da-eR*," in *Latest from the Da-Da-eR* (Amherst, MA: DEFA Film Library, 2009), 2. DVD.

二〇　Schulz, *Latest from the Da-Da-eR*, 5.

二一　Ibid., 9.

二二　Ibid. フォートは、当初の熱狂的な反応に触れ、上映中に映画館の観客からひっきりなしに拍手喝采を浴びたと述べているが、それから、この監督が合衆国でのツアーに招かれるまでは、この映画には何も起こらなかった。その後、『ダ・ダ・エルの近況』はドイツで再上映され、現在ではドイツでもＤＶＤが発売されている。

二三　デーファ映画の現在の配給情報については、さらに本書第３章を参照。ドイツの配給会社がホームビデオの権利に興味を示さなかったので、ハンス＝エックハルト・ヴェンツェルはこの映画を販売するために「マトローゼンブラウ」というレーベルを創設した。以下を参照。http://www.tmdb.de/de/marke/MATROSENBLAU,DE30779314.html.

参考文献

以下の参考文献リストは、本書で言及された重要な文献をまとめて利用の便を図るとともに、デーファ映画の研究をさらに進めるために有益な資料を追加したものである。見やすくするために、各部は英語文献とドイツ語文献に分けている（日本語文献は訳者がつけ加えた）。複数のカテゴリーに登場する著作もある。

東ドイツ映画史

ドイツ語文献

Becker, Wieland, and Volker Petzold. *Tarkowski trifft King Kong*. Berlin: Vistas, 2001.

Beutelschmidt, Thomas. *Sozialistische Audiovision: Zur Geschichte der Medienkultur in der DDR*. Potsdam: Verlag für Berlin Brandenburg, 1995.

Blunk, Harry. *Die DDR in ihren Spielfilmen*. Munich: Profil, 1984.

Blunk, Harry, and Dirk Jungnickel. "Aus Gesprächen der Herausgeber mit Armin Mueller-Stahl." In *Filmland DDR: Ein Reader zu Geschichte, Funktion und Wirkung der DEFA*, edited by Harry Blunk and Dirk Jungnickel, 59-70. Cologne: Wissenschaft und Politik, 1990.

Dalichow, Bärbel. "Das letzte Kapitel 1989 bis 1993." In *Das zweite Leben der Filmstadt Babelsberg: DEFA 1946-1992*, edited by Ralf Schenk, 328-353. Berlin: Henschel, 1994.

Ebbrecht, Tobias, Hilde Hoffmann, and Jörg Schweinitz, eds. *DDR Erinnern Vergessen—Das visuelle Gedächtnis des Dokumentarfilms*. Marburg, Germany: Schüren, 2009.

Eckert, Stefanie. *Das Erbe der DEFA: Die fast unendliche Geschichte einer Stiftungsgründung*. Berlin: DEFA-Stifung, 2008.

Eichinger, Barbara, and Frank Stern, eds. *Film im Sozialismus—Die DEFA*. Vienna, Austria: Mandelbaum, 2009.

Finke, Klaus, ed. *DEFA-Film als nationales Kulturerbe?* Berlin: Vistas, 2001.

Forster, Ralf, and Volker Petzold. *Im Schatten der DEFA: Private Filmproduzenten in der DDR*. Konstanz: UVK, 2010.

"Die gefährliche Farbe." *Der Spiegel* 44 (October 1957), 58-61.

Geiss, Axel, ed. *Filmstadt Babelsberg: Zur Geschichte des Studios und seiner Filme*. Potsdam: Nocolaische Verlagsbuchhandlung, 1994.

---------. *Repression und Freiheit: DEFA-Regisseure zwischen Fremd—und Selbstbestimmung*. Potsdam: Brandenburgische Landeszentrale für politische Bildung, 1997.

Gersch, Wolfgang. *Geschichte der nicht wahrgenommenen Möglichkeiten oder wie 1990 das Ende der DEFA begann. Ein persönlicher Bericht*. Berlin: DEFA-Stiftung, 2011.

---------. *Szenen eines Landes: Die DDR und ihre Filme*. Berlin: Aufbau, 2006.

Giesenfeld, Günter, ed. *Der DEFA-Film: Erbe oder Episode?* Marburg, Germany: Schüren, 1993.

Habel, Frank-Burkhard. *Was ich von der DEFA wissen sollte*. Berlin: DEFA-Stiftung, 2008.

Haupt, Stefan. *Urheberrecht und DEFA-Film*. Berlin: DEFA-Stiftung, 2005.

Holzweißig, Gunter. *Die schärfste Waffe der Partei. Eine Mediengeschichte der DDR*. Cologne: Böhlau, 2002.

Jacobsen, Wolfgang. *Babelsberg: Das Filmstudio (1912-1995)*. Berlin: Argon, 1994.

Jacobsen, Wolfgang, Anton Kaes, and Hans Helmut Prinzler, eds. *Geschichte des deutschen Films*. Stuttgart: Metzler 1993.

Jordan, Günter. *Film in der DDR: Daten Fakten Strukturen*. Potsdam: Filmmuseum Potsdam, 2009.

Jordan, Günter, and Ralf Schenk. *Schwarzweiß und Farbe: DEFA-Dokumentarfilme 1946-1992*. Berlin: Jovis, 1996.

Jungnickel, Dirk. "Produktionsbedingungen bei der Herstellung von Kinospielfilmen und Fernsehfilmen." In *Filmland DDR: Ein Reader zu Geschichte, Funktion, und Wirkung der DEFA*, edited by Harry Blunk and Dirk Jungnickel, 47-58. Cologne: Wissenschaft und Politik, 1990.

Kersten, Heinz. "Von Kark May bis Clara Zetkin: Was 1984 aus eigenen und fremden Ateliers in DDR-Kinos kommt." *Deutschland-Archiv* 3 (1984): 233-235.

Krug, Manfred. *Abgehauen. Ein Mitschnitt und ein Tagebuch*. Düsseldorf: Econ, 1996.

Mückenberger, Christiane. "Zeit der Hoffnungen 1946 bis 1949." In *Das zweite Leben der Filmstadt Babelsberg: DEFA 1946-1992*, edited by Ralf Schenk, 8-49. Berlin: Henschel, 1994.

Mückenberger, Christiane and Jordan Günter. *Sie sehen selbst, Sie hören selbst. Eine Geschichte der DEFA von ihren Anfängen bis 1949*. Marburg, Germany: Hitzeroth, 2000.

Mühl-Benninghaus, Wolfgang, ed. *Drei mal auf Anfang: Fernsehunterhaltung in Deutschland*. Berlin: Vistas, 2006.

Pflaum, Hans Günther, and Hans Helmut Prinzler. *Film in der Bundesrepublik Deutschland: Der neue deutsche Film. Von den Anfängen bis zur Gegenwart. Ein Handbuch: Mit einem Exkurs über das Kino der DDR*. New edition. Munich: Hanser, 1992〔ハンス＝ギュンター・プフラウム／ハンス＝ヘルムート・プリンツラー『ニュー・ジャーマン・シネマ』岩淵達治訳、未來社、一九九〇年（一九八五年版の訳）〕.

Poss, Ingrid, and Peter Warnecke. *Spur der Filme: Zeitzeugen über die DEFA*. Berlin: Links, 2006.

Prommer, Elizabeth. *Kinobesuch im Lebenslauf*. Konstanz: UVK, 1999.

Schenk, Ralf, ed. *Das zweite Leben der Filmstadt Babelsberg: DEFA 1946-1992*. Berlin: Henschel, 1994.

Schenk, Ralf, "Ich fürchte mich vor gar nichts mehr." *Berliner Zeitung*. August 19. 2010, last accessed March 26, 2013, http://www.berliner-zeitung.de/archiv/ralf-schenk-ueber-den-berliner-filmkaufmann-erich-mehl-sein-husaren-stueck-und-die-liebe-zum-untertan-ich-fuerchte-mich-vor-gar-nichts-mehr,10810590,10737218.html.

———. "Kino in der DDR." *Filmportal*, last accessed March 26, 2013, http://www.filmportal.de/thema/kino-in-der-ddr.

———. "Mitten im Kalten Krieg 1950 bis 1960." In *Das zweite Leben der Filmstadt Babelsberg: DEFA 1946-1992*. edited by Ralf Schenk, 50-157. Berlin: Henschel, 1994.

Schenk, Ralf, and Sabine Scholze. *Der Trick-Fablik: DEFA-Animationsflme, 1955-1990*. Berlin: Bertz + Fischer, 2003.

Schittly, Dagmar. *Zwischen Regie und Regime: Die Filmpolitik der SED im Spiegel der DEFA-Produktionen*. Berlin: Links, 2002.

Schulz, Günter. *Ausländische Spiel: Und abendfüllende Dokumentarfilme in den Kinos der SBZ / DDR 1945-1966*. Berlin: Bundesarchiv-Filmarchiv,

2001.

Steinmetz, Rüdiger, and Reinhold Viehoff, eds. *Deutsches Fernsehen Ost: Eine Programmgeschichte des DDR-Fernsehens*. Berlin: VBB, 2008.

Vietor-Engländer, Deborah. "Arnold Zweig, Lion Feuchtwanger und der Film *Das Beil von Wandsbek*: Was darf die Kunst und was darf der Präsident der Akademie der Künste? Ein politisches Lehrstück aus der DDR." In *Feuchtwanger und Film*, edited by Ian Wallace, 297-314. New York: Peter Lang, 2009.

Wahl, Torsten. "DEFA-Filme als Renner der Videothek?" *Berliner Zeitung*, June 30, 1995, http://www.berliner-zeitung.de/archiv/bis-zum-jahresende-soll-progress-filmverleih-verkauft-sein-jubilaeumsnacht-im-kino-boerse-defa-filme-als-renner-der-videothek-,10810590,8971612.html.

Wedel, Michael, Barton Byg, Andy Räder, Sky Arndt-Briggs, and Evan Torner, eds. *DEFA International: Grenzüberschreitende Filmbeziehungen vor und nach dem Mauerbau*. Wiesbaden, Germany: Springer VS, 2013.

Wiedemann, Dieter. "Von den Schwierigkeiten der Medienforschung mit der Realität." *Funk und Fernsehen* 3 (1990): 343-356.

Wolf, Dieter. "Die DEFA-Spielfilmproduktion unter den Bedingungen Staatlicher Finanzieung und Kontrolle. Zur Arbeit und Organization der DEFA-Dramaturgie." In *Politik und Mythos—Kader, Arbeiter und Aktivisten im DEFA-Film*, edited by Klaus Finke, 112-138. Oldenburg: BIS, 2002.

英語文献

Allan, Seán. "DEFA: An Historical Overview." In *DEFA: East German Cinema 1946-1992*, edited by Seán Allan and John Sandford, 1-21. New York and Oxford: Berghahn, 1999.

Allan, Seán, and John Sandford, eds. *DEFA: East German Cinema, 1946-1992*, New York and Oxford: Berghahn, 1999.

Alter, Nora, *Projecting History: German Nonfiction Cinema 1967-2000*. Ann Arbor, MI: University of Michigan Press, 2003.

Anderson, Benedict. *Imagined Communities: Reflections on the Origin and Spread of Nationalism*. London: Verso, 2006〔ベネディクト・アンダーソン『定本 想像の共同体 ナショナリズムの起源と流行』白石隆／白石さや訳、書籍工房早山、二〇〇七年。〕.

Bathrick, David. "From USA to DEFA: Past as Present in Early GDR Films." In *Contentious Memories: Looking Back at the GDR*, edited by Jost Hermand and Marc Silberman, 169-188. New York: Peter Lang, 2000.

----------. *The Power of Speech: The Politics of Culture in the GDR*. Lincoln: University of Nebraska Press, 1995.

Berghahn, Daniela. *Hollywood Behind the Wall: The Cinema of East Germany*. Manchester: Manchester University Press, 2005.

Bock, Hans-Michael, and Tim Bergfelder, eds. *The Concise Cinegraph*. New York and Oxford: Berghahn, 2009.

Brockmann, Stephen. *A Critical History of German Film*. Rochester, NY: Camden House, 2010.

Byg, Barton. "Generational Conflict and Historical Continuity in GDR Film." In *Framing the Past: The Historiography of German Cinema and Television*, edited by Bruce Murray and Christopher J. Wickham, 197-219. Carbondale: Southern Illinois University Press, 1992.

Claus, Horst. "DEFA: State, Studio, Style, Identity." In *The German Cinema Book*, edited by Tim Bergfelder, Erica Carter, and Deniz Göktürk, 130-147. London: British Film Institute, 2002.

Davidson, John, and Sabine Hake, eds. *Take Two: Fifties Cinema in a Divided Germany*. New York and Oxford: Berghahn, 2007.

Feinstein, Joshua. *The Triumph of the Ordinary: Depictions of Daily Life in the East German Cinema, 1949-1989*. Chapel Hill: University of North Carolina Press, 2001.

Flanagan, Clara, and Stuart Taberner, eds. *1949/1989: Cultural Perspectives on Division and Unity in East and West*. Amsterdam: Rodopi, 2000.

Hake, Sabine. *German National Cinema*. 2nd ed. New York: Routledge, 2008〔ザビーネ・ハーケ『ドイツ映画』山本佳樹訳、鳥影社、二〇一〇年〕.

Heiduschke, Sebastian. "Emerging from the Niche: DEFA Afterlife in Unified Germany." *Monatshefte* 105, no. 4 (Winter 2013): forthcoming.

----------. "GDR Cinema as Commodity: Marketing DEFA Films since Unification." *German Studies Review* 36, no. 1 (2013): 61-78.

Hjort, Mette, and Duncan Petrie. *The Cinema of Small Nations*. Bloomington: Indiana University Press, 2007.

Iordanova, Dina. *Cinema of the Other Europe*. London: Wallflower, 2003.

Kohlhaase, Wolfgang, and Gerhard Klein. "DEFA: A Personal View." In *DEFA: East German Cinema 1946-1992*, edited by Seán Allan and John Sandford, 117-130. New York and Oxford: Berghahn, 1999.

Meurer, Hans Joachim. *Cinema and National Identity in a Divided Germany, 1979-1989: The Split Screen*. Lewiston, NY: Edwin Mellen Press, 2000.

Naughton, Leonie. *That Was the Wild East: Film Culture, Unification, and the "New" Germany*. Ann Arbor, MI: University of Michigan Press, 2002.

Pflaum, Hans Günther, and Hans Helmut Prinzler. *Cinema in the Federal Republic of Germany. The New German Film. Origins and Present Situation. With a Section on GDR Cinema. A Handbook*. Munich: Inter Nationes, 1993.

Pinkert, Anke. *Film and Memory in East Germany*. Bloomington: Indiana University Press, 2008.

Silberman, Marc, and Henning Wrage, eds. *DEFA at the Crossroads of East German and International Film Culture: A Companion*. Berlin: De Gruyter, forthcoming.

Silberman, Marc. *German Cinema: Texts in Context*. Detroit: Wayne State University Press, 1995.

---------. "Leaning from the Enemy: DEFA-French Co-productions of the 1950s." *Film History: An International Journal* 18, no. 1 (2006): 21-45.

Stott, Rosemary. *Crossing the Wall: The Western Feature Film Import in East Germany*. Oxford: Peter Lang, 2012.

Torner, Evan. "Apocalypse Hanoi: An Interview with Jörg Foth about Dschungelzeit (1988)." http://guyintheblackhat.wordpress.com/2011/09/22/apocalypse-hanoi-an-interview-with-jorg-foth-about-dschungelzeit-1988/.

Trumpener, Katie. "Old movies: Cinema as Palimpsest in GDR Fiction" *New German Critique* 82 (Winter 2001): 39-76.

瓦礫映画、ヴォルフガング・シュタウテ、戦後ドイツ映画——『殺人者は我々の中にいる』ドイツ語文献

Becker, Wolfgang, and Norbert Schöll. *In jenen Tagen ... wie der deutsche Nachkriegsfilm die Vergangenheit bewältigte*. Opladen: Leske and Budrich, 1995.

Grisko, Michael. *Nachdenken über Wolfgang Staudte—Eine Dokumentation zur Veranstaltung im Filmmuseum Potsdam zum 100. Geburtstag*. Siegen: Carl Böschen Verlag, 2008.

Habel, Frank-Burkhard. *Das große Lexikon der DEFA-Spielfilme: Die vollständige Dokumentation aller DEFA-Spielfilme von 1946 bis 1993*. Berlin: Schwarzkopf & Schwarzkopf, 2001.

Hecht, Werner. "Staudte verfilmt Brecht." In *Apropos: Film 2003*, edited by Ralf Schenk and Erika Richter, 8-23. Berlin: Bertz, 2003.

Kannapin, Detlef. *Dialektik der Bilder. Der Nationalsozialismus im deutschen Film. Ein Ost-West-Vergleich*. Berlin: Dietz, 2006.

---------. "Was hat Zarah Leander mit der DEFA zu tun? Die Nachwirkungen des NS-Films im DEFA-Schaffen—Notwendige Anmerkungen für eine neue Forschungsperspektive." In *Apropos: Film 2005*, edited by Ralf Schenk, Erika Richter, and Claus Löser, 188-209. Berlin: Bertz, 2005.

Kinematheksverbund, ed. *Die deutschen Filme. Deutsche Filmografie 1895-1998. Die Top 100*, CD-Rom. Frankfurt am Main: Deutsches Filminstitut, 1999.

Kober, Anne. *Die Antifaschismusthematik der DEFA—eine Kultur—und Filmhistorische Analyse*. Marburg, Germany: Schüren 2008.

Meyers, Peter. "Der DEFA-Film: 'Die Mörder sind unter uns.'" In *Nationalsozialismus und Judenverfolgung in DDR-Medien*, edited by Bundeszentrale für politische Bildung, 71-83. Bonn: Bundeszentrale für politische Bildung, 1977.

Mückenberger, Christiane. "Die ersten antifaschistischen DEFA-Filme der Nachkriegsjahre." In *Nationalsozialismus und Judenverfolgung in DDR-Medien*, edited by Bundeszentrale für politische Bildung, 15-17. Bonn: Bundeszentrale für politische Bildung, 1977.

Seeßlen, Georg. "Faschismus, Krieg und Holocaust im deutschen Nachkriegsfilm." In *Apropos: Film 2000*, edited by Ralf Schenk and Erika Richter, 254-288. Berlin: Das Neue Berlin, 2000.

英語文献

Bathrick, David. "From USA to DEFA: Past as Present in Early GDR Films." In *Contentious Memories: Looking Back at the GDR*, edited by Jost Hermand and Marc Silberman, 169-188. New York: Peter Lang, 2000.

Berghahn, Daniela. "Liars and Traitors: Unheroic Resistance in Antifascist DEFA Films." In *Millennial Essays on Film and Other German Studies*, edited by Daniela Berghahn and Alan Bance, 23-39. Oxford: Peter Lang, 2002.

Brockmann, Stephen. *A Critical History of German Film*. Rochester, NY: Camden House, 2010.

Byg, Barton. "The Antifascist Tradition and GDR Film." In *Proceedings, Purdue University Fifth Annual Conference on Film*, 115-124. West Lafayette, IN: Purdue University Press, 1980.

Carter, Erica. "Die Mörder sind unter uns / The Murderer Are among Us." In *The Cinema of Germany*, edited by Joseph Garncarz and Annemone Ligensa, 108-117. London and New York: Wallflower, 2012.

Fischer, Jaimey. "Who's Watching the Rubble-Kids? Youth, Pedagogy and Politics in Early DEFA Films." *New German Critique* 82 (Winter 2001): 91-125.

Grossmann, Atina. *Jews, Germans, and Allies*. Princeton: Princeton University Press, 2007.

Hoffgen, Maggie. *Studying German Cinema*. Leighton Buzzard, UK: Auteur, 2009.

Lemmons, Russel. "'Great Truths and Minor Truths': Kurt Maetzig's Ernst Thälmann Films, the Antifascism Myth, and the Politics of Biography in the German Democratic Republic." In *Take Two: Fifties Cinema in a Divided Germany*. edited by John Davidson and Sabine Hake, 91-105. New York and Oxford: Berghahn, 2007.

Mückenberger, Christiane. "The Anti-Fascist Past in DEFA Films." In *DEFA: East German Cinema, 1946-1992*, edited by Seán Allan and John Sandford, 58-76. New York and Oxford: Berghahn, 1999.

Pinkert, Anke. "Can Melodrama Cure? War Trauma and Crisis of Masculinity in Early DEFA Film." *Seminar: A Journal of Germanic Studies* 44, no. 1 (2008): 118-136.

---------. *Film and Memory in East Germany*. Bloomington: Indiana University Press, 2008.

Reimar, Robert. *Nazi-Retro Film: How German Narrative Cinema Remembers the Past*. Woodbridge, CT: Twayne, 1992.

Reimar, Robert, and Reinhard Zachau. *German Culture Through Film: An Introduction to German Cinema*. Newburyport, MA: Focus, 2005.

Rinke, Andrea. "Models or Misfits? The Role of Screen Heroines in GDR Cinema," in *Triangulated Visions: Woman in Recent German Cinema*, edited by Ingeborg Majer O'Sickey and Ingeborg von Zadow, 207-218. Albany: State University of New York Press, 1998.

Shandley, Robert. *Rubble Films: German Cinema in the Shadow of the Third Reich*. Philadelphia, PA: Tempel University Press, 2010.

Soldovieri, Stefan. "Finding Navigable Waters: Inter-German Film Relations and Modernization in Two DEFA Barge Films of the 1950s." *Film*

History 18, no. 1 (2006): 59-72.

von Moltke, Johannes. *No Place Like Home: Locations of Heimat in German Cinema*. Berkeley: University of California Press, 2005.

Wilms, Wilfried, and William Rasch, eds. *German Postwar Films: Life and Love in Ruins*. New York: Macmillan, 2008.

永遠のブロックバスターとしての童話映画と児童映画――『小さなムックの物語』

ドイツ語文献

Elstermann, Knut. *Früher war ich Filmkind: Die DEFA und ihre jüngsten Darsteller*. Berlin: Das Neue Berlin, 2011.

Felsmann, Klaus-Dieter. "Eine feste Bank: DEFA-Kinderfilme in 25 Berlinale-Jahren." In *Apropos: Film 2002*, edited by Ralf Schenk and Erika Richter, 190-198. Berlin: Bertz, 2002.

Felsmann, Klaus-Dieter, and Bernd Sahling. *Deutsche Kinderfilme aus Babelsberg: Werkstattgespräche und Rezeptionsräume*. Berlin: DEFA-Stiftung, 2010.

Giera, Joachim. *Gedanken zu DEFA-Kinderfilmen*. Berlin: Betriebsakademie des VEB DEFA Studio für Spielfilme, 1982.

Hamisch, Siegfried. "Es war einmal ... Märchen und Märchenverfilmung im DEFA-Film und in Filmen des Fernsehens der DDR." In *Prisma—Kino-und-Fernseh-Almanach*, edited by Horst Knietzsch, 79-93. Berlin: Henschel, 1985.

König, Ingelore, Dieter Wiedemann, and Lothar Wolf. *Zwischen Marx und Muck*. Berlin: Henschel, 1996.

Merkelbach, Bernhard, and Dirk Stötzel. "Das Kinderfernsehen in der ARD in den 50er Jahren: Quantitative und qualitative Ergebnisse zum Programmangebot für Kinder." In *Fernsehen für Kinder. Vom Experiment zum Konzept. Programmstrukturen—Produkte—Präsentationsformen*, edited by Hans Dieter Erlinger, Bernhard Merkelbach, and Dirk Stötzel, 21-52. Siegen: University of Siegen, 1990.

英語文献

Bathrick, David. *The Powers of Speech: The Politics of Culture in the GDR*. Lincoln: University of Nebraska Press, 1995.

Blessing, Benita. "Happily Socialist Ever After? East German Children's Films and the Education of a Fairy Tale Land." *Oxford Review of*

Education 36, no. 2 (2010): 233-248.

Creeser, Rosemary. "Cocteau for Kids: Rediscovering *The Singing, Ringing Tree.*" In *Cinema and the Realms of Enchantment: Lectures, Seminars, and Essays by Marina Warner and Others*, edited by Duncan Petrie, 111-124. London: British Film Institute, 1993.

Fritzsche, Sonja. "'Keep the Home Fires Burning': Fairy Tale Heroes and Heroines in an East German '*Heimat.*'" *German Politics and Society* 30, no. 4 (2012): 45-72.

Kohlhaase, Wolfgang, and Gerhard Klein. "DEFA: A Personal View." In *DEFA: East German Cinema, 1946-1992*, edited by Seán Allan and John Sandford, 117-130. New York and Oxford: Berghahn, 1999.

Shen, Qinna. "Barometers of GDR Cultural Politics: Contextualizing the DEFA Grimm Adaptations." *Marvels & Tales: Journal of Fairy Tales Studies* 25, no. 1 (2011): 70-95.

Silberman, Marc. "The First DEFA Fairy Tales: Cold War Fantasies of the 1950s." In *Take Two: Fifties Cinema in a Divided Germany*. edited by John Davidson and Sabine Hake, 106-119. New York and Oxford: Berghahn, 2007.

---------. *German Cinema: Texts in Context*. Detroit: Wayne State University Press, 1995.

Zipes, Jack. *The Enchanted Screen: The Unknown History of Fairy Tale Films*. New York: Routledge, 2010.

「現代映画」、敵対する他者としての西ベルリン、祖国としての東ドイツ——反逆者の映画『ベルリン シェーンハウザーの街角』

ドイツ語文献

Aurich, Rolf. "Geteilter Himmel ohne Sterne." In *Kalter Krieg: 60 Filme aus Ost und West. Internationale Filmfestspiele Berlin / Retrospektive*, edited by Helga Belach and Wolfgang Jacobsen, 18-44. Berlin: Stiftung Deutsche Kinemathek, 1991.

Felix, Jürgen. "Die 'Halbstarken'-Filme: Vorbilder und Nachbilder. 'Berlin—Ecke Schönhauser' Gerhard Klein, DEFA 1957." In *Positionen Deutscher Filmgeschichte: 100 Jahre Kinematographie*, edited by Michael Schaudig, 322-324. Munich: Diskurs, 1996.

Gehler, Fred. "Der liebe Gott in Berlin. Anmerkungen zu Gerhard Klein 1920-1970." In *Apropos: Film 2005*, edited by Ralf Schenk, Erika

Richter, and Claus Löser, 31-41. Berlin: Bertz, 2005.
Judt, Matthias, ed. *DDR-Geschichte in Dokumenten*. Berlin: Links, 1997.
Lindenberger, Thomas. *Massenmedien im Kalten Krieg: Akteure, Bilder, Resonanzen*. Cologne: Böhlau, 2006.

英語文献

Claus, Horst. "Rebels with a Cause: The Development of the '*Berlin-Filme*' by Gerhard Klein and Wolfgang Kohlhaase." In *DEFA: East German Cinema, 1946-1992*, edited by Seán Allan and John Sandford, 93-116. New York and Oxford: Berghahn, 1999.
Feinstein, Joshua. *The Triumph of the Ordinary: Depictions of Daily Life in the East German Cinema, 1949-1989*. Chapel Hill: University of North Carolina Press, 2001.
Heiduschke, Sebastian. "Cold War Envoys or German Cinematic Responses? Teenage Rebellion, Authority, and Mobility in *The Wild One* (USA, 1953), *Die Halbstarken* (West Germany, 1956) and *Berlin—Ecke Schönhauser* (East Germany, 1957)." *Seminar* 49, no. 3 (September 2013): Forthcoming.
Lindenberger, Thomas. "Home Sweet Home: Desperately Seeking Heimat in Early DEFA Films." *Film History: An International Journal* 18, no. 1 (2006): 46-58.
Poiger, Ute. *Jazz, Rock, and Rebels: Cold War Politics and American Culture in a Divided Germany*. Berkeley: University of California Press, 2000.
Urang, John Griffith. "Realism and Romance in the East German Cinema, 1952-1962." *Film History: An International Journal* 18, no. 1 (2006): 88-103.
von Moltke, Johannes. *No Place Like Home: Locations of Heimat in German Cinema*. Berkeley: University of California Press, 2005.

デーファ・ジャンル映画の誕生、東ドイツのＳＦ映画、新しい技術、東欧との共同製作――『金星ロケット発進す』

ドイツ語文献

Agde, Günter, ed. *Kurt Maetzig: Filmarbeit: Gespräche, Reden , Schriften*. Berlin: Henschel, 1987.

Byg, Barton. "DEFA und osteuropäisches Kino. Das East German Summer Film Institute 2003." In *Apropos: Film 2003*, ed. Ralf Schenk and Erika Richter, 320-322. Berlin: Bertz, 2003.

Ciesla, Burkhard. "'Droht der Menschheit Vernichtung?' *Der schweigende Stern / First Spaceship on Venus*: Ein Vergleich." In *Apropos: Film 2002*, edited by Ralf Schenk and Erika Richter, 121-136. Berlin: Bertz, 2002.

Filpovic, Andreas. "Filmbeziehungen zweier Länder, die nicht mehr sind–Jugoslawien und die DDR." In *Film im Sozialismus–Die DEFA*, edited by Barbara Eichinger and Frank Stern, 236-256. Vienna, Austria: Mandelbaum, 2009.

Grisko, Michael. "Zwischen Sozialphilosophie und Actionfilm: Grenzen und Möglichkeiten des Science-Fiction Genres bei der DEFA." In *Apropos: Film 2002*, edited by Ralf Schenk and Erika Richter, 103-120. Berlin: Bertz, 2002.

Kannapin, Detlef. "'Peace in Space': Die DEFA im Weltraum. Anmerkungen zu Fortschritt und Utopie im Filmschaffen der DDR." In *Zukunft im Film. Sozialwissenschaftliche Studien zu "Star Trek" und anderer Science Fiction*, edited by Frank Hörnlein and Herbert Heinicke, 55-70. Magdeburg: Scriptum, 2000.

Schenk, Ralf. *DEFA 70: Technik, Kunst und Politik—Das 70-mm-Kino in der DDR*. Marburg, Germany: Schüren, 2012.

---------. "Technik, Kunst und Politik. Die DDR und das 70-mm-Kino—Eine Geschichte aus ferner Vergangenheit." In *Die Bedeutung der Unterhaltungsmedien für die Konstruktion des Politikbildes*, edited by Klaus-Dieter Felsmann, 189-198. Munich: Kopaed, 2010.

英語文献

Fritzsche, Sonja. "East Germany's *Werkstatt Zukunft*: Futurology and the Science Fiction Films of *defa-futurum*," *German Studies Review* 29, no. 2 (2006): 367-386.

---------. "A Natural and Artifical Homeland: East German Science-Fiction Film Responds to Kubrick and Tarkovsky," *Film & History: An Interdisciplinary Journal of Film and Television Studies* 40, no. 2 (Fall 2010): 80-101.

Hayward, Philip, and Natalie Lewandowski. "Sounds of the Silent Star: The Context, Score and Thematics of the 1960 Film Adaptation of Stanislaw Lem's Novel Astronauci." *Science Fiction Film and Television* 3, no. 2 (2010): 183-200.

Heiduschke, Sebastian. "Communists and Cosmonauts in Mystery Science Theater 3000: De-Camping *First Spaceship on Venus / Silent Star*," in *The Peanut Gallery with Mystery Science Theater 3000: Essays on Film, Fandom, Technology and the Culture of Riffing*, edited by Robert Weiner and Shelley Barbra, 40-45. Jefferson, NC: McFarland, 2011.

Ivanova, Mariana. "DEFA and East European Cinemas: Co-Productions, Transnational Exchange, and Artistic Collaborations," PhD diss., University of Texas, Austin, 2011.

Jameson, Frederic. "Science Fiction and the German Democratic Republic." *Science Fiction Studies* 11, no. 2 (July 1984): 194-199.

Lemmons, Russel. "'Great Truths and Minor Truths': Kurt Maetzig's Ernst Thälmann Films, the Antifascism Myth, and the Politics of Biography in the German Democratic Republic." In *Take Two: Fifties Cinema in Divided Germany*. edited by John Davidson and Sabine Hake, 91-105. New York and Oxford: Berghahn, 2007.

Trumpener, Katie: "DEFA: Moving Germany into Eastern Europe." In *Moving Images of East Germany: Past and Future of DEFA Film*, edited by Barton Byg and Betheny Moore, 85-104. Washington DC: American Institute for Contemporary German Studies, 2002.

Soldovieri, Stefan. "Socialists in Outer Space: East German Film's Venusian Adventure," *Film History* 10 (1998): 382-398.

Stott, Resemary. "Cintinuity and Change in GDR Cinema Programming Policy 1979-1989: The Case of the American Science Fiction Import." *German Life and Letters* 55, no. 1 (January 2002): 91-99.

映画検閲、東ドイツの「ヌーヴェル・ヴァーグ」、「ウサギ映画」——『私はウサギ』

ドイツ語文献

Adge, Günter. *Die langen Schatten danach—Texte nichtrealisierte Filme der DEFA 1965/1966*. Berlin: DEFA-Stiftung, 2011.

---------, ed. *Kahlschlag. Das 11. Plenum des ZK der SED. Studien und Dokumente*, 2nd ed. Berlin: Aufbau, 2000.

---------, ed. *Kurt Maetzig: Filmarbeit: Gespräche, Reden, Schriften*. Berlin: Henschel, 1987.

Bieler, Manfred. *Maria Morzeck oder Das Kaninchen bin ich (Maria Morzeck or The Rabbit Is Me)*. Munich: Biederstein, 1969.

Finke, Klaus. *Politik und Film in der DDR: Zum heroischen Selbstbild des Kommunismus im DEFA-Film*. Oldenburg: BIS, 2008.

Günther, Beate. *Leitbilder richtigen Lebens—Politischer Diskurs und filmische Darstellung in DEFA-Gegenwartsfilmen der 1960er Jahre. Filmanalyse am Beispiel von Frauenrollen und Geschlechterbeziehungen*. Berlin: Trafo, 2008.

Habel, Frank-Burkhard. *Zerschnitten Filme. Zensur im Kino*. Leipzig: Kiepenheuer, 2003.

Harhausen, Ralf. *Alltagsfilm in der DDR—Die "Nouvelle Vague" der DEDA*. Marburg, Germany: Tectum, 2007.

Mückenberger, Christiane, ed. *Prädikat: Besonders schädlich: Filmtexte*. Berlin: Henschel, 1990.

Richter, Erika. "Zwischen Mauerbau und Kahlschlag: 1961 bis 1965." In *Das zweite Leben der Filmstadt Babelsberg: DEFA 1946-1992*. edited by Ralf Schenk, 158-211. Berlin: Henschel, 1994.

Ulbricht, Walter. "Schlußwort auf der 11. Tagung des ZK der SED 1965," in *Kahlschlag. Das 11. Plenum des ZK der SED. Studien und Dokumente*, 2nd ed., edited Günter Adge, 266-281. Berlin: Aufbau, 2000.

英語文献

Berghahn, Daniela. "Censorship in GDR Cinema: The Case of 'Spur der Steine.'" In *From Classical Shades to Vickers Victourious: Shifting Perspectives in British German Studies*, edited by Steve Giles and Peter Graves, 183-198. Bern: Peter Lang, 1999.

---------. "The Forbidden Films: Film Censorship in the Wake of the Eleventh Plenum." In *100 Years of European Cinema: Entertainment or Ideology?*, edited by Diana Holmes and Alison Smith, 40-45. Manchester: Manchester University Press, 2000.

Elsaesser, Thomas. *New German Cinema: A History*. Basingstoke: Macmillan / British Film Institute, 1989.

Feinstein, Joshua. *The Triumph of the Ordinary: Depictions of Daily Life in the East German Cinema, 1949-1989*. Chapel Hill: University of North Carolina Press, 2001.

Heiduschke, Sebastian. " 'Das ist die Mauer, die quer durchgeht. Dahinter liegt die Stadt und das Glück:' DEFA Directors and Their Criticism of the Berlin Wall." *Colloquia Germanica* 40, no. 1 (2007): 37-50.

Knight, Julia. *New German Cinema: The Images of a Generation*. London: Wallflower, 2004.

Pinkert, Anke. *Film and Memory in East Germany*. Bloomington: Indiana University Press, 2008.

Rinke, Andrea. “Models or Misfits? The Role of Screen Heroines in GDR Cinema.” In *Triangulated Visions: Woman in Recent German Cinema*, edited by Ingeborg Majer O’Sickey and Ingeborg von Zadow, 207-218. Albany: State University of New York Press, 1998.

Soldovieri, Stefan. “Censorship and the Law: The Case of *Das Kaninchen bin ich* (*I am the Rabbit*),” in *DEFA: East German Cinema 1946-1992*, edited by Seán Allan and John Sandford, 146-163. New York and Oxford: Berghahn, 1999.

Trumpener, Katie. “La guerre est finie: New Waves, Historical Contingency, and the GDR *Kaninchenfilme*,” in *The Power of Intellectuals in Germany*, edited by Michael Geyer, 113-147. Chicago: University of Chicago Press, 2001.

寝返り映画、デーファ・ミュージカル、ジャンル映画――『暑い夏』

ドイツ語文献

Agde, Günter. “DEFA-Filmexperiment mit einer Oper.” *Filmblatt* 15, no. 43 (2010): 18-22.

---------. Filmmusik im Zwiespalt.” *Filmblatt* 15, no. 43 (2010): 13-18.

Berg, Michael, Nina Noeske, and Albrecht von Massow, eds. *Zwischen Macht und Freiheit. Neue Musik in der DDR*. Cologne: Böhlau, 2004.

Haedler, Manfred. “Der weiße Fleck: Musikfilm: Gespräche mit dem Regisseur Horst Bonnet und dem Komponisten Gerd Natschinski.” In *Kino—und Fernseh-Almanach: Prisma 07*, edited by Horst Knietzsch, 64-80. Berlin: Henschel, 1976.

Tischer, Matthias. *Komponieren für und wider den Staat: Paul Dessau in der DDR*. Cologne: Böhlau, 2009.

---------, ed. *Musik in der DDR: Beiträge zu den Musikverhältnissen eines verschwundenen Staates*. Berlin: Kuhn, 2005.

Trültzsch, Sascha, and Thomas Wilke, eds. *Heißer Sommer—Coole Beats—zur populären Musik und ihren medialen Repräsentation in der DDR*. Bern: Peter Lang, 2010.

英語文献

Bahr, Gisela. “Film and Consciousness: The Depiction of Women in East German Movies.” In *Gender and German Cinema: Feminist Interventions. Volume. I: Gender and Representation in New German Cinema*, edited by Sandra Frieden, Richard W. McCormick, Vibeke R. Peterson, and Laurie Melissa Vogelsang, 125-140. Providence, RI: Berg, 1993.

Buehler, James, Carol Flynn, and David Neumeyer, eds. *Music and Cinema*. Hanover, NH: University of New England Press, 2000.

Raundalen, Jon. "A Communist Takeover in the Dream Factory: Appropriation of Popular Genres by the East German Film Industry." *Slavonica* 11, no. 1 (April 2005): 69-86.

Rinke, Andrea. "Eastside Stories: Singing and Dancing for Socialism." *Film History* 18 (2006): 73-87.

---------. "Film Musicals in the GDR." In *Film's Musical Moments*, edited by Ian Conrich and Estelle Tincknell, 183-195. Edinburgh: Edinburgh University Press, 2006.

さらなるジャンル映画、「赤い西部劇」、東ドイツにおけるスターの座——『アパッチ』
ドイツ語文献

Bergemann, Sandra. *Gesichter der DEFA: Große Schauspieler und ihre Filme mit Kurzbiographien und Filmographien*. Heidelberg: Braus, 2008.

Bluhm, Heiko. *Manfred Krug: Seine Filme—sein Leben*. Munich: Heyne, 1993.

Engelke, Henning, and Simon Kopp. "Der Western im Osten. Genre, Zeitlichkeit und Authentizität im DEFA- und im Hollywood-Western." *Zeithistorische Forschungen / Studies in Contemporary History* 1, no. 2 (2004). Accessed April 29, 2013. http://www.zeithhistorische-forschungen.de/16126041-Engelke-Kopp-2-2004.

Habel, Frank-Burkhard. *Gojko Mitic, Mustangs, Marterpfähle: Die DEFA-Indianerfilme, das große Buch für Fans*. Berlin: Schwarzkopf & Schwarzkopf, 1997.

Habel, Frank-Burkhard, and Volker Wachtel. *Das große Lexikon der DDR-Stars*. Berlin: Schwarzkopf & Schwarzkopf, 2002.

Heermann, Christian, *Old Shatterhand ritt nicht im Auftrag der Arbeiterklasse*. Dessau: Anhaltische Verlagsgesellschaft, 1995.

von Borries, Friedrich and Jens-Uwe Fischer. *Sozialistische Cowboys: Der Wilde Western Ostdeutschlands*. Frankfurt am Main: Suhrkamp, 2008.

Wolf, Alex. *Gojko Mitic: Erinnerungen*. Frankfurt: Ullstein, 1996.

英語文献

Broe, Dennis. "Have Dialectic, Will Travel. The GDR *Indianerfilme* as Critique and Radical Imaginary." In *A Companion to German Cinema*, edited by Terri Ginsberg and Andrea Mensch, 27-54. Chichester: Wiley-Blackwell, 2012.

Dika, Vera. "An East German *Indianerfilm*: The Bear in Sheep's Clothing," *Jump Cut* 50 (2008), http://www.ejumpcut.org/archive/jc50.2008/Dika-indianer/index.html.

Fellmer, Claudia. "Armin Mueller-Stahl: From East Germany to the West Coast," in *The German Cinema Book*, edited by Tim Bergfelder, Erica Carter, and Deniz Göktürk, 90-97. London: British Film Institute, 2002.

---------. "The Communist Who Rarely Played a Communist: The Case of DEFA Star Erwin Geschoneck," in *Millennial Essays on Film and Other German Studies*, edited by Daniela Berghahn and Alan Bance, 41-62. Oxford: Peter Lang, 2002.

---------. "Stars in East German Cinema." PhD thesis, University of Southampton, 2002.

Gemünden, Gerd. "Between Kark May and Karl Marx. The DEFA *Indianerfilme* 1965-1983," in *Germans and Indians: Fantasies, Encounters, Projections*, edited by Collin Calloway, Gert Gemünden, and Susanne Zantop, 243-256. Lincoln: University of Nebraska Press, 2002.

Kenez, Peter. *Cinema and Soviet Society: From the Revolution to the Death of Stalin*. London: I. B. Tauris, 2001.

Ligensa, Annemone. "Der Schatz im Silbersee / The Treasure of Silber Lake and Die Söhne der großen Bärin / The Sons of Great Bear." In *The Cinema of Germany*, edited by Joseph Garncarz and Annemone Ligensa, 138-147. London and New York: Wallflower, 2012.

Penny, Glenn. "Red Power: Liselotte Welskopf-Henrich and Indian Activist Networks in East and West Germany," *Central European History* 41 (2008): 447-476.

Soldovieri, Stefan. "The Politics of the Popular: *Trace of the Stones* (1966/89) and the discourse on stardom in the GDR Cinema," in *Light Motives: German Popular Film in Perspective,* ed. Randal Halle and Margaret McCarthy, 220-236. Detroit, MI: Wayne State University Press, 2003.

Stott, Rosemary. "Entertained by the Class Enemy: Cinema Programming Policy in the German Democratic Republic." In *100 Years of European Cinema: Entertainment or Ideology?*, edited by Diana Holmes and Alison Smith, 27-39. Manchester: Manchester University Press, 2000.

日本語文献

木戸衛一「〈ドル帝国〉、インディアン映画、国産コーラ」、歴史学研究会編『二〇世紀のアメリカ体験』(青木書店、二〇〇一年）所収、三五―六六ページ。

山本佳樹「ドイツにおける西部劇の変容――ジャンルとイデオロギー」、加藤幹郎監修／杉野健太郎編著『映画とイデオロギー』（ミネルヴァ書房、二〇一五年）所収、一四九―一七六ページ。

ジェンダー、階級、セクシュアリティ――『パウルとパウラの伝説』におけるタブーの終焉

ドイツ語文献

Bundeszentrale für politische Bildung, ed. *Frauenbilder in den DDR Medien*. Bonn: Bundeszentrale für politische Bildung, 1996.

Glatzeder, Winfried, and Manuela Runge. *Winfried Glatzeder—Paul und Ich*. Berlin: Aufbau, 2008.

Harhausen, Ralf. *Alltagsfilm in der DDR—Die "Nouvelle Vague" der DEDA*. Marburg, Germany: Tectum, 2007.

Harteweg, Karin. *Das Auge der Partei: Fotografie und Staatssicherheit*. Berlin: Links, 2004.

Sander, Helke, and Reneé Schlesier. "*Die Legende von Paul und Paula*: Eine frauenverachtende Schnulze aus der DDR," *Frauen und Film* 2 (1974), 8-47.

Sell, Katrin. *Frauenbilder im DEFA-Gegenwartskino: Exemplarische Untersuchungen zur filmischen Darstellung der Figur der Frau im DEFA-Film der Jahre 1949-1970*. Marburg, Germany: Tectum, 2009.

Zahlmann, Stefan. "Geregelte Identität. Männlichkeitskonzepte und Partnerschaft im Spielfilm der DDR." In *Mann Bilder: Ein Lese- und Quellenbuch zur Historischen Männerforschung*, edited by Wofgang Schmale, 221-266. Berlin: Arno Spitz, 1998.

英語文献

Bahr, Gisela. "Film and Consciousness: The Depiction of Women in East German Movies." In *Gender and German Cinema: Feminist Interventions. Volume. I: Gender and Representation in New German Cinema*, edited by Sandra Frieden, Richard W. McCormick, Vibeke R. Peterson,

and Laurie Melissa Vogelsang, 125-140. Providence, RI: Berg, 1993.
Betts, Paul. *Within Walls: Private Life in the German Democratic Republic.* New York: Oxford University Press, 2010.
Brockmann, Stephen. *A Critical History of German Film.* Rochester, NY: Camden House, 2010.
Dennis, David Brandon. "*Coming Out* into Socialism: Heiner Carow's Third Way." In *A Companion to German Cinema*, edited by Terri Ginsberg and Andrea Mensch, 55-81. Chichester: Wiley-Blackwell, 2012.
Dolling, Irene. "'We All Love Paula but Paul is More Important to Us': Constructing a 'Socialist Person' Using the 'Femininity' of a Workin Woman." *New German Critique* 82 (Winter 2001): 77-90.
Mühl-Benninghaus, Wolfgang. "Die Legende von Paul und Paula / The Legend of Paul and Paula." In *The Cinema of Germany*, edited by Joseph Garncarz and Annemone Ligensa, 168-175. London and New York: Wallflower, 2012.
Naughton, Leonie. *That Was the Wild East: Film Culture, Unification, and the "New" Germany.* Ann Arbor, MI: University of Michigan Press, 2002.
Pinkert, Anke. *Film and Memory in East Germany.* Bloomington: Indiana University Press, 2008.
Reimar, Robert, and Reinhard Zachau. *German Culture through Film: An Introduction to German Cinema.* Newburyport, MA: Focus, 2005.
Rinke, Andrea. *Images of Women in East German Cinema. 1972-1982: Socialist Models, Private Dreamers and Rebels.* Lewiston, NY: Edwin Mellen Press, 2006.
---------. "Models or Misfits? The Role of Screen Heroines in GDR Cinema," in *Triangulated Visions: Woman in Recent German Cinema*, edited by Ingeborg Majer O'Sickey and Ingeborg von Zadow, 207-218. Albany: State University of New York Press, 1998.
---------. "Sex und Subversion in GDR Cinema: *The Legend of Paul und Paula* (1973)." In *100 Years of European Cinema: Entertainment or Ideology?*, edited by Diana Holmes and Alison Smith, 52-63. Manchester: Manchester University Press, 2000.

日本語文献

高岡智子「東ドイツ映画『パウルとパウラの伝説』のメロドラマ的作劇法――ロックと映画音楽の社会史的一考察」、『表現文

化研究』一〇（二）（神戸大学表現文化研究会、二〇一一年）所収、一八五―一九七ページ。

デーファとホロコースト、反ファシズムの遺産、国際的称讃――『嘘つきヤコブ』

ドイツ語文献

Al-Zubaidi, Kais. *Faschismus im deutschen Kino-Spielfilm*. Berlin: DEFA-Stiftung, 2003.

Beutelschmidt, Thomas. *Kooperation oder Konkurrenz? Das Verhältnis zwischen Film und Fernsehen in der DDR*. Berlin: DEFA-Stiftung, 2009.

Beyer, Frank. *Wenn der Wind sich dreht*. Munich: Econ, 2001.

Davidowicz, Klaus. "Frank Beyers 'Nackt unter Wölfen' (DDR 1962) und die Darstellung der Shoah im deutschen Spielfilm der frühen 60er Jahre." In *Film im Sozialismus—Die DEFA*, edited by Barbara Eichiger and Frank Stern, 125-146. Vienna, Austria: Mandelbaum, 2009.

Heimann, Thomas. *Bilder von Buchenwald. Die Visualisierung des Antifaschismus in der DDR (1945-1990)*. Cologne: Böhlau, 2005.

Jordan, Günter. "Davidstern und roter Winkel: Das jüdische Thema in DEFA-Wochenschau- und Dokumentarfilm 1946-48." In *Apropos: Film 2002*, edited by Ralf Schenk and Erika Richter, 24-43. Bertz: Berlin, 2002.

Kannapin, Detlef. *Antifaschismus und Film in der DDR: Die DEFA-Spielfilme 1945-1955/1956*. Cologne: Papyrossa, 1997.

Kober, Anne. *Die Antifaschismusthematik der DEFA—eine kultur- und filmhistorische Analyse*. Marburg, Germany: Schüren 2008.

Stern, Frank. "Ein Kino subversiver Widersprüche. Juden im Spielfilm der DDR." In *Apropos: Film 2002*, edited by Ralf Schenk and Erika Richter, 8-23. Berlin: Bertz, 2002.

Wischnewski, Klaus. "Über Jakob und andere," *Film und Fernsehen* 2 (February 1975): 18-24.

Yamane, Keiko. "Jakob und andere, Zur Rezeption von DEFA-Filmen in Japan," In *Apropos: Film 2005*, edited by Ralf Schenk, Erika Richter, and Claus Löser, 314-315. Berlin: Bertz, 2005.

英語文献

Berghahn, Daniela. "Liars and Traitors: Unheroic Resistance in Antifascist DEFA Films." In *Millennial Essays on Film and Other German Studies*, edited by Daniela Berghahn and Alan Bance, 23-39. Oxford: Peter Lang, 2002.

Byg, Barton. "The Antifascist Tradition and GDR Film." In *Proceedings, Purdue University Fifth Annual Conference on Film*, 115-124. West Lafayette, IN: Purdue University Press, 1980.

Fox, Thomas. *East Germany and the Holocaust*. Rochester, NY: Camden House, 1999.

Hake, Sabine. "Political Affects: Antifascism and the Second World War in Frank Beyer and Konrad Wolf." In *Screening War: Perspectives on German Suffering*, edited by Paul Cooke and Marc Silberman, 102-122. Rochester, NY: Camden House, 2010.

Powell, Larson. "*Mama, ich lebe*: Konrad Wolf's Intermedial Parable of Antifascism." In *Contested Legacies: Constructions of Cultural Heritage in the GDR*, edited by Matthew Philpotts and Sabine Rolle, 63-75. Rochester, NY: Camden House, 2009.

Reimar, Robert. *Nazi-Retro Film: How German Narrative Cinema Remembers the Past*. Woodbridge, CT: Twayne, 1992.

日本語文献

渋谷哲也「『嘘つきヤコブ』から読み解く戦後ドイツの歴史と社会」、『ドイツ語圏文化研究叢書』四、（上智大学ドイツ語圏文化研究所編、二〇〇八年）所収、二八－四三ページ。

山根恵子（編）『「嘘つきヤコブ」――生きぬくための愛の嘘――壁の向こうのハリウッド　セリフで学ぶドイツ語』（法政大学ＤＥＦＡメディア工房、二〇〇三年）。

女性映画、コンラート・ヴォルフ、「ビーアマン事件」後のデーファ――『ソロシンガー』

ドイツ語文献

Allan, Seán. "Frauen, Stars und Arbeitswelten. DEFA-Forschung in Großbritannien 1996-2005. In *Apropos: Film 2005*, edited by Ralf Schenk, Erika Richter, and Claus Löser, 308-313. Berlin: Bertz, 2005.

--------. "'Ich denke, sie machen meistens nackte Weiber': Kunst und Künstler in Konrad Wolfs *Goya* (1971) und *Der nackte Mann auf dem Sportplatz* (1974)," in *Von der Vision zur Realität: Film im Sozialismus—die DEFA*, edited by Frank Stern and Barbara Eichinger, 342-367.

Vienna: Mandelbaum, 2009.

Bundeszentrale für politiscche Bildung, ed. *Frauenbilder in den DDR Medien*. Bonn: Bundeszentrale für politische Bildung, 1996.

Ferchland, Rainer, Renate Ullrich, and Ursula von Schroeter. *Patriarchat in der DDR: Nachträgliche Entdeckungen in DFD-Dokumenten, DEFA-Dokumentarfilmen und soziologischen Befragungen*. Berlin: Dietz, 2009.

Holland-Cunz, Barbara. *Die alte neue Frauenfrage*. Frankfurt am Main: Suhrkamp, 2003.

Jacobsen, Wolfgang, and Rolf Aurich. *Die Sonnensucher—Konrad Wolf: Biographie*. Berlin: Aufbau, 2005.

Kramer, Thomas. "Kunst und Auftrag: Der Regisseur Konrad Wolf." In *Film im Lauf der Zeit. 100 Jahre Kino im Deutschland, Österreich und der Schweiz*, edited by Thomas Kramer and Martin Pucha, 225-231. Vienna: Überreuter, 1994.

Rauhut, Michael. *Rock in der DDR*. Bonn: Bundeszentrale für politische Bildung, 2002.

Salow, Friedrich. *Der DEFA-Spielfilm in den 80er Jahren—Chancen für die 90er?* Berlin: Vistas, 1992.

Schieber, Elke, and Michael Wedel, eds. *Konrad Wolf: Werk und Wirkung*. Berlin: Vistas, 2009.

Sell, Katrin. *Frauenbilder im DEFA-Gegenwartskino: Exemplarische Untersuchungen zur filmischen Darstellung der Figur der Frau im DEFA-Film der Jahre 1949-1970*. Marburg, Germany: Tectum, 2009.

Wedel, Michael, and Thomas Elsaesser. "Einblicke von außen? Die DEFA, Konrad Wolf und die internationale Geschichte." In *Filmgeschichte als Kriesengeschichte—Schnitte und Spuren durch den deutschen Film*, edited by Michael Wedel, 327-362. Bielefeld: Transcript, 2010.

Zahlmann, Stefan. "Geregelte Identität. Männlichkeitskonzepte und Partnerschaft im Spielfilm der DDR." In *Mann Bilder: Ein Lese- und Quellenbuch zur historischen Männerforschung*, edited by Wofgang Schmale, 221-266. Berlin: Arno Spitz, 1998.

---------. "Vom Wir zum Ich: Körper und Konfliktkultur im Spielfilm der DDR seit den 1960er Jahren," in *Körper mit Geschichte: Der menschliche Körper als Ort der Selbst—und Weltdeutung*, edited by Clemens Wischermann and Stefan Haas, 309-336. Stuttgart: Franz Steiner, 2000.

英語文献

Bahr, Gisela. "Film and Consciousness: The Depiction of Women in East German Movies." In *Gender and German Cinema: Feminist Interven-*

tions. Volume. I: Gender and Representation in New German Cinema, edited by Sandra Frieden, Richard W. McCormick, Vibeke R. Peterson, and Laurie Melissa Vogelsang, 125-140. Providence, RI: Berg, 1993.

Brockmann, Stephen. *A Critical History of German Film*. Rochester, NY: Camden House, 2010.

Coulson, Anthony. "Paths of Discovery: The Films of Konrad Wolf," in *DEFA: East German Cinema 1946-1992*, ed. Seán Allan and John Sandford 164-182. New York and Oxford: Berghahn, 1999.

Elsaesser, Thomas, and Michael Wedel. "Defining DEFA's Historical Imginary: The Films of Konrad Wolf." *New German Critique* 82 (Winter 2001): 3-24.

Hansen, Miriam. "*Frauen und Film* and Feminist Film Culture in West Germany." In *Gender and German Cinema: Feminist Interventions. Volume II; German Film History / German History on Film*, edited by Sandra Frieden et al., 293-298. Oxford: Berg, 1993.

Koch, Gertrud. "On the Disappearance of the Dead Among the Living: The Holocaust and the Confusion of Identities in the Films of Konrad Wolf." *New German Critique* 60, Special Issue (1993): 57-75.

Meurer, Hans Joachim. *Cinema and National Identity in a Divided Germany, 1979-1989: The Split Screen*. Lewiston, NY: Edwin Mellen Press, 2000.

Reimar, Robert. *Nazi-Retro Film: How German Narrative Cinema Remembers the Past*. Woodbridge, CT: Twayne, 1992.

Rinke, Andrea. "From Models to Misfits: Women in DEFA Films of the 1970s and 1980s," in *DEFA: East German Cinema, 1946-1992*, edited by Seán Allan and John Sandford, 183-203. New York and Oxford: Berghahn, 1999.

---------. *Images of Women in East German Cinema. 1972-1982: Socialist Models, Private Dreamers and Rebels*. Lewiston, NY: Edwin Mellen Press, 2006.

---------. "Models or Misfits? The Role of Screen Heroines in GDR Cinema," in *Triangulated Visions: Woman in Recent German Cinema*, edited by Ingeborg Majer O'Sickey and Ingeborg von Zadow, 207-218. Albany: State University of New York Press, 1998.

Silberman, Marc. "Remembering History: The Filmmaker Konrad Wolf," *New German Critique* 49 (Winter 1990): 163-191.

Soldovieri, Stefan. "Managing Stars: Manfred Krug and the Politics of Entertainment in GDR Cinema." In *Moving Images of East Germany: Past and Future of DEFA Film*, edited by Barton Byg and Betheny Moore, 56-71. Washington DC: American Institute for Contemporary

German Studies, 2002.

Stott, Rosemary. "'Letting the Genie out the Bottle': DEFA Film-Makers and *Film und Fernsehen*," in *DEFA: East German Cinema, 1946-1992*, edited by Seán Allan and John Sandford, 42-57. New York and Oxford: Berghahn, 1999.

歴史に追い越されて　ディストピア、寓話、ブックエンド——『建築家たち』

ドイツ語文献

Decker, Kerstin. "Neben der Zeit. Die Filme von Andreas Dresen und Andreas Kleinert." In *Apropos: Film 2001*, edited by Ralf Schenk and Erika Richter, 328-343. Berlin: Das Neue Berlin, 2001.

Foth, Jörg. "Forever Young," in *Filmland DDR*, edited by Harry Blunck and Dirk Jungnickel, 95-105. Cologne: Wissenschaft und Politik, 1990.

Grunenberg, Antonia. Aufbruch der inneren Mauer. Politik und Kultur in der DDR 1971-1989. Bremen: Temmen, 1990.

Kahane, Peter. "Interview 1993." In *DEFA NOVA: Nach wie vor? Versuch einer Spurensicherung*, edited by Dietmar Hochmuth, 115. Berlin: Freunde der deutschen Kinemathek, 1993.

Lode, David. *Abenteuer Wirklichkeit—Die Filme von Andreas Dresen*. Marburg, Germany: Schüren, 2009.

Wolf, Dieter. "Die DEFA-Spielfilmproduktion unter den Bedingungen staatlicher Finanzierung und Kontrolle. Zur Arbeit und Organisation der DEFA-Dramaturgie." In *Politik und Mythos—Kader, Arbeiter und Aktivisten im DEFA-Film*, edited by Klaus Finke, 112-138. Oldenburg: BIS, 2002.

英語文献

Allan, Seán. "1989 and the *Wende* in East German Cinema: Peter Kahane's *Die Architekten* (1990), Egon Günther's *Stein* (1991) and Jörg Foth's *Letztes aus der DaDaeR* (1990)," in *1949/1989: Cultural Perspectives on Divisions in East and West*, edited by Clare Flanagan and Stuart Taberner, 231-244. Amsterdam: Rodopi, 2000.

McGee, Laura. "'Ich wollte ewig einen richtigen Film machen! Und als es soweit war, konnte ich's nicht!' The End Phase of GDR in Films by

DEFA Nachwuchsregisseure," *German Studies Review* 26, no. 2 (May 2003): 315-332.

---------. "Revolution in the Studio? The DEFA's Fourth Generation of Film Directors and Their Reform Efforts in the Last Decade of the GDR," *Film History* 15 (2003): 444-464.

Mueller, Gabriele. "Going East, Looking West: Border Crossing in Recent German Cinema." *Seminar: A Journal of Germanic Studies* 44, no. 4 (2008): 453-469.

「転換映画」、イェルク・フォート、検閲制度後のデーファ――『ダ・ダ・エルの近況』

ドイツ語文献

Dell, Matthias. "Der filmische Osten. Das Bild der DDR im deutschen Kino nach ihrem Ende." In *Apropos: Film 2005*, edited by Ralf Schenk, Erika Richter, and Claus Löser, 140-151. Berlin: Bertz, 2005.

Foth, Jörg. "Forever Young." in *Filmland DDR*, edited by Harry Blunck and Dirk Jungnickel, 95-105. Cologne: Wissenschaft und Politik, 1990.

Hanisch, Michael. "Auf dem Weg zur Markwirtschaft: Das Kino der DDR im letzten Jahr der Existenz." In Film-Jahrbuch 1991, edited by Lothar Just, 13-16. Munich: Heyne, 1991.

Haucke, Lutz. "Das Theater der Clowns: Jörg Foths Versuche mit dem Liedtheater der DDR." In *Film-Künste-TV-Shows: Film- und fernsehwissenschaftliche Studien: Auswahl 1978-2004*, edited by Lutz Haucke, 423-434. Berlin: Rhombos, 2005.

Hochmut, Dietmar. ed. *DEFA NOVA: Nach wie vor? Versuch einer Spurensicherung*, Berlin: Freunde der deutschen Kinemathek, 1993.

Robb, David. *Zwei Clowns im Lande des verlorenen Lachens: Das Liedertheater Wenzel & Mensching*. Berlin: Links, 1998.

Steingröver, Reihhild. "Narren und Clowns. Abschied von der DDR in zwei späten DEFA-Filmen: Egon Günthers *Stein* und Jörg Foths *Letztes aus der DaDaeR*." In *Apropos: Film 2005*, edited by Ralf Schenk, Erika Richter, and Claus Löser, 119-139. Berlin: Bertz, 2005.

英語文献

Allan, Seán. "1989 and the *Wende* in East German Cinema: Peter Kahane's *Die Architekten* (1990), Egon Günther's *Stein* (1991) and Jörg Foth's

Letztes aus der DaDaeR (1990)." In *1949/1989: Cultural Perspectives on Divisions in East and West*, edited by Clare Flanagan and Stuart Taberner, 231-244. Amsterdam: Rodopi, 2000.

Dennis, David Brandon. "*Coming Out* into Socialism: Heiner Carow's Third Way." In *A Companion to German Cinema*, edited by Terri Ginsberg and Andrea Mensch, 55-81. Chichester: Wiley-Blackwell, 2012.

McGee, Laura. "'Ich wollte ewig einen richtigen Film machen! Und als es soweit war, konnte ich's nicht!' The End Phase of GDR in Films by DEFA Nachwuchsregisseure," *German Studies Review* 26, no. 2 (May 2003): 315-332.

---------. "Revolution in the Studio? The DEFA's Fourth Generation of Film Directors and Their Reform Efforts in the Last Decade of the GDR," *Film History* 15 (2003): 444-464.

Robb, David. "Wenzel, Mensching and the *Latest from the Da-Da-eR*." In *Latest from the Da-Da-eR.* Amherst, MA: DEFA Film Library, 2009. Essay as part of DVD bonus material.

Rottman, Gordon. *The Berlin Wall and the Intra-German Border 1961-89*. New York: Osprey, 2008.

Steingröver, Reihhild. "2 February 1988: Last Generation of DEFA Directors Calls in Vain for Reform," in *A New History of German Cinema*, edited by Jennifer Kapczynski and Michael Richardson, 497-501. Rochester, NY: Camden House, 2012.

---------. "On Fools and Clowns: Generational Farewell in Two Final DEFA Films: Egon Günther's *Stein* and Jörg Foth's *Letztes aus der DaDaeR*," *German Quarterly* 78. No. 4 (2005): 441-460.

映画作品

最初の映画作品リストは、本書で議論した一二本の映画についての詳しい情報であり、視聴の便を図るためのものである。第二のリストは、それ以外に、デーファ映画ライブラリーで現在購入が可能な英語字幕付きのデーファ映画全作品である。第三のリストは、上記にあてはまらないが、本書で言及された作品である。（いずれも原題のアルファベット順に並べてある。）

デーファが製作した長編劇映画の完全なリストについては、以下を参照。Susanne Brömsel and Renate Biehl, "Die Spielfilme der DEFA: 1946 bis 1993." In *Das zweite Leben der Filmstadt Babelsberg: DEFA 1946-1992*, edited by Ralf Schenk, 356-543. Berlin: Henschel, 1994.

I　一二本の映画

これらの映画はデーファ映画ライブラリーで個別に、または、スペシャルボックスセットとして購入が可能である。

Apachen『アパッチ』、ゴットフリート・コルディッツ監督、一九七三年。ベルリン、アイスストーム、二〇〇六年、DVD、カラー、九四分。

Die Architekten『建築家たち』、ペーター・カハーネ監督、一九九〇年。ノースハンプトン、アイスストーム・インターナショナル、二〇〇四年、DVD、カラー、九七分。

Berlin—Ecke Schönhauser『ベルリン シェーンハウザーの街角』、ゲルハルト・クライン監督、一九五七年。ベルリン、アイスストーム、二〇〇七年、DVD、白黒、八二分。

Die Geschichte vom kleinen Muck『小さなムックの物語』ヴォルフガング・シュタウテ監督、一九五三年。ノースハンプトン、アイスストーム・インターナショナル、二〇〇〇年、DVD、カラー、九六分。

Heißer Sommer『暑い夏』ヨーアヒム・ハスラー監督、一九六八年。ノースハンプトン、アイスストーム・インターナショナル、二〇〇一年、ＤＶＤ、カラー、九一分。

Jakob der Lügner『嘘つきヤコブ』フランク・バイヤー監督、一九七四年。ノースハンプトン、アイスストーム・インターナショナル、一九九九年、ＤＶＤ、カラー、一〇一分〔丸善出版株式会社映像メディア部、二〇一七年、ＤＶＤ、カラー、一〇〇分〕。

Das Kaninchen bin ich『私はウサギ』クルト・メーツィヒ監督、一九六五年。ノースハンプトン、アイスストーム・インターナショナル、二〇〇七年、ＤＶＤ、カラー、一〇九分。

Die Legende von Paul und Paula『パウルとパウラの伝説』ハイナー・カーロウ監督、一九七三年。ノースハンプトン、アイスストーム・インターナショナル、一九九九年、ＤＶＤ、カラー、八六分。

Letztes aus der Da-Da-eR『ダ・ダ・エルの近況』イェルク・フォート監督、一九九〇年。バーベルスベルク、メーディエン・ビルドゥングスゲゼルシャフト、二〇〇九年、ＤＶＤ、カラー、八六分。

Die Mörder sind unter uns『殺人者は我々の中にいる』ヴォルフガング・シュタウテ監督、一九四六年。ノースハンプトン、アイスストーム・インターナショナル、二〇〇二年、ＤＶＤ、白黒、八一分〔丸善出版株式会社映像メディア部、二〇一七年、ＤＶＤ、白黒、八四分〕。

Der schweigende Stern『金星ロケット発進す』クルト・メーツィヒ監督、一九六〇年。アマースト、デーファ・フィルム・ライブラリー、二〇〇四年、ＤＶＤ、カラー、九五分〔有限会社フォワード、二〇〇七年、ＤＶＤ、カラー、七八分〕。

Solo Sunny『ソロシンガー』コンラート・ヴォルフ監督、一九八〇年。ベルリン、アイスストーム、二〇〇七年、ＤＶＤ、カラー、一〇二分。

II　英語字幕付きで見られるその他のデーファ映画

以下の映画はデーファ映画ライブラリーでＤＶＤの購入が可能である。

Die Abenteuer des Werner Holt『ヴェルナー・ホルトの冒険』ヨーアヒム・クーネルト監督、一九六四年。

Affaire Blum『罠ブルーム事件』エーリヒ・エンゲル監督、一九四八年。

Alle meine Mädchen『みんな僕の女の子』イーリス・グスナー監督、一九七九年。

Art / Work: Six Shorts『アート／ワーク 六つの短編』ユルゲン・ベトヒャー監督、一九六一年。

Das Beil von Wandsbek『ヴァンツベークの斧』ファルク・ハルナック監督、一九五一年。

Bis daß der Tod euch scheidet『死が汝らを分かつまで』ハイナー・カーロウ監督、一九七九年。

Chingachgook, die Große Schlange『チンガッハグーク 大蛇と呼ばれた男』リヒャルト・グロショプ監督、一九六七年。

Coming Out『カミング・アウト』ハイナー・カーロウ監督、一九八九年〔丸善出版事業部映像メディア部、二〇〇六年、DVD、カラー、一〇八分〕。

DEFA Animation Nr. 1 / Ohne Worte『デーファ・アニメーション第一集 言葉のない世界』（東ドイツの一六本のアニメーション集）さまざまな監督、一九七五年。

Dein unbekannter Bruder『君の見知らぬ兄弟』ウルリヒ・ヴァイス監督、一九八二年。

Denk bloß nicht, ich heule『泣いてなんかいない』フランク・フォーゲル監督、一九六五年。

Der Dritte『三人目の男』エーゴン・ギュンター監督、一九七二年。

Ehe im Schatten『日陰の結婚』クルト・メーツィヒ監督、一九四七年。

Eine Berliner Romanze『ベルリンのロマンス』ゲルハルト・クライン監督、一九五六年。

Einer trage des anderen Last『互いの重荷を担え』ローター・ヴァルネケ監督、一九八一年。

Eolomea『エオロメア』ヘルマン・チョッヘ監督、一九七二年。

Das Fahrrad『自転車』エーヴェリン・シュミット監督、一九八二年。

Der Fall Gleiwitz『グライヴィッツ事件』ゲルハルト・クライン監督、一九六一年。

Der fliegende Holländer『さまよえるオランダ人』ヨーアヒム・ヘルツ監督、一九六四年。

Die Flucht『逃亡』ローラント・グレーフ監督、一九七七年。

Flüstern und Schreien『ささやきと叫び』ディーター・シューマン監督、一九八八年。

For Eyes Only—streng geheim『最高機密』ヤーノス・ヴァイツィ監督、一九六三年。

Frauenschiksale『女たちの運命』スラタン・ドゥードフ監督、一九五二年。

Die Frau und der Fremde『女と見知らぬ男』ライナー・ジーモン監督、一九八四年。

Fünf Patronenhülsen『五つの薬莢』フランク・バイヤー監督、一九六〇年。

Gegenbilder『抵抗する映像』（一九八三年から一九八九年までの東ドイツのアンダーグラウンド映画集）さまざまな監督、一九八三年。

Der geteilte Himmel『引き裂かれた空』コンラート・ヴォルフ監督、一九六四年（丸善出版株式会社映像メディア部、二〇一八年、DVD、白黒、一一四分）。

Die goldene Gans『金のがちょう』ジークフリート・ハルトマン監督、一九六四年（丸善出版株式会社映像メディア部、二〇〇九年、DVD、カラー、六四分）。

Goya『情熱の生涯 ゴヤ』コンラート・ヴォルフ監督、一九七一年。

Ich war neunzehn『僕は一九歳だった』コンラート・ヴォルフ監督、一九六八年（丸善出版株式会社映像メディア部、二〇一七年、DVD、白黒、一一九分）。

Im Staub der Sterne『星屑のなかで』ゴットフリート・コルディッツ監督、一九七六年。

Irgendwo Berlin『ベルリンのどこかで』ゲルハルト・ランプレヒト監督、一九四六年。

Jadup und Boel『ヤドゥプとボエル』ライナー・ジーモン監督、一九八〇年。

Jahrgang 45『四五年生まれ』ユルゲン・ベトヒャー監督、一九六六年。

Jana und Jan『ヤーナとヤン』ヘルムート・ジウバ監督、一九九二年。

Karbid und Sauerampfer『カーバイドとスイバ』フランク・バイヤー監督、一九六三年。

Karla『カルラ』ヘルマン・チョッヘ監督、一九六五年。

Das Land hinter dem Regenbogen『虹の向こうの国』ヘルヴィヒ・キピング監督、一九九一年。

La Villette『ラ・ヴィレット』ゲルト・クロスケ監督、一九九〇年。

Leipzig im Herbst『ライプツィヒの秋』ゲルト・クロスケ／アンドレアス・フォイクト監督、一九八六年。
Die Mauer『壁』ユルゲン・ベトヒャー監督、一九八九／九〇年。
Miraculi『ミラクリ』ウルリヒ・ヴァイス監督、一九九一年。
Nackt unter Wölfen『裸で狼の群のなかに』フランク・バイヤー監督、一九六三年〔丸善出版株式会社映像メディア部、二〇一七年、DVD、白黒、一二四分〕。
Professor Mamlock『マムロック教授』コンラート・ヴォルフ監督、一九六一年。
Rat der Götter『神々の会議』クルト・メーツィヒ監督、一九五〇年。
Roman einer jungen Ehe『若い結婚の物語』クルト・メーツィヒ監督、一九五二年。
Rotation『回転』ヴォルフガング・シュタウテ監督、一九四九年。
Schaut auf diese Stadt『この町を見よ』カール・ガス監督、一九六二年。
Schlösser und Katen『城と小屋』クルト・メーツィヒ監督、一九五七年。
Das singende, klingende Bäumchen『歌をうたう木』フランチェスコ・シュテファニ監督、一九五七年〔丸善出版株式会社映像メディア部、二〇〇九年、DVD、カラー、七〇分〕。
Die Söhne der großen Bärin『偉大な雌熊の息子たち』ヨーゼフ・マッハ監督、一九六六年。
Sonnensucher『太陽を探す人々』コンラート・ヴォルフ監督、一九五八年。
Spur der Steine『石の痕跡』フランク・バイヤー監督、一九六六年。
Sterne『星』コンラート・ヴォルフ監督、一九五九年。
Stilles Land『静かな国』アンドレアス・ドレーゼン監督、一九九二年。
Die Taube auf dem Dach『屋根の上の鳩』イーリス・グスナー監督、一九七三年。
Der Tangospieler『タンゴ弾き』ローラント・グレーフ監督、一九九〇年。
Und deine Liebe auch『君の愛もまた』フランク・フォーゲル監督、一九六二年。
Der Untertan『臣下』ヴォルフガング・シュタウテ監督、一九五一年。

Die Verfehlung『過失』ハイナー・カーロウ監督、一九九〇年。
Wer reißt denn gleich vor'm Teufel aus『金の毛が三本生えた鬼』エーゴン・シュレーゲル監督、一九七七年。
Winter Adé『冬よ さようなら』ヘルケ・ミッセルヴィッツ監督、一九八八年。
Wozzeck『ヴォツェク』ゲオルク・クラーレン監督、一九四七年。
Das zweite Gleis『引き込み線』ヨーアヒム・クーネルト監督、一九六二年。

III 本書で言及されたデーファ映画で英語字幕版のないもの
アイスストームのドイツのウェブサイトや、ドイツ版ＤＶＤで入手可能なものもある。

Alarm im Zirkus『サーカスでの警報』ゲルハルト・クライン監督、一九五四年。
Der Aufenthalt『冤罪』フランク・バイヤー監督、一九八三年。
Berlin um die Ecke『ベルリンの街角』ゲルハルト・クライン監督、一九六五年。
Chronik eines Mordes『ある殺人の記録』ヨーアヒム・ハスラー監督、一九六五年。
Drei Haselnüsse für Aschenbrödel『灰かぶり姫の三つの願い』ヴァーツラフ・ヴォルリーチェク監督、一九七三年。
Einheit SPD-KPD『社会党と共産党の統一』クルト・メーツィヒ監督、一九四六年。
Ernst Thälmann—Früher seiner Klasse『エルンスト・テールマン 階級の指導者』クルト・メーツィヒ監督、一九五五年。
Ernst Thälmann—Sohn seiner Klasse『エルンスト・テールマン 階級の息子』クルト・メーツィヒ監督、一九五四年。
Ete und Ali『エーテとアリ』ペーター・カハーネ監督、一九八五年。
Feuer unter Deck『デッキの下の災』ヘルマン・チョッヘ監督、一九七七年。
Figaros Hochzeit『フィガロの結婚』ゲオルク・ヴィルトハーゲン監督、一九四九年。
Die Fledermaus『こうもり』ゲーザ・フォン・ボルヴァリー監督、一九四六年。
Fräulein Schmetterling『蝶々嬢』クルト・バルテル監督、一九六五年。
Freies Land『自由な土地』ミロ・ハルビヒ監督、一九四六年。

映画作品

Der Frühling braucht Zeit『春には時間がかかる』ギュンター・シュターンケ監督、一九六五年。
Geliebte weiße Maus『愛しのおまわりさん』ゴットフリート・コルディッツ監督、一九六四年。
Die goldene Jurte『黄金のテント』ゴットフリート・コルディッツ／ラブシャ・ドルシュパラム監督、一九六一年。
Hände hoch, oder ich schieße『手を挙げろ、さもなきゃ撃つぞ』ハンス＝ヨーアヒム・カスプルツィク監督、一九六六年。
Die Hexen von Salem『サレムの魔女』レイモン・ルーロー監督、一九五七年。
Insel der Schwäne『白鳥の島』ヘルマン・チョッヘ監督、一九八三年。
Der Kahn der fröhlichen Leute『陽気な人々のボート』ハンス・ハインリヒ監督、一九五〇年。
Das kalte Herz『冷たい心臓』パウル・フェアヘーフェン監督、一九五〇年〔丸善出版株式会社映像メディア部、二〇一八年、DVD、カラー、一〇四分〕。
Das Kleid『ドレス』コンラート・ペツォールト監督、一九六一年。
KLK an PTX—Die rote Kapelle『ＫＬＫからＰＴＸへ 赤い楽団』ホルスト・ブラント監督、一九七一年。
Die lustigen Weiber von Windsor『ウィンザーの陽気な女房たち』ゲオルク・ヴィルトハーゲン監督、一九五〇年。
Mama, ich lebe『ママ、僕は生きてるよ』コンラート・ヴォルフ監督、一九七七年。
Der Mann mit dem Objektiv『目的をもつ男』フランク・フォーゲル監督、一九六一年。
Meine Frau macht Musik『妻は演奏家』ハンス・ハインリヒ監督、一九五八年。
Der nackte Mann auf dem Sportplatz『競技場の裸の男』コンラート・ヴォルフ監督、一九七四年。
Nicht schummeln, Liebling!『インチキはなしよ』ヨーアヒム・ハスラー監督、一九七二年。
Novalis—Die blaue Blume『ノヴァーリス 青い花』ヘルヴィヒ・キピング監督、一九九四年。
Orpheus in der Unterwelt『地獄のオルフェ』ホルスト・ボネット監督、一九七三年。
Rauschende Melodien『騒々しいメロディ』エーリヒ・ヴィルヘルム・フィードラー監督、一九五五年。
Die Reise nach Kosmatom『コスマトムへの旅』マンフレート・グスマン／ヤーヌス・シュタール監督、一九六一年。
Revue um Mitternacht『真夜中のレヴュー』ゴットフリート・コルディッツ監督、一九六二年。

Die Russen kommen『ロシア軍が来る』ハイナー・カーロウ監督、一九六八年。

Die Schlüssel『鍵』エーゴン・ギュンター監督、一九七四年。

Die Schönste『最高の美女』エルネスト・レマーニ監督、一九五八年。

Die Schönste『最高の美女』ヴァルター・ベック監督、一九五九年。

Signale – Ein Weltraumabenteuer『シグナル 宇宙冒険』ゴットフリート・コルディッツ監督、一九七〇年。

Die Spielbank-Affäre『カジノ事件』アルトゥール・ポール監督、一九五七年。

Das tapfere Schneiderlein『勇敢な仕立て屋』ヘルムート・シュピース監督、一九五六年。

Ulzana『ウルザナ』ゴットフリート・コルディッツ監督、一九七四年。

Unser kurzes Leben『われらの短い人生』ローター・ヴァルネケ監督、一九八一年。

Der verlorene Engel『堕天使』ラルフ・キルステン監督、一九六六年。

Wenn du groß bist, lieber Adam『君が大人になったら、アダム』エーゴン・ギュンター監督、一九六五年。

Zar und Zimmermann『皇帝と大工』ハンス・ミュラー監督、一九五六年。

Zille und ick『ツィレと私』ヴェルナー・ヴァルロート監督、一九八三年。

Das zweite Leben des Friedrich Wilhelm Georg Platow『フリードリヒ・ヴィルヘルム・ゲオルク・プラトウの第二の人生』ジークフリート・キューン監督、一九七三年。

訳者あとがき

本書は、Sebastian Heiduschke: *East German Cinema. DEFA and Film History.* New York: Palgrave Macmillan 2013 の全訳である。

著者のゼバスティアン・ハイドゥシュケ氏は、一九七四年生まれのドイツ人で、バンベルク大学とミュンヒェン大学を卒業後に渡米し、二〇〇六年にテキサス大学オースティン校で博士号を取得した。博士論文のテーマは、統一後のドイツにおけるデーファの受容である（本書第3章のもとになっている）。二〇〇八年からオレゴン州立大学の教員となり、現在は同大学教養学部准教授としてドイツ映画の研究と教育に携わっている。単著としては、目下のところ本書『東ドイツ映画――デーファと映画史』のみだが、『退屈からブームへ――東ドイツのデーファ映画のファン文化』*From Boring to Booming: Fan Culture of East Germany's DEFA Cinema*、および、『対話するドイツ映画――東西ドイツ映画を読む』*German Cinema in Dialogue. Reading East and West German Film* の二冊がまもなく刊行予定である。

東ドイツ（ドイツ民主共和国）は、一九四九年一〇月七日から一九九〇年一〇月三日までの約四〇年間存在した社会主義国家であり、歴史からその姿を消してすでに三〇年近くになるが、その政治や文化は欧米を中心にさまざまなレヴェルで今日なお関心を集めている。映画も例外ではなく、本書第3章に紹介されているように、一九九〇年代後半からドイツを超えて多くの地域でカルト的なブームが起こると同時に、学術面でも数多くの研究書が刊行されている。本書の「参考文献」をご覧になった読者諸兄は、東ドイツ映画についてのモノグラフィの多さ、それも、英語文献の多さに驚かれるかもしれない。とりわけ合衆国では、一九九三年にマサチューセッツ大学アマースト校にデーファ映画ライブラリーが設置され、ドイツ本国と並ぶ東ドイツ映画の研究拠点となっている。豊富な文献のなかから、東ドイツ映画についての最もスタンダードで包括的な研究書をドイツ語文献と英語文献で各一冊ずつ挙げるとすると、いずれもやや古いが、ラルフ・シェンク（編）『映画都市バーベルスベルクの第二の生――デーファ一九四六―一九九二』Ralf Schenk (ed.): *Das zweite Leben der Filmstadt Babelsberg: DEFA 1946-1992*. Berlin: Henschel, 1994 とショーン・アラン／ジョン・サンドフォード（編）『デーファ――東ドイツ映画 一九四六―一九九二』Seán Allan / John Sandford (eds.): *DEFA: East German Cinema 1946-1992*. New York and Oxford: Berghahn 1999 あたりになるだろう。

こうした本格的な専門書と比べると、本書は入門書という位置づけになり、議論の深度や網羅性という点では残念ながらおよばない。序論で述べられているように、本書は元来、東ドイツ映画のことを知らない学生、あるいは、東ドイツという国のことさえあまり知らない学生を対象とした大学教科書として編まれたものなのである（全一五章というのもセメスターを想定したものだろう）。だが、訳者が本書の翻訳を思いいたった理由もまたそこにあり、日本では東ドイツ映画と聞いてもおそらくほとんどの人が一本の映画も思い浮かばず、研究もあまりなされていないという実情に鑑み、この分野にコンパクトな概観を与えてくれるのに最適の本だと考えたしだいである。これまで東ドイツ映画史について日本語で読める研究書としては、ザビーネ・ハーケ『ドイツ映画』（拙訳、鳥影社、二〇一〇年）の第四章と第五章しかなかった。本書は東ドイツ映画史についての本邦初のモノグラフィとなる。東ドイツ映画の成立と変遷、映画製作の特殊性、他国の映画現象とのかかわり、具体的な作品の雰囲気や映画史的意義などについて、予備知識がなくても、一読すれば全体像がつかめるのが、そのなによりの魅力である。東西映画の交差点として、冷戦期における唯一の汎ヨーロッパ的映画現象であったかもしれない東ドイツ映画の存在の重要さが、たしかに認識されるであろう。なお、副題「デーファと映画史」が示しているように、本書も、類書と同様に、東ドイツ唯一の映画スタジオであったデーファ（ドイツ映画株式会社）の活動を東ドイツ映画と同一視している。デーファの存在期間は一九四六年五月から一九九二年一二月までであったため、東ドイツ映画史は東ドイツ史よりも前後に数年ずつ長い。

本書は二部構成となっており、第一部「東ドイツ映画」の三つの章では、それぞれ別の角度から東ドイツ映画に光を当てて、そのイメージを浮かびあがらせようとしている。第1章「国家機関としての東ドイツ映画」は、いわば縦糸であり、その成立から終焉までのデーファの年代記が示される。一九五〇年代における社会主義リアリズム路線、一九六一年のベルリンの壁建設、一九六五年の社会主義統一党中央委員会第一一回総会、一九七一年のホーネッカーによる芸術におけるタブーの終わりの宣言など、いくつかの節目を中心に、デーファの映画製作が、検閲の厳しい「氷結」期と比較的緩い「雪解け」期をくりかえしつつ、つねに社会主義統一党の方針と政局に翻弄されていたさまが描写される。第2章「相互関係と緊張――デーファと東ドイツ娯楽産業」は、いわば横糸であり、デーファの横のつながり、すなわち、西側、とりわけ西ドイツの映画産業との関係、ソ連や東欧諸国の映画スタジオとの交流、テレビとの競合などが検討される。独自のスターシステム（「観客のお気に入り」）についての考察はとくに興味深い。第3章「ひとつの文化遺産――デーファの余生」は、スタジオとしてのデーファが存在しなくなってからの物語が語られる。誰からも省みられないように思われたデーファの作品群は、デーファ財団やアイスストーム・エンタテイメントによる市場戦略が功を奏し、オスタルギーの追い風も受けて、一九九〇年代後半から徐々に人気を獲得し、現在ではドイツの文化遺産として見事に復活を果たしたのである。

第二部「氷結と雪解け――デーファの規範集」では、デーファの約八〇〇本の長編劇映画のうち、まず見るべき一二本の映画が規範集として選ばれる。一二本は以下のとおりである。『殺人者は我々の中にいる』（ヴォルフガング・シュタウテ、一九四六年）、『小さなムックの物語』（ヴォルフガング・シュタウテ、一九五三年）、『ベルリン シェーンハウザーの街角』（ゲルハルト・クライン、一九五七年）、『金星ロケット発進す』（クルト・メーツィヒ、一九六〇年）、『私はウサギ』（クルト・メーツィヒ、一九六五年）、『暑い夏』（ヨーアヒム・ハスラー、一九六八年）、『アパッチ』（ゴットフリート・コルディッツ、一九七三年）、『パウルとパウラの伝説』（ハイナー・カーロウ、一九七三年）、『嘘つきヤコブ』（フランク・バイヤー、一九七四年）、『ソロシンガー』（コンラート・ヴォルフ、一九八〇年）、『建築家たち』（ペーター・カハーネ、一九九〇年）、『ダ・ダ・エルの近況』（イェルク・フォート、一九九〇年）。欲をいえば一二本は少なすぎる気がする。ヴォルフガング・シュタウテとクルト・メーツィヒが二本ずつ含まれているので、コンラート・ヴォルフとフランク・バイヤーについてももう一本ずつ、たとえば、ヴォルフの『太陽を探す人々』（一九五八年）とバイヤーの『石の痕跡』（一九六六年）が入っていれば、より充実した規範集になったのではないだろうか。とはいえ、一二本のなかには、瓦礫映画（『殺人者は我々の中にいる』）、童話映画（『小さなムックの物語』）、現代映画（『ベルリン　シェーンハウザーの街角』）、SF（『金星ロケット発進す』）、ミュージカル（『暑い夏』）、西部劇（『アパッチ』）、反ファシズムもの（『殺人者は我々の中にいる』、『嘘つきヤコブ』）、女性映画（『ソロシンガー』）といった諸ジャンルが含まれているし、東ドイツの政治や社会のそのつどの状況を最もよく反映した映画がきちんと押さえられていて（『私はウサギ』、『パウルとパウラの伝説』、『建築家たち』、『ダ・ダ・エルの近況』など）、バランスのとれたラインナップになっている。むしろこの一二本への絞り込みそのものが本書の目玉のひとつだと言ってよいだろう（ただし、本書の対象は長編劇映画であり、ドキュメンタリーやアニメーションは含まれていない）。第4章から第15章にかけては、それぞれの作品に一章を割いて解説されていく。作品のあらすじ、成立史、映像分析に続いて、政治とのかかわり（『私はウサギ』と検閲問題、『ダ・ダ・エルの近況』とドイツ統一など）、他国の映画現象との関係（『殺人者は我々の中にいる』とネオレアリスモ、『ベルリン　シェーンハウザーの街角』とハリウッドの反逆者映画、『私はウサギ』とヌーヴェル・ヴァーグなど）、映画史的関連（『暑い夏』とウーファのレヴュー映画など）などにも言及されており、各作品について奥行きのある知識を得られるようになっている。

日本での東ドイツ映画受容に目を向ければ、二〇一六年一一月から一二月にかけて、東京国立近代美術館フィルムセンター（現、国立映画アーカイブ）で「DEFA七〇周年　知られざる東ドイツ映画」と題した初の大規模なデーファ回顧展が開催され、長編劇映画二二本（本書の規範集一二本のうち九本を含む）とドキュメンタリーやアニメーションが上映された（このときの上映作品についてはその邦題を本書でも採用した）。この企画は規模を小さくして、翌年に福岡や京都などの都市でも継続した。DVDも教育用（著作権承諾承認済）のかたちで一〇本以上発売されている。だが、東ドイツ映画に対する一般の認知度はまだまだきわめて低いといえよう。本書の規範集の一二本の映画についても、輸入盤DVDやウェブサイトで視聴は可能だが、リージョン・再生方式や字幕の問題があり、本書を読んで興味をもたれても、手軽に映画にアクセスできるという環境にはまだない。本書の刊行が、東西ドイツ分裂時のドイツ映画史の半分を占める東ドイツ映画に対する諸般の関心を少しでも高め、より身近なものになるきっかけとなれば、訳者としてなによりの喜びである。それは映画史の多様性への目を開くとともに、政治と文化の関係を考察する手がかりのひとつとなるだろう。

今回の翻訳にあたっては、訳語の選定や発音の表記など、多くの方々からご教示いただいた。ご協力いただいた方々、励ましをいただいた方々に、心よりお礼申しあげる。クラウス・クライマイアーの『ウーファ物語《ストーリー》』(共訳)、ハーケの『ドイツ映画』に続いて、本書は訳者にとってドイツ映画史関係の三冊目の翻訳となる。上記二冊と同様に、今回も鳥影社の樋口至宏さんの企画へのご理解と、訳者の遅れがちな仕事を見守ってくださるご厚意がなければ、世に出ることはなかった。樋口さんに特別の感謝を捧げたい。

山本佳樹

二〇一八年一一月

人名索引

ア行

アーブシュ、アレクサンダー　Abusch, Alexander　98
アイク、ペーター・ヴァン　Eyck, Peter van　73
アラン、ショーン　Allan, Seán　214
アンダーソン、ベネディクト　Anderson, Benedict　60
アンデルセン、ハンス・クリスティアン　Andersen, Hans-Christian　86
イヴァノヴァ、マリアナ　Ivanova, Mariana　186
ヴァイグル、ヘレーネ　Weigl, Helene　194
ヴァイス、ウルリヒ　Weiß, Ulrich　146
ヴァイツィ、ヤーノス　Veizci, János　112
ヴァルネケ、ローター　Warneke, Lothar　214
ヴァルロート、ヴェルナー　Wallroth, Werner　121, 174
ヴィーネ、ローベルト　Wiene, Robert　77
ウィリアムズ、ロビン　Williams, Robin　13, 150
ヴィルケニング、アルベルト　Wilkening, Albert　194
ヴィルトハーゲン、ゲオルク　Wildhagen, Georg　120, 186
ウェイン、ジョン　Wayne, John　129
ヴェルスコプフ＝ヘンリヒ、リーゼロッテ　Welskopf-Henrich, Liselotte 128, 204
ヴェンツェル、ハンス＝エックハルト　Wenzel, Hans-Eckhardt　170, 173, 174, 176, 215, 216
ヴェンデ、クリストフ　Wende, Christoph　213
ヴェント、エーリヒ　Wendt, Erich　102
ヴォルフ、コンラート　Wolf, Konrad　27, 30, 41, 68, 69, 89, 142, 145, 146, 152, 154, 156, 157, 158, 159, 160, 200, 209, 212
ヴォルリーチェク、ヴァーツラフ　Vorlíček, Václav　86
ウルブリヒト、ヴァルター　Ulbricht, Walter　30, 110, 112, 118, 194, 201
ウンターベルク、ハンネローレ　Unterberg, Hannelore　155
オッペンハイマー、J・R　Oppenheimer, Julius Robert　101

カ行

カーロウ、エヴェリーン　Carow, Evelyn　184
カーロウ、ハイナー　Carow, Heiner　29, 30, 32, 68, 134, 136, 137, 139, 140, 141, 145, 146, 155
ガイク、エーバーハルト　Geick, Eberhard　159, 212

人名索引

ガガーリン、ユーリ　Gagarin, Yuri　99
ガス、カール　Gass, Karl　16
カスプルツィク、ハンス＝ヨーアヒム　Kasprzik, Hans-Joachim　28
カソヴィッツ、ペテ　Kassovitz, Peter　150
カナピン、デトレフ　Kannapin, Detlef　197
カハーネ、ペーター　Kahane, Peter　69, 142, 161, 162, 163, 164, 165, 166, 167, 168, 169, 213, 214
キピング、ヘルヴィヒ　Kipping, Herwig　52
キューブリック、スタンリー　Kubrick, Stanley　103
キューン、ジークフリート　Kühn, Siegfried　30
ギュンター、アルトゥール　Günther, Artur　85
ギュンター、エーゴン　Günther, Egon　28, 30, 31, 155
キルステン、ラルフ　Kirsten, Ralf　29
クーカー、ジョージ　Cuker, George　117
クーパー、ゲイリー　Cooper, Gary　129
クールソン、アンソニー　Coulson, Anthony　212
グスコ、エーリヒ　Gusko, Erich　113, 114, 159
グスナー、イーリス　Gusner, Iris　30, 155
グスマン、マンフレート　Gußmann, Manfred　198
クナウフ、トーマス　Knauf, Thomas　163
クネフ、ヒルデガルト　Knef, Hildegard　70, 74
クライン、ゲルハルト　Klein, Gerhard　16, 27, 28, 67, 90, 91, 92, 93, 94, 96, 97, 188, 196
グラツェダー、ヴィンフリート　Glatzeder, Winfried　31, 62, 208
グリスコ、ミヒャエル　Grisko, Michael　101
グリム兄弟　Grimm, Jacob and Wilhelm　37, 81, 82, 85
グリューン、レオポルト　Grün, Leopold　189
クルーク、マンフレート　Krug, Manfred　31, 47, 48, 183
クレー、カティ　Klee, Katie　207
クレスナー、レナーテ　Krößner, Renate　152, 159
グローショプ、リヒャルト　Groschopp, Richard　16
グロスマン、アティーナ　Grossmann, Atina　193
ゲーテ、ヨーハン・ヴォルフガング・フォン　Goethe, Johann Wolfgang von　56
ゲショネク、エルヴィン　Geschonneck, Erwin　47, 48, 149
ケップ、フォルカー　Koepp, Volker　16
ケルステン、ハインツ　Kersten, Heinz　154
コールハーゼ、ヴォルフガング　Kohlhaase, Wolfgang　91, 92, 93, 96, 101, 102, 152, 157, 158, 159, 160, 196, 210, 213
ゴットシャルク、ヨーアヒム　Gottschalk, Joachim　145
ゴットハルト、ペーター　Gotthardt, Peter　142

ゴルデ、ゲルト　Golde, Gerd　163, 213
コルディッツ、ゴットフリート　Kolditz, Gottfried　68, 86, 103, 120, 128, 129, 204

サ行

ザンダー、ヘルケ　Sander, Helke　155
ジーバー、ゲルハルト　Sieber, Gerhard　54, 55, 56
ジーモン、ギュンター　Simon, Günther　48, 106, 189
ジーモン、ライナー　Simon, Rainer　31
ジウバ、ヘルムート　Dziuba, Helmut　212
ジェイムソン、フレデリック　Jameson, Frederic　105
シェンク、ラルフ　Schenk, Ralf　214
シニョレ、シモーヌ　Signoret, Simone　188
シモン、ジョン　Simon, John　210
シャボウスキー、ギュンター　Schabowski, Günter　164
シャンドリー、ローベルト　Shandley, Robert　192
シュヴァルベ、コンラート　Schwalbe, Konrad　26
シューマン、ディーター　Schumann, Dieter　16
シュール、テーヴェ　Schur, Täve　177
シュタール、ヤーヌス　Star, Januss　198
シュターンケ、ギュンター　Stahnke, Günter　29
シュタインメッツ、リューディガー　Steinmetz, Rüdiger　186
シュタウテ、ヴォルフガング　Staudte, Wolfgang　22, 23, 25, 41, 53, 66, 67, 70, 71, 72, 73, 74, 75, 76, 77, 78, 80, 84, 85, 87, 166, 187, 188, 194, 195
シュテファニ、フランチェスコ　Stefani, Francesco　38, 88
シュピース、ヘルムート　Spieß, Helmut　87
シュミット、エヴェリーン　Schmidt, Evelyn　155
シュルツェ＝ミッテンドルフ、ヴァルター　Schulze-Mittendorff, Walter　85
シュレーゲル、エーゴン　Schlegel, Egon　28
シュレーンドルフ、フォルカー　Schlöndorff, Volker　51
ショイマン、ゲルハルト　Scheumann, Gerhard　17
ジョンソン、ジェイムズ　Johnson, James　127
シラー、フリードリヒ　Schiller, Friedrich　56
シルバーマン、マーク　Silberman, Marc　194, 195, 212
スターリン、ヨシフ　Stalin, Joseph　25, 89, 118
セルヴァンテス、ミゲル・デ　Cervantes, Miguel de　175
ゾルドヴィエリ、シュテファン　Soldovieri, Stefan　188, 197, 198

タ行

ターテ、ヒルマー　Thate, Hilmar　31

ターナー、ポール　Turner, Paul　11
タルコフスキー、アンドレイ　Tarkovsky, Andrei　27, 103
チェキン、イーゴル　Tschekin, Igor　25
チョック、アレクサンドラ　Czok, Alexandra　212
チョッへ、ヘルマン　Zschoche, Hermann　28, 31, 103, 168
ツッツ、ウータ　Zutz, Uta　61
ツッツ、カトリーン　Zutz, Katrin　61
ディーカ、フェラ　Dika, Vera　130
ディーン、ジェームズ　Dean, James　91, 92
ディムシッツ、アレクサンドル　Dymschitz, Alexander　22, 73
テールマン、エルンスト　Thälmann, Ernst　91, 106, 189
デッサウ、マクシム　Dessau, Maxim　31
デルク、クリス　Doerk, Chris　120, 123, 124
ドゥードフ、スラタン　Dudow, Slatan　188, 196
ドゥプチェク、アレクサンデル　Dubček, Alexander　118
トゥルパノフ、セルゲイ　Tulpanov, Sergei　22, 23, 193
トゥルムペナー、カティ　Trumpener, Katie　205
ドーバーシュッツ、レナーテ　Doberschütz, Renate　159
ドムレーゼ、アンゲリカ　Domröse, Angelica　31, 208
トルカ、サニーイェ　Torka, Sanije　158
ドルシュパラム、ラブシャ　Dorschpalam, Rabschaa　86
トルナー、イーヴァン　Torner, Evan　187
ドレーゼン、アンドレアス　Dresen, Andreas　160

ナ行

ナツィンスキー、ゲルト　Natschinski, Gerd　123, 203
ナツィンスキー、トーマス　Natschinski, Thomas　123
ニムチク、レオン　Niemczyk, Leon　131
ニムツォヴァー、ボジェナ　Němcová, Božena　86

ハ行

ハーベル、フランク＝ブルクハルト　Habel, Frank-Burkhard　66
バーベルスケ、ローベルト　Baberske, Robert　84
ハーラン、ファイト　Harlan, Veit　74
ハイノフスキー、ヴァルター　Heynowski, Walter　17
バイヤー、フランク　Beyer, Frank　13, 27, 28, 43, 68, 143, 144, 145, 146, 148, 149, 150, 155, 207
ハイン、クリストフ　Hein, Christoph　177
ハインリヒ、ハンス　Heinrich, Hans　120, 186

パウエル、ラーソン　Powell, Larson　209
ハウスマン、レアンダー　Haußmann, Leander　57, 62, 142
ハウフ、ヴィルヘルム　Hauff, Wilhelm　37, 85, 87
バザン、アンドレ　Bazin, Andre　130
ハスラー、ヨーアヒム　Hasler, Joachim　68, 117, 120, 123, 124
バルテル、クルト　Barthel, Kurt　28
ハルトマン、ジークフリート　Hartmann, Siegfried　88
バルトリッツ、タマラ　Bartlitz, Tamara　212
ハルナック、ファルク　Harnack, Falk　25
ハルビヒ、ミロ　Harbich, Milo　23
ビーアマン、ヴォルフ　Biermann, Wolf　30, 31, 47, 157, 173, 208, 215
ビーラー、マンフレート　Bieler, Manfred　111, 201
ビグ、バートン　Byg, Barton　62
ファゲンシュテイン、アンジェル　Vagenshtain, Angel　42
ファスビンダー、ライナー・ヴェルナー　Fassbinder, Rainer Werner　177
フィードラー、エーリヒ・ヴィルヘルム　Fiedler, Erich Wilhelm　120
フィーホフ、ラインホルト　Viehoff, Reinhold　186
フィッシャー、ギュンター　Fischer, Günther　159
フェアヘーフェン、パウル　Verhoeven, Paul　82, 84, 194
フォアマン、ミロス　Forman, Milos　27
フォイクト、ユッタ　Voigt, Jutta　158, 212
フォーゲル、フランク　Vogel, Frank　27, 28, 110, 112, 198
フォート、イェルク　Foth, Jörg　69, 170, 171, 173, 174, 177, 178, 187, 216
フォルマー、ルートガー　Vollmer, Ludger　192
プトゥシコ、アレクサンドル　Ptushko, Aleksandr　83
フランク、シェーベル　Schöbel, Frank　120, 123, 124
ブラント、ホルスト　Brandt, Horst　146
ブランド、マーロン　Brando, Marlon　91, 92
フリッシュベートン　frischbeton　61, 191
フリッチェ、ソーニャ　Fritzsche, Sonja　199
フリッチュ、マティアス　Fritsch, Matthias　61, 191
フルシチョフ、ニキータ　Khrushchev, Nikita　112
ブレジネフ、レオニード　Brezhnev, Leonid　112, 200
ブレヒト、ベルトルト　Brecht, Bertolt　78, 84
プレンツドルフ、ウルリヒ　Plenzdorf, Ulrich　139, 140, 141, 142
ブロツキー、ヴラスチミル　Brodsky, Vlastimil　149, 210
ブロックマン、スティーヴン　Stephen, Brockmann　207
ペヴァス、ペーター　Pewas, Peter　22
ベートーヴェン、ルートヴィヒ、ファン　Beethoven, Ludwig van　141

ペーネルト、ホルスト　Pehnert, Horst　213
ベーム、ルードルフ　Böhm, Rudolf　26
ペツォールト、クリスティアン　Petzold, Christian　207
ペツォールト、コンラート　Petzold, Konrad　27
ベッカー、ヴォルフガング　Becker, Wolfgang　57
ベッカー、ユーレク　Becker, Jurek　149, 150
ベック、ヴァルター　Beck, Walter　59
ベッヒャー、ヨハネス・R　Becher, Johannes R.　194
ベトヒャー、ユルゲン　Böttcher, Jürgen　16, 28, 113
ベネディク、ラズロ　Benedek, László　90
ヘプケ、クラウス　Höpcke, Klaus　157, 158
ベリ、ミラン　Beli, Milan　131
ベルクハーン、ダニエラ　Berghahn, Daniela　185
ベルクマン、ヴェルナー　Bergmann, Werner　159
ベルクマン、ベルブル　Bergmann, Bärbl　155
ベルクマン、ヘルムート　Bergmann, Helmut　132
ヘルダーリン、フリードリヒ　Hölderlin, Friedrich　177, 178
ヘルツ、ヨーアヒム　Herz, Joachim　120
ヘルマー、ファイト　Helmer, Veit　205
ヘルマン、イルム　Hermann, Irm　177
ヘンケル・フォン・ドナースマルク、フローリアン　Henckel von Donnersmarck, Florian　207
ホーネッカー、エーリヒ　Honecker, Erich　30, 31, 40, 134, 137, 139, 140, 149
ポール、アルトゥール　Pohl, Arthur　26, 27
ボネット、ホルスト　Bonnet, Horst　120
ホブズボウム、エリック　Hobsbawm, Eric　58, 190
ホフマン、ユッタ　Hoffmann, Jutta　31
ボルヴァリー、ゲーザ・フォン　Bolváry, Géza von　119
ボルヒェルト、エルンスト・ヴィルヘルム　Borchert, Ernst Wilhelm　74

マ行

マイ、カール　May, Karl　132
マイスター、マーニャ　Meister, Manja　191
マギー、ローラ　McGee, Laura　214
マルコフスキー、アンジェイ　Markowski, Andrzej　42
マレー、K・ゴードン　Murray, K. Gordon　88
ミールケ、エーリヒ　Mielke, Erich　139, 175
ミセルヴィッツ、ヘルケ　Misselwitz, Helke　16
ミッチャーリッヒ、アレクサンダー　Mitscherlich, Alexander　193

ミッチャーリッヒ、マルガレーテ　Mitscherlich, Margarete　193
ミティチ、ゴイコ　Mitic, Goiko　42, 48, 49, 56, 68, 126, 128, 129, 131, 189
ミュッケンベルガー、クリスティアーネ　Mückenberger, Christiane　193
ミュラー、ハンス　Müller, Hans　120, 186
ミュラー＝シュタール、アルミン　Mueller-Stahl, Armin　14, 31, 47, 48, 68, 150
ムルナウ、フリードリヒ・ヴィルヘルム　Murnau, Friedrich Wilhelm　77, 84
メーツィヒ、クルト　Maetzig, Kurt　16, 23, 26, 28, 42, 57, 67, 68, 73, 91, 99, 100, 102, 103, 106, 108, 109, 110, 111, 114, 124, 128, 133, 145, 188, 191, 197, 199, 200, 201
メーデ、ハンス・ディーター　Mäde, Hans Dieter　163
メール、エーリヒ　Mehl, Erich　38
メリエス、ジョルジュ　Méliès, Georges　81
メンシング、シュテフェン　Mensching, Steffen　170, 173, 174, 176, 215
モルトケ、ヨハネス・フォン　Moltke, Johannes von　203
モンタン、イヴ　Montand, Yves　188

ヤ行

ユルシク、ルードルフ　Jürschik, Rudolf　213
ユンゲ、ヴィンフリート　Junge, Winfried　16

ラ行

ラインル、ハラルト　Reinl, Harald　132
ラウトゥ、コレア　Rautu, Colea　131
ラング、フリッツ　Lang, Fritz　84
ランプレヒト、ゲルハルト　Lamprecht, Gerhard　22, 23
リード、ディーン　Reed, Dean　48
リヒター、フリードリヒ　Richter, Friedrich　149
リューブナー、イェンス　Rübner, Jens　61
リューマン、ハインツ　Rühmann, Heinz　149, 209
リュッカー、ギュンター　Rücker, Günther　101, 102
ルーロー、レイモン　Rouleau, Raymon　188
レアンダー、ツァラ　Leander, Zarah　119
レイ、ニコラス　Ray, Nicholas　90
レシュケ、イングリット　Reschke, Ingrid　155
レック、マーリカ　Rökk, Marika　119
レマーニ、エルネスト　Remani, Ernesto　26, 27, 59
レム、スタニスワフ　Lem, Stanislaw　100
ロート、ディーター　Roth, Dieter　28
ロブ、デイヴィッド　Robb, David　216
ロロフ、シュテファン　Rolof, Stefan　209

ワ行

映画題名索引

日本における劇場一般公開、映画祭などでの上映、テレビ放映、ビデオ発売が確認できた作品については、＊印を付し、その際の邦題を用いた。ただし、表記を若干改めた場合もある。複数の邦題が存在するものについては、適宜、取捨選択した。

原題名に続く括弧内の数字は原則として製作年を示す。ハイフンで年号がつながれているのはシリーズなどで複数の作品が存在するものである。

ア行

赤いエルヴィス　*Der rote Elvis*（2007）　189

赤い楽団　*Die rote Kapelle*（2004）　209

暑い夏＊　*Heißer Sommer*（1968）　58, 61, 68, 117-125, 184, 191, 192, 201, 202, 215

アパッチ　*Apachen*（1973）　68, 126-133, 184, 187, 189, 201, 202

乱暴者（あばれもの）＊　*The Wilde One*（1953）　90

雨の騎士　*Ritter des Regens*（1965）　28

ある殺人の記録　*Chronik eines Mordes*（1965）　124

イースト・サイド・ストーリー　*East Side Story*（1997）　203

石の痕跡＊　*Spur der Steine*（1966）　28, 68, 150, 155, 207

石の花＊　*Kamennyy tsvetok*（1946）　83

偉大な雌熊の息子たち　*Söhne der großen Bären*（1966）　49, 128, 130

五つの薬莢　*Fünf Patronenhülsen*（1960）　27

愛しのおまわりさん　*Geliebte weiße Maus*（1964）　120

インチキはなしよ　*Nicht schummeln, Liebling!*（1972）　120

ヴァンツベークの斧　*Das Beil von Wandsbek*（1951）　25

「ヴィネトゥ」映画　*Winnetou*-Filme（1962-1968）『シルバーレイクの待伏せ』（1962）など 11 作品　13, 132

ウィンザーの陽気な女房たち　*Die lustigen Weiber von Windsor*（1950）　120, 186

嘘つきヤコブ＊　*Jakob der Lügner*（1974）　13, 43, 68, 143-151, 193, 210

歌をうたう木＊　*Das singende, klingende Bäumchen*（1957）　38, 88

ウルザナ　*Ulzana*（1974）　204

エーテとアリ　*Ete und Ali*（1985）　162

エオロメア　*Eolomea*（1972）　103, 198

エルンスト・テールマン 階級の指導者　*Ernst Thälmann – Führer seiner seiner Klasse*（1955）　26, 48, 57, 91, 106, 199

エルンスト・テールマン 階級の息子　*Ernst Thälmann – Sohn seiner seiner Klasse*（1954）　26,

48, 57, 91, 106, 199
冤罪＊　*Der Aufenthalt*（1983）　148
黄金のテント　*Die goldene Jurte*（1961）　86
KLK から PTX へ 赤い楽団　*KLK an PTX – Die Rote Kapelle*（1971）　146

カ行

鍵　*Die Schlüssel*（1974）　30
カジノ事件　*Die Spielbank-Affäre*（1957）　26, 183
カミング・アウト＊　*Coming Out*（1989）　32
カリガリ博士＊　*Das Cabinet des Dr. Caligari*（1920）　77
カルラ　*Karla*（1965）　28
君が大人になったら、アダム＊　*Wenn du groß bist, lieber Adam*（1965）　28
君の愛もまた　*... und deine Liebe auch*（1962）　27, 112
君の見知らぬ兄弟　*Dein unbekannter Bruder*（1982）　146
肝っ玉おっ母とその子どもたち　*Mutter Courage und ihre Kinder*（1955）　78, 80, 84, 195
吸血鬼ノスフェラトゥ＊　*Nosferatu*（1922）　77
競技場の裸の男　*Der nackte Mann auf dem Sportplatz*（1974）　30, 156, 157
金星ロケット第１号　*First Spaceship on Venus*　→金星ロケット発進す
金星ロケット発進す＊　*Der schweigende Stern*（1960）　42, 48, 67, 99-107, 128, 184, 187, 189, 198, 201, 202, 204
金のがちょう＊　*Die goldene Gans*（1964）　88
クウレ・ワムペ＊　*Kuhle Wampe oder Wem gehört die Welt?*（1932）　196
グッバイ、レーニン！＊　*Good Bye, Lenin!*（2003）　57, 58
グライヴィッツ事件　*Der Fall Gleiwitz*（1961）　27, 145
建築家たち＊　*Die Architekten*（1990）　69, 142, 161-169, 184, 208
皇帝と大工　*Zar und Zimmermann*（1956）　120
こうもり　*Die Fledermaus*（1946）　119
コスマトムへの旅　*Die Reise nach Kosmatom*（1961）　198

サ行

サーカスでの警報　*Alarm im Zirkus*（1954）　196
最高機密　*For Eyes Only - Streng geheim*（1963）　112
最高の美女（ベック版）　*Die Schönste*（1959）　26, 58, 59, 89, 183
最高の美女（レマーニ版）　*Die Schönste*（1958）　26. 58, 59, 89, 183
殺人者は我々の中にいる＊　*Die Mörder sind unter uns*（1946）　23, 25, 66, 69, 70-79, 146, 166, 182, 194, 202, 209, 213
サマー・イン・ベルリン＊　*Sommer vorm Balkon*（2005）　160
さまよえるオランダ人　*Der fliegende Holländer*（1964）　120
サレムの魔女＊　*Die Hexen von Salem*（1957）　188

サン・アレイ＊　*Sonnenallee*（1999）　57, 58, 62, 142
三人目の男　*Der Dritte*（1972）　155
死が汝らを分かつまで　*Bis dass der Tod euch scheidet*（1979）　137, 155
シグナル 宇宙冒険　Signale – *Ein Weltraumabenteuer*（1970）　103, 198
地獄のオルフェ　*Orpheus in der Unterwelt*（1973）　120
社会党と共産党の統一　*Einheit SPD-KPD*（1946）　199
自由な土地　*Freies Land*（1946）　23
シュトルプ班　*Kolone Strupp*（未完）　23
シュナウツァー　*Schnauzer*（1989）　31
情熱の生涯 ゴヤ＊　*Goya*（1971）　41
女性支配　*Weiberwirtschaft*（1983）　213
シルバーレイクの待伏せ＊　*Der Schatz im Silbersee*（1962）　132
シンデレラ　*Cendrillon*（1899）　81
「スタートレック」シリーズ＊　*Star Trek* series（1966-）　アメリカのテレビドラマシリーズ。2018 年時点で 13 本の劇場版、1 本のアニメ版もある　13, 106
聖なる嘘つき＊　*Jakob the Liar*（1999）　150
騒々しいメロディ　*Rauschende Melodie*（1955）　120
ソロシンガー＊　*Solo Sunny*（1980）　68, 69, 142, 152-160, 184, 200, 201, 206, 207, 208
『ソロシンガー』とコンラート・ヴォルフを求めて　*Auf den Spuren von "Solo Sunny" und Konrad Wolf*（2003）　213

タ行

ダ・ダ・エルの近況　*Letztes aus der Da-Da-eR*（1990）　69, 170-178, 184, 200, 201, 215, 216
太陽を探す人々　*Sonnensucher*（1958）　27, 89, 156, 200
堕天使　*Der verlorene Engel*（1966）　28
小さなムックの物語＊　*Die Geschichte vom kleinen Muck*（1953）　53, 67, 80-88, 184, 190, 194, 195
チューバ・ヴァ・デュオ　*Tuba Wa Duo*（1989）　174
蝶々嬢　*Fräulein Schmetterling*（1965）　28, 59
ツィレと私　*Zille und ick*（1983）　121, 174
妻は演奏家　*Meine Frau macht Musik*（1958）　120
冷たい心臓＊　*Das kalte Herz*（1950）　82, 83, 84, 85, 194
テクノヴァイキング　*Technoviking*（2000）　61, 191
デッキの下の炎　*Feuer unter Deck*（1977）　31
手を挙げろ、さもなきゃ撃つぞ　*Hände hoch, oder ich schieße*（1966）　28, 59
ドレス　*Das Kleid*（1961）　27

ナ行

泣いてなんかいない　*Denk bloß nicht, ich heule*（1965）　28, 110, 115

2001 年宇宙の旅＊　*2001: A Space Odyssey*（1968）　103
ノヴァーリス 青い花　*Novalis - Die blaue Blume*（1994）　52

ハ行

灰かぶり姫の三つの願い＊　*Drei Haselnüsse für Aschenbrödel*（1973）　61, 86, 88
パウルとパウラの伝説＊　*Die Legende von Paul und Paula*（1973）　30, 58, 62, 68, 134-142, 155, 168, 208, 214
白鳥の島　*Insel der Schwäne*（1983）　168
裸で狼の群のなかに＊　*Nackt unter Wölfen*（1963）　145, 146
春には時間がかかる　*Der Frühling braucht Zeit*（1965）　29
日陰の結婚　*Ehe im Schatten*（1947）　145
東ベルリンから来た女＊　*Barbara*（2012）　207
引き裂かれた空＊　*Der geteilte Himmel*（1964）　27, 156, 157
フィガロの結婚　*Figaros Hochzeit*（1949）　120
フリードリヒ・ヴィルヘルム・ゲオルク・プラトウの第二の人生　*Das zweite Leben des Friedrich Georg Platow*（1973）　30
ベルリン シェーンハウザーの街角＊　*Berlin – Ecke Schönhauser*（1957）　67, 89-98, 183, 184, 203
ベルリンのどこかで　*Irgendwo in Berlin*（1946）　23
ベルリンの街角　*Berlin um die Ecke*（1965）　28, 196
ベルリンのロマンス　*Eine Berliner Romanze*（1956）　196
僕は 19 歳だった＊　*Ich war neunzehn*（1968）　145, 146, 156
星　*Sterne*（1959）　41, 146
星屑のなかで　*Im Staub der Sterne*（1976）　103

マ行

マイ・フェア・レディ＊　*My Fair Lady*（1964）　117
ママ、僕は生きてるよ　*Mama, ich lebe*（1977）　146, 156, 209
真夜中のレヴュー　*Revue um Mitternacht*（1962）　120
目撃者　*Der Augenzeuge*（1946-80）　23, 73, 75
目的をもつ男　*Der Mann mit dem Objektiv*（1961）　198

ヤ行

ヤーナとヤン　*Jana und Jan*（1992）　212
ヤドゥプとボエル　*Jadup und Boel*（1980）　31
屋根の上の鳩　*Die Taube auf dem Dach*（1973）　30, 59
勇敢な仕立て屋　*Das tapfere Schneiderlein*（1956）　87
ユダヤ人ジュース　*Jud Süß*（1940）　74
陽気な人々のボート　*Der Kahn der fröhlichen Leute*（1950）　186

善き人のためのソナタ＊　*Das Leben der Anderen*（2006）　207
45 年生まれ＊　*Jahrgang 45*（1966）　28, 113

ラ行

理由なき反抗＊　*Rebel Without a Cause*（1955）　90
ロシア軍が来る　*Die Russen kommen*（1968）　29, 145, 146

ワ行

惑星ソラリス＊　*Solaris*（1972）　103
私はウサギ　*Das Kaninchen bin ich*（1965）　28, 67, 108-116, 184, 187, 188, 199, 201, 202, 203, 204, 206, 210
われらの短い人生　*Unser kurzes Leben*（1981）　214
1-2-3 コロナ　*1-2-3 Corona*（1984）　186

訳者紹介

山本佳樹（やまもと・よしき）
1960 年愛媛県生まれ。大阪大学大学院言語文化研究科教授。著書に、『論集トーマス・マン── その文学の再検討のために』クヴェレ会（共著、1990 年）、『幻想のディスクール── ロマン派以降のドイツ文学』鳥影社（共編共著、1994 年）、『戦後ドイツ文学とビューヒナー── ビューヒナー・レーデを読む』ビューヒナー・レーデ論集刊行会（共編共著、1995 年）、『映画とネイション』ミネルヴァ書房（共著、2010 年）、『映画のなかの社会／社会のなかの映画』ミネルヴァ書房、（共著、2011 年）、『交錯する映画── アニメ・映画・文学』ミネルヴァ書房、（共著、2013 年）、『映画とイデオロギー』ミネルヴァ書房（共著、2015 年）、訳書に、クラウス・クライマイアー『ウーファ物語── ある映画コンツェルンの歴史』鳥影社（共訳、2005 年、ダウテンダイ＝フェーダー翻訳賞受賞）、ザビーネ・ハーケ『ドイツ映画』鳥影社（2010 年）、『デュレンマット戯曲集 第 1 巻』鳥影社（共訳、2012 年）、『デュレンマット戯曲集 第 2 巻』鳥影社（共訳、2013 年）など。

東ドイツ映画
デーファと映画史

二〇一八年一二月二〇日初版第一刷印刷
二〇一八年一二月二五日初版第一刷発行
定価（本体二二〇〇円＋税）

著者 ゼバスティアン・ハイドゥシュケ
訳者 山本佳樹
発行者 樋口至宏
発行所 鳥影社・ロゴス企画
長野県諏訪市四賀二二九—一（編集室）
電話 〇二六六—五三—二九〇三
東京都新宿区西新宿三—五—一二—7F
電話 〇三—三七六三—三五七〇
印刷 モリモト印刷
製本 高地製本

ISBN978-4-86265-723-7 C 0074

好評既刊
（表示価格は税込みです）